7—9年级几何推理能力发展及其教学改革

李红婷 著

吉林大学出版社

图书在版编目(CIP)数据

7-9年级学生几何推理能力发展及其教学改革／李红
婷著.—长春：吉林大学出版社，2018.9
ISBN 978-7-5692-3645-3

Ⅰ.①7… Ⅱ.①李… Ⅲ.①几何课-教学研究-初
中②几何课-教学改革-初中 Ⅳ.①G633.632

中国版本图书馆 CIP 数据核字(2018)第 251638 号

书　　名　7-9年级学生几何推理能力发展及其教学改革
　　　　　 7-9 NIANJI XUESHENG JIHE TUILI NENGLI FAZHAN JI QI
　　　　　 JIAOXUE GAIGE
作　　者　李红婷　著
策划编辑　朱　进
责任编辑　朱　进
责任校对　蔡天娇
装帧设计　童慧燕
出版发行　吉林大学出版社
社　　址　长春市人民大街4059号
邮政编码　130021
发行电话　0431-89580028/29/21
网　　址　http://www.jlup.com.cn
电子邮箱　jdcbs@jlu.edu.cn
印　　刷　三河市嵩川印刷有限公司
开　　本　787mm×1092mm　1/16
印　　张　14.5
字　　数　230千字
版　　次　2018年9月第1版
印　　次　2023年9月第2次
书　　号　ISBN 978-7-5692-3645-3
定　　价　45.00元

序　言

几何学具有悠久的历史,但由于人们对几何教育持有不同的价值观,因而世界各国对几何推理教学的认识始终存在较大的争议。我国传统的平面几何重视发展学生系统的逻辑推理论证能力,通过"已知—求证"式的结构良好问题的论证训练,发展学生模仿特定规则和流程解决问题的能力,致使几何学习在追求严谨逻辑推理的同时,失去了其生活基础,变得枯燥、僵化,让学生望而生畏。

事实上,我国中小学几何早已打破了欧几里得几何公理体系,采用从事实出发的"扩大的公理体系",由"说理""说点理",逐渐过渡到"形式逻辑推理"。一个显性的变化是含"复杂推理和形式逻辑推理"的题目大大减少了,增加了直观几何与动态几何,几何课程逐渐走向生活化和多样化。毋容置疑,几何学习的"门槛"降低了,也有利于发展学生基于生活经验的几何想象和综合推理能力等数学学科核心素养。但几何教学究竟怎么教,教到什么程度,有哪些规律可循,仍困扰着广大一线教师,急需为一线教师提供有指导性和可操作性的支持研究。

推理是中小学生数学学习的核心能力,也是人们日常生活中经常使用的思维方式。《义务教育数学课程标准(2011 年版)》明确提出了:"推理能力的发展应贯穿于整个数学学习过程中"。当前,我国正在全面推进学生发展核心素养,突出了学生应具备的适应终身发展和社会发展需要的必备品格和关键能力,因而教师在数学教学中应重视发展学生推理能力,把发展推理能力与发展学生数学学科核心素养紧密联系在一起。7—9 年级几何课程不应过分追求体系完整,而应从内容和要求上弱化形式逻辑推理,由二维平面走向贴近学生生活的三维空间,重视基于现实和学生的经验基础,把发展学生直观想象、逻辑逻辑和数学抽象等数学学科核心素养紧密结合,突出推理过程的直观观察、实验验证和数学猜想等合情推理,由发展学生适应未来社会生活更具"共通"意义的综合推理能力,逐渐走向发展学生初步的形式逻辑论证能力。

李博士在阐明几何课程及其推理能力发展价值立场基础上,就如何认识数学推理,不同年级学生在学习水平上具有怎样的差异性,如何针对不同年级学生的学习差异进行几何教学设计等,在大量观察、统计和数据分析基础上,吸收、借鉴国内外先进经验,开展了深入研究,依据我国义务教育数学课程标准要求,适应学生几何推理能力发展的认知顺序,提出了7—9年级学生进行几何推理的主要推理方式及其技能特点,指出了不同年级学生几何推理能力发展的差异性,进而提出了以系统地发展学生几何推理能力为主线的层级教学策略。

李博士将7—9年级学生的几何推理方式归纳为:直观推理、描述推理、结构关联推理、形式逻辑推理,认为学生在不同推理方式上有其不同的技能特点,在不同推理方式上的推理能力表现有其明显的差异性。从统计结果来看,7—9年级学生在不同推理方式上呈现层级递进的发展趋势,同一年级学生在不同推理方式上以及不同年级在同一推理方式上均呈现层级递进的发展趋势,不同年级学生在几何推理中的表现有其不同的特征,在此基础上提出了几何推理层级结构模型。几何推理层级结构模型表明推理能力发展可按层级提升的顺序发展,但同时遵循传统几何逻辑推理能力发展规律,即按照证明预备、证明入门、证明发展的顺序发展学生的形式逻辑推理能力,指出有效的教学设计体现在促进学生综合推理能力发展的同时,形式逻辑推理能力也"拾级而上"。

在我国深化义务教育数学课程改革背景下,基于现实中几何课程改革和推理能力发展面临的实际问题开展研究,对确立几何推理的教育功能和指导几何课程改革实践,无疑具有较强的现实性和针对性。李博士指出应注重课程目标和课程内容、问题情境与活动设计、过程性评价和反馈,将几何推理层级结构模型嵌入总体框架内,通过"垂直组织"和"水平组织"两个维度进行课程建构。一方面使整体的框架在横向和纵向组织上体现为具体的层级支撑;另一方面为各层级推理目标和活动更好地规划发展方向,以避免课程组织可能存在的随意性,提出了不同推理方式上的层级教学设计思路和流程,以及几何课题教学设计思路。

李博士长期深入初中开展数学教改实验,积累了丰富的实践经验,在大量观察、统计和数据分析基础上,吸收、借鉴国内外先进经验开展研究,因而对几何课程改革具有切实的指导性和可操作性。她提出的几何推理发展方式、不同推理方式上的技能特点、不同年级学生推理能力发展的差异性及层级递进规律，以及几何层级教学设计框架等，为深化几何课程改革提供了理论研究支持，对指导一线教师开展几何教学设计，促进学生发展数学学科素养，提供了可操作性设计参考。

2018 年 1 月于重庆

（说明：宋乃庆为西南大学二级教授，博导，国家级教学名师。教育部西南基础教育课程研究中心主任，西南大学原常务副校长，中国教育学会原副会长，全国教师教育学会副理事长）

目　录

序　言…………………………………………………………… 1

1　引　论…………………………………………………………… 1

1.1　研究的缘起……………………………………………… 1

1.2　研究的问题……………………………………………… 7

1.3　研究方法………………………………………………… 8

1.4　研究意义………………………………………………… 8

2　几何推理能力研究概述………………………………………… 10

2.1　对推理的理解…………………………………………… 10

2.1.1　推理概念的界定…………………………………… 10

2.1.2　几何推理及其相关概念的界定…………………… 11

2.1.3　对几何推理的理解………………………………… 13

2.2　推理的教育价值………………………………………… 14

2.2.1　推理是数学教育不可或缺的要素………………… 15

2.2.2　推理是培养数学思维能力的基本途径…………… 15

2.2.3　推理是发展智能的重要手段……………………… 16

2.2.4　推理是人类生活所需要的"共通"素质…………… 18

2.3　推理能力结构…………………………………………… 19

2.3.1　推理能力结构划分的多样化……………………… 19

2.3.2　皮亚杰发生认识论的四个阶段…………………… 20

2.3.3　范·希尔几何思维的五个水平…………………… 21

2.3.4　LERON 证明结构的三个层次…………………… 23

2.3.5　SOLO 五等级分类法……………………………… 24

2.4　几何推理教学策略……………………………………… 25

3 研究设计 ·· 28

3.1 总体和样本的选择 ·· 28

3.1.1 城市和学校的选择 ······································· 28

3.1.2 教师与学生的选择 ······································· 29

3.2 数据收集的方法 ·· 31

3.2.1 课堂观察 ··· 31

3.2.2 学生作业分析 ··· 31

3.2.3 问卷调查 ··· 31

3.2.4 访谈 ··· 32

3.2.5 课题教学实验 ··· 32

3.3 数据分析 ·· 33

3.3.1 对几何推理方式及其技能特点的描述 ···················· 33

3.3.2 对学生几何推理能力发展的差异性分析 ·················· 34

3.3.3 提出几何推理层级发展的理论模型 ······················ 34

3.3.4 提出几何推理教学的理论框架和层级教学设计思路 ········ 34

3.4 研究的总体思路及内容框架 ·································· 35

3.4.1 理论基础 ··· 35

3.4.2 总体思路 ··· 40

3.4.3 内容框架 ··· 42

4 7—9 年级学生的几何推理方式及其技能特点 ·············· 44

4.1 对建立在直观和实验基础上的推理及其教学的认识 ·········· 45

4.1.1 课堂观察与学生作业分析 ································· 45

4.1.2 直观推理及其技能特点 ··································· 50

4.1.3 深度访谈——了解师生对直观推理教学的认识 ············ 51

4.2 对几何语言描述推理及其教学的认识 ······················ 55

4.2.1 课堂观察与学生作业分析 ································· 55

4.2.2 描述推理及其技能特点 ··································· 59

4.2.3 深度访谈——了解教师对描述推理教学的认识 ············ 62

4.3 对建立几何对象间关系的推理及其教学的认识 ·············· 64

4.3.1 课堂观察与学生作业分析 ················· 64

4.3.2 结构关联推理及其技能特点 ············· 71

4.3.3 深度访谈——了解教师对结构关联推理教学的认识 ····· 76

4.4 对建立在几何逻辑规则基础上的推理及其教学的认识 ···· 81

4.4.1 课堂观察与学生作业分析 ················· 81

4.4.2 形式逻辑推理及其技能特点 ············· 85

4.4.3 深度访谈——了解师生对形式逻辑推理教学的认识 ····· 88

4.5 小结 7—9 年级学生的几何推理方式及其技能特点归纳 ··· 94

5 7—9 年级学生几何推理能力发展的差异性与几何推理层级
结构模型 ······················ 95

5.1 7—9 年级学生几何推理能力发展的差异性研究 ········· 95

5.1.1 研究设计 ··························· 95

5.1.2 研究结果与分析 ····················· 99

5.1.3 小结 7—9 年级学生几何推理能力发展的特征描述
及教学反思 ······················· 110

5.2 7—9 年级几何推理层级结构模型 ················· 121

5.2.1 几何推理层级发展观 ·················· 122

5.2.2 几何推理层级结构模型 ················ 123

5.2.3 几何推理层级结构模型的特点 ············· 126

6 7—9 年级几何层级发展教学设计 ················· 130

6.1 几何层级发展教学设计的总体框架 ··············· 130

6.2 几何课程组织 ······················ 132

6.2.1 课程内容的整合 ····················· 133

6.2.2 课程的层级组织 ····················· 134

6.3 几何推理层级教学设计思路 ················· 136

6.3.1 几何直观推理教学设计思路 ············· 136

6.3.2 几何描述推理教学设计思路 ············· 144

6.3.3 几何结构关联推理教学设计思路 ··········· 148

6.3.4 几何形式逻辑推理教学设计思路 ……………………… 155

6.4 几何课题教学实验研究 ……………………… 161

6.4.1 对几何课题教学的认识 ……………………… 161

6.4.2 几何课题教学中存在的问题 ……………………… 163

6.4.3 几何课题教学设计思路 ……………………… 164

6.4.4 几何课题教学实验研究——以"相似三角形"为例 …… 167

7 结论与建议 ……………………………………………… 180

7.1 7—9 年级几何推理方式及其技能特点 ……………… 180

7.2 7—9 年级学生几何推理能力发展的差异性 …………… 180

7.2.1 7—9 年级学生几何推理能力发展的差异性 ………… 180

7.2.2 不同年级学生几何推理能力发展的特征归纳 ……… 182

7.3 几何推理层级结构模型 ……………………… 183

7.4 7—9 年级几何层级教学设计 ……………………… 186

7.5 建议 ……………………………………………… 190

参考文献 ……………………………………………………… 196

附 录 ………………………………………………………… 208

附录1:几何推理水平问卷 ……………………… 208

附录2:几何推理过程问卷 ……………………… 214

1 引 论

1.1 研究的缘起

(1)现实中的推理给予我们的启示——改造结构良好的几何问题

我国传统的平面几何课程以培养学生几何逻辑思维能力为目的,主要是让学生熟练掌握"已知—求证"式的几何证明。几何证明问题通常是结构良好(Well-structured)问题,可以通过模仿或特定规则解决的问题。由结构良好的问题构筑起来的几何,在追求严谨、抽象、形式逻辑推理的同时,失去了其鲜活的生活基础,变得枯燥、僵化,使学生望而生畏。吴文俊先生指出:"任何数学都要讲逻辑推理,但这只是问题的一个方面,更重要的是用数学去解决问题,解决日常生活中,其他学科中出现的数学问题"。相对于结构良好问题而言,人们日常生活和职业生涯中充满了结构不良问题(Ill-structured Problems),亦即初始状态与目标状态的信息不明确,也没有明确的解决方法和途径的问题。事实上,"只要将知识运用到具体情境中去,就有大量的结构不良的特征"(陈琦等,1997)。现实生活中人们所遇到的问题通常和具体情境相联系,没有明确的已知和确定的目标,不知道用哪些概念、规则和原理可用来解决问题,需要在各种信息中做出选择和建立起可能的关系。解决结构不良问题,需要在信息不充分的条件下做出抉择,需要不断地进行探索性推理、创建、验证、表达和优化的过程,也是有效地模拟科学探究的问题解决推理过程,因而有利于学生基于生活经验和学习经验自主建构知识,有利于促进学生学会学习,发展其数学抽象、逻辑推理、数学建模、直观想象等数学学科核心素养。

数学推理能力不仅是数学学科核心素养,也是人类社会生活"共通"的技能,是每一个公民社会生活所必须的文化素养,发展学生数学推理能力对学生成长和发展具有持久的影响力。在教育相对落后的我国广大欠发达地区，按照"不求人人升学，但求个个成才"的理念，发展学生"共通"的技能更具有现实意义。

人们已逐渐认识到，在教学中一味强调应用形式逻辑方式进行的证明，往往难以启动学生思维活动，基于学生已有经验，开展合情推理、数学猜想、模型建构等思维活动，不符合中小学生的学习特点，除了应试，学生看不到几何的价值，容易导致学生丧失学习兴趣和信念。与几何证明比较，推理无疑具有更广泛的应用领域，由"证明"到"推理"的转变，将对学生学科能力发展同样会产生潜在的、持久的影响。此外，探究性推理活动更能引发学生多向度的思维活动，因而更具有发展学生的创新意识，乃至创造性的教育价值。传统上学校教育在发展学生智力方面，通常是通过解决结构良好问题来实现的，而现实世界里，智力表现是以解决结构不良问题来衡量的。重视对传统几何课程内容和结构良好的几何证明问题的改造，突出几何课程与现实生活、学生经验及具体情境的联系，让学生在结构不良问题情境中开展多样化推理活动，走出狭义的几何证明"技术演练"，拓展几何推理更广阔的发展空间，已成为几何课程改革的新的价值追求。

（2）历史的教训要求我们必须面对现实——确立几何推理的教育功能

几何在数学教育中具有悠久的历史，但在不同国家普遍开设的数学课程中的地位却存在较大的差异，主要原因是对几何教育价值存在认识上的分歧。

历史上，将欧氏几何等同于数学后又认作是数学里一个不可或缺的重要组成部分，已有两千多年的历史了。（李秉彝，2003）在20世纪之前的两千多年里，对所有人来说，几何就是欧氏几何。这期间，也有过一些非议，如法国数学家达朗贝尔就曾指出："欧几里得的《原本》绝不是为我们时代的儿童所写的"，认为应该重新编写几何教材。历史上，每一次数学教育运动中，几何课程都被作为改革的焦点和成败的标志，但却始终未能撼动欧氏几何在中学数学课程中的统治地位，由此也可以看出，几何课程的教育价值是不可忽视的。在20世纪60年代，国外有一批热爱改革的数学家和数学教育家，发起了轰轰烈烈的"新数"运动，著名的法国数学家狄东尼(J. Diendonne)甚至提出了"欧几里得滚蛋"的口号！他们的想法是用向量来取代欧氏几何。"人们期望用数学家的领悟来代替中学生的领悟，尽快吸取近现代甚至现代数学的成就，结果表明，这是一厢情愿的良好愿望。人的认识过程是有它的客观规律性的，我们很难期望用数学家的领悟来代替中学生的领悟"(井中等，1989)。"新数"运动以失败而告终后，之后提出了"回归基础"的口号。事实上，"新数"运动并没有改变传统几何教学的基本目的，它要改变的是实现这些目的的途径：在传统几何中是离开其他数学领域，孤立地学习几何事实，并且逐个地证明定理；而在"新数"中，除了要求学会如何证明、提高一个人的推理能力和空间想象能力外，还要求把几何与其他数学学科统一起来，通过运用线性代数、群论和变换等现代数学工具对几何进行更一般地系统阐述。应该说"新数"运动的出发点无疑是正确的，但过于急功近利，忽视学生的认知规律，失败是必然的，其教训也是极为深刻的。

"在美国全体中学生里，47%不学几何，6%虽然学几何但中途退出，7%学习'不加证明'的几何(学证明但根本不会证明)，9%只会一般的证明，7%取得中等的成功，13%能顺利地完成证明"(Usiskin，1982)。"欧几里得从学校里消失了！在一次调查中，初中一年级和二年级学生都不知道欧几里得。82名初三学生只有一个人说出欧几里得的事情。要知道，数学课本中有一页特别介绍的，他们本来应该知道的"(横地清，载：张奠宙，2006)。人们在焦虑的同时，努力寻求新的几何处理方法，打破欧几里得几何公理体系，采用从事实出发的"扩大的公理体系"，逐步增加平移、旋转、反射等变换的内容，降低运用形式逻辑推理方式进行证明的要求，突出几何内容的多样化和发展学生综合推理能力的要求。

事实上，在国际范围内，几何课程未得到应有的重视。由国际成就评价协会(IEA)发起的第二次国际数学教育成就评价结果表明：代数和算术课程各国是基本统一的，但几何教学内容却有很大差别。几何的核心内容很少，只涉及平面几何的基础知识和坐标的简单应用。只有部分国家还在讲欧氏几何的传统课程，如全等和相似等。

在我国，代数和几何在初中课程中长期占据统治地位。几何以证明为主要内容，以发展学生逻辑思维能力为主要目的，但因其带有较强技术性和难度，脱离现实生活，缺乏对原理和本质的揭示等，造成学生产生畏学、厌学现象,几何教学因此而遭到较大非议。我国现行教材含"简单推理"的题目大大增加了,含"复杂推理和形式逻辑推理"的题目大大减少了,在增加了动态几何与直观几何,呈现几何多样性的同时,增加了合情推理,降低了形式演绎推理的要求。但几何课程仍是认识最不统一的部分,主要分歧表现在如下两种观点:

第一种观点,几何的公理化体系不能再削弱,几何证明是我国传统平面几何的主要内容,对培养学生数学逻辑思维能力和理性精神具有不可替代的作用。

第二种观点,几何证明局限于传统几何的封闭体系,是高难度的技术演练,脱离现实生活,是导致学习分化的根源。推理论证并非几何所独有,可以在其他课程中培养,应当取消几何。

从调研的情况来看,几何仍被多数人认为是发展学生数学思维能力的良好载体。但过于追求由概念、公理、定理构筑起来的几何封闭体系和形式逻辑推理,会因过于思辨和理性而使几何变得"冰冷",压抑学生思维的发展。我们的观点是压缩抽象程度较高的内容,尤其是运用几何形式逻辑推理方式进行证明的高难度的和单纯的技能训练题目,让几何贴近生活和学习者的经验,遵循学习者的认知发展和心理发展规律,提供多样化的几何学习材料,增加几何与相关课程内容的联系,让学生在理解和体验几何课程独特思维方式的同时,发展学生合情推理、数学猜想和问题解决能力的发展,促进学生综合思维能力的发展。

(3)几何教学难的问题要求我们——关注几何推理教与学的过程

我国传统的初中几何以证明为主要内容,以发展学生形式逻辑思维能力为主要目的。但因其带有较强技术性和难度,脱离现实生活,缺乏对原理和本质的揭示等,造成学生产生畏学、厌学现象,几何教学因此而遭到较大非议。从8年级开始要求几何证明开始,数学分化现象逐渐显现出来:一方面,因几何有趣和富有挑战性而增强了学生学好数学的信念;另一方面,一些学生因学几何而使数学成绩下滑,这些学生因怕几何而怕数学,又因学不好几何而对学数学失去信心。即"怕几何—怕数学—厌数学—最终放弃数学"。因此有人称:几何是一把"双刃剑"。

在调研中了解到,学生厌学几何原因是多方面的,主要有:一是从小学数学中的算术、代数到初中的几何发生了由数到形、由计算到推理的转变,学生一时难以适应;二是几何入门概念多、几何语言要求高、形式逻辑推理太抽象等;三是学生对几何证明的意义和背景不了解,看不到学习几何的价值,认为学几何没用;四是受教师教学观念和教学水平的制约较大,只有那些优秀教师才能让学生领悟几何推理的意义和价值,将学生"领进门"和喜欢学习几何;五是受教材的制约大,几何松散的系统,影响了学生们把知识看作一个统一的整体,获得的只是一些零散的东西,难以把握原理本质,知识的迁移力差。

随着基础教育数学课程改革的不断深入,打破传统封闭的几何体系,改变单一的证明技能演练,发展学生的几何推理能力已逐步得到认同,但如何从简单推理开始,逐步发展到间接和复杂推理,最后到形式逻辑推理,仍是困扰几何教学的主要问题,教师们普遍反映教几何推理比教几何证明更难以把握。事实上,几何始于直观观察或实验验证,由于起点低,可以给每一个学生表现的机会,以获得教师肯定和鼓励,在发展学生几何直观想象、数学抽象、推理能力和模型思想的同时,帮助学生理解几何思维方式和问题解决策略,从而树立起几何学习信心。但要让学生经历观察、动手操作、实验、图形变换、语言(文字语言、符号语言、图形语言)转换、分析、比较、模拟、归纳、联想、判断、推理等思维过程,容易让教师迷失目标,学生也不知道哪些知识是必须掌握的,应该掌握到什么程度。因此,建立促进学生几何推理能力发展的教学系统,帮助教师有效地进行几何教学设计,成为推进几何课程改革的重要研究课题。

(4)历史赋予我们的责任——重构几何推理能力发展的教育过程

课程改革的深入发展必将带来教育价值观念和行为方式的深刻变革,"以学生发展为本"的课程理念将把学校教育的价值观聚集到为每一个学生的终身学习与发展上。数学教育观念的转变应不仅关注教授"数学",同时应进一步确立学科"育人"的功能,强化立德树人、以文化人的统领价值。在我国数学教育历史上,对几何给人以严格的逻辑思维训练给予充分肯定,但伴随着现代社会对人的发展的要求,数学课程将呈现综合化和现代化发展趋势,几何推理论证的教育功能亦呈现多元化理解。传统上通过几何发展学生的逻辑思维能力固然是重要的,但人们已逐渐地认识到,单一、封闭的传统几何教学体系及其形式证明技能训练所带来的种种弊端,应当让学生从形式逻辑高深的"象牙塔"里走出来,在几何课程里获得对人的发展更具"共通"意义的推理能力。随着基础教育数学课程改革的发展,重视了学生未来发展所需要的数学理解、推理和交流能力,强调学校课程教学有利于促进学生的创新意识和应用能力,几何课程也在一定程度上弱化了通过几何形式逻辑推理进行证明的要求,强调了"说理"和"推理"活动。但与传统的几何证明教学比较,教师们普遍感到难以把握。教师不知道该怎么教,教到什么程度?一方面,一些教师并没有意识到由"证明"到"推理"的转变对学生学科能力发展和未来社会生活所带来的潜在的、持久的影响力;另一方面,现行的教材和相关教学资源还没有给予教师所需要的更为明确的方向性、操作性引领,对学科育人和数学文化浸润更是缺乏应有关注;第三,除了通过传统几何题目考试外,缺乏对学生几何推理能力水平有效的评价方法,无法估量学生的几何推理能力的差异性。在我国中学数学教师整体素质还不够高的现实背景下,教师还不足以有能力在课程标准要求下,整合课程资源,构建富有"个性化""创造性"的"生成课程"。教师依赖教材和凭借已有的经验进行教学,教学效率和效益不高。虽强调了学生自主探究活动,但却造成了片面追求探究的形式化,导致教学活动远离目标,甚至无效探究的现象。

几何课程改革急需系统地思考如何建构其推理能力发展过程。教师们渴望具有明确的目标和操作范式的引领。本研究将以系统地发展学生几何推理能力为主线,着眼于7—9年级(我国通常称为"初中",以下两种称谓不加区别)几何课程的整体目标和各个学习阶段目标的协调,沿着学生认知发展的顺序、几何课程内容的呈现顺序,通过教学实践调研,确定学生在几何不同阶段所采用的主要推理方式,研究学生在不同推理方式上的特点和能力表现,从中探寻学生几何推理能力发展的规律性,提出以发展学生几何推理能力为主线的几何教育过程。

(5)已有的研究基础和条件

本研究参阅了国内外大量的有关教育学、心理学、数学教育和几何教育文献,对相关理论进行了较深入地学习和研究。为了使研究具有更强的针对性,查阅了新课程改革及其有关理论和实践研究文献,拓宽了研究视野,并为本研究写作做好了较充足的资料准备。

本研究作者自20世纪80年代末,长期深入中小学开展教学改革实验研究,先后开展了有关数学问题解决、教学质量保障、学校改进、区域发展等方面的研究,先后获全国教育科学规划重点课题、教育部人文社会科学一般课题等立项,在《课程·教材·教法》《中国教育学刊》《教育理论与实践》《数学教育学报》《数学通报》《中国教育报》等国内重要期刊报纸等发表过一系列论文,并有多篇被权威资料摘录或全文复印,参与了新课程数学教材的编写工作,编著了有关数学新课程指导、中学生发展指导、探寻学校自主变革之路等方面的著作。先后获国家教学成果二等奖、山东省教学成果一等奖等省级以上奖励二十余项,有关课堂教学实践研究,曾被山东省教育电视台录制,在东南亚地区系列播放。获服务沂蒙首席专家、山东省教学名师、国务院特殊津贴专家等一系列荣誉称号。

作者在本研究过程中,通过课堂观察、录像分析、学生作业、访谈和问卷等形式,获得了大量的一手资料,对几何教学有较深入的了解,从而为开展本研究提供了实践研究基础。作者与主要调研地的教育管理部门和基地学校建立了长期的密切合作关系,在实地调研和实证研究中获得了诸多支持和帮助,确保了研究工作的顺利开展。

1.2 研究的问题

问题是研究的逻辑起点,创新性的成果通常是基于问题的研究发现。在相关理论研究和实证调研基础上,明确了研究的主要问题,确立本研究的起点、过程与目标。

(1)学生是如何进行推理的?所采用的主要推理方式及其技能特点是什么?

通过课堂观察、学生作业、访谈等方式进行深入调研,了解学生几何推理能力发展的过程,对学生所采用的推理方式及其技能特点进行了归纳,并通过与教师及学生的访谈,了解师生对教学过程的认识和教学中存在的问题。

(2)不同年级学生的几何推理能力发展的差异性如何?有何规律性?

对7—9年级学生的几何推理发展的差异性及在推理过程中的表现进行比较,并根据统计结果对调研后确定的几何推理方式进行调整和改进,在细致地分析学生几何推理能力发展的差异性基础上,提出了几何推理发展的理论模型。

（3）有利于促进学生几何推理能力发展的教学设计策略是什么？

提出了几何层级教学设计的总体框架和几何课程内容的组织策略，提出具体的教学设计思路，并呈现几何课题教学实验研究成果。

1.3 研究方法

主要采用了定性和定量相结合的研究方法。（1）在文献研究基础上，结合几何教学实践需要，确定研究的问题、研究方法、研究的理论基础和基本思路；借助有关教育学、心理学研究成果，提出几何教学设计的理论框架和总体思路。（2）在调研学生的几何推理方式及其技能特点时，运用了课堂观察法、访谈法、录像分析法、作业分析法、问卷调查法、口语报告法、案例研究法等。（3）在考查学生几何推理能力发展的差异性时，主要采用了统计分析方法。此外，在课题教学设计研究中，采用了案例实验研究方法和行动研究法。

1.4 研究意义

7—9 年级几何课程改革始终是国内外基础教育数学课程改革争议的问题，几何推理论证是争议的焦点。深化基础教育数学课程改革，带来了几何课程理念、内容的变革，强调了在几何课程中发展学生推理能力。我国学生发展核心素养和数学学科核心素养的提出，对几何推理能力发展提供了更上位、更明确的指向性。但怎样进行几何推理教学仍困扰着广大一线教师，本研究选择 7—9 年级学生几何推理能力发展及其教学改革为主题，无疑具有重要的理论研究意义和实践研究价值。

第一，有关几何推理的研究可概括为宏观理论研究和微观教学实践经验总结两个层面，但缺乏理论与实践相结合的中观层面的研究。理论研究中有关几何观念、几何思维、推理价值、形式逻辑、学科素养等研究，因脱离实践，难以在教学中运用；实践研究中获得的经验模式，因缺乏一定的理论支撑，在机械化套用中易变成"僵化"的教条。本研究在深入调研基础上，沿着学生几何推理能力发展的认知顺序和几何内容的逻辑呈现顺序,提出 7—9 年级学生进行几何推理的主要推理方式及特征,指出了不同年级学生几何推理能力发展的差异性,提出了几何推理层级结构框架,进而提出了以系统地发展学生几何推理能力为主线的层级教学设计思路,是一项理论和实践相结合的研究,对几何推理能力发展及其教学改革具有较强的理论参考价值,为几何课程标准和教材的进一步修订提供了参照,对教师有效地开展几何教学设计起到了引领指导作用,对学生发展核心素养和落实数学学科核心素养培养,提供了可操作性框架。

第二,综观国内外有关研究,着眼于局部或环节的经验研究较多,缺乏整体性、系统性的研究。皮亚杰和范·希尔夫妇对学生思维水平的描述是整体的和定性的,但因各有其局限性和非本土研究,难以直接应用于指导我国教学实践。在深化基础教育数学课程改革阶段,针对教师们普遍感到困惑的几何推理教学开展系统的研究,在借鉴国内外整体和局部研究的基础上,密切结合教学实践,采用定性和定量研究相结合的方法,系统地探寻学生几何推理能力发展的规律性,并依此建构几何推理层级发展模型,提出几何层级教学设计思路,可比较好地发展学生核心素养,因而是一项具有本土化特色和现实意义的整体性、针对性研究。

第三,在传统教学中,教师按照"证明预备—证明入门—证明发展"三个阶段,围绕培养学生形式逻辑推理能力组织教学,往往错过了在不同阶段发展学生灵活选择和运用多种推理方式发展综合推理能力的机会。新课程教材压缩了几何证明的内容,强化了几何说理和推理,将有利于发展学生的综合推理能力,但有些教师机械地沿着教材的进度进行教学,教学效率不高,学生考试成绩下降,因而出现了教师围绕教学内容"撒网"式寻找大量的相关或不相关的题目让学生练习,导致教师教得辛苦、学生学得疲惫,但学习效率和效益却仍然不高。本研究沿着学生认知发展顺序和几何课程内在逻辑呈现顺序,构建几何推理能力发展系统,并提出了相应的教学程式和组织策略,能够帮助教师按照几何课程内容的展开顺序,系统地思考和实施几何推理教学设计,把握促进学生几何推理能力发展的核心要素,有计划、有目的地促进学生推理能力的发展,促进学生综合推理能力和几何素养的提升。

2 几何推理能力研究概述

2.1 对推理的理解

2.1.1 推理概念的界定

人们通常用判断描述推理。判断是对事物有所肯定或否定的一种思维形式。推理是从一个或几个已知的判断推出一个或几个新的判断的思维过程。推理由两部分组成：一个是推理的依据，叫作前提；另一个是推出的新判断，叫作结论。

根据不同的分类依据，将推理分为如下几类：

（1）根据推理的前提和结论之间是否有蕴含关系，把推理分为必然性推理（Apodictic Reasoning）和或然性推理（Probability Reasoning）。蕴含关系是指前提真、结论亦真的推理。前提和结论之间具有蕴含关系的推理，叫作必然性推理。前提和结论之间没有蕴含关系的推理，叫作或然性推理。

（2）根据推理所表现出的思维方向性，即根据思维进程中从一般到特殊，从特殊到一般，从特殊到特殊的区别，把推理分为演绎推理（Deductive Reasoning）、归纳推理（Inductive Reasoning）和类比推理（Analogous Reasoning）。演绎推理通常也被称为推理。其特点是若前提真，则结论必真。演绎推理是从一般到特殊的推理；归纳推理是由个别、特殊到一般的推理；类比推理是根据两个对象之间在某些方面的相同或相似推出它们在其他方面的相同或相似的推理。

（3）根据前提是简单命题还是复合命题，分为简单推理（Simple Reasoning）和复合推理（Complex Reasoning）。其中，简单推理又可分为范畴三段论推理（Syllogistic Reasoning）和关系推理（Relation Reasoning）；复合推理又可分为联言推理(Association Reasoning)、选演推理(Disjunctive Reasoning)和假言推理(Hypothetical Reasoning)等类型。

（4）根据推理前提是一个还是两个或两个以上，把推理分为直接推理(Direct Reasoning)和间接推理(Indirect Reasoning)。以一个判断作为前提的推理为直接推理。有两个或两个以上的判断为前提的推理为间接推理。

（5）根据形式逻辑学的分类，推理又分为形式逻辑推理(Formal Logic Reasoning)、数理逻辑推理(Mathematical Logic Reasoning)和辩证逻辑推理(Dialectic Logic Reasoning)。逻辑是古希腊字 λογικη 的音译，是关于思维及其规律的科学。形式逻辑又称为普通逻辑，简称逻辑。逻辑学(Logic，也称作逻辑)是一门以推理形式为主要研究对象的科学。形式逻辑(Formal Logic)是研究思维的形式及其规律、规则和一些逻辑方法的科学。

2.1.2　几何推理及其相关概念的界定

对概念的明确界定是开展研究的前提，本研究主张在几何中用命题描述推理，并对与几何推理密切相关的合情推理、直觉推理、证明等概念进行阐释。

（1）推理

几何通常用命题表达推理，命题是指表达判断的语句。采用命题定义推理(Reasoning)，即以一个或几个命题为依据推出一个新的命题的思维过程。任何推理都由两部分组成：一个是推理的依据，叫做前提(Promise)；另一个是推出的新命题，叫做结论(Conclusion)。命题由概念组成，概念又可用命题来揭示，命题需要经过推理论证才能判断真假。在几何学习中，学生通过推理获得知识并建立起知识间的内在联系。

（2）合情推理

人们通常根据能否具有"证实"的功能，将推理分为合情推理(Plausible Reasoning)与论证推理(Demonstration Reasoning)两种。前者用来猜想和发现，后者用来证明。合情推理是指根据已有的知识经验，通过观察、实验、归纳、联想、类比、模拟、概括、直觉等非形式逻辑推理过程做出的合乎情理的推断的思维过程。波利亚是合情推理有力的倡导者，他认为"数学家的创造性工作的结果是论证推理，是一个证明；但证明是通过合情推理，通过猜想而发现的"（波利亚，1984）。

（3）直觉推理

直觉推理（Intuition）是一种快速敏捷的综合推理，既需要综合知识和逻辑推理能力的支持，也需要合情推理的推动。笛卡尔认为在数学推理中的每一步，直觉都是不可缺少的。数学概念的产生、数学问题解决的发展都离不开直觉，以至于人们对各种事件做出判断与猜想都离不开直觉推理。"直觉主要表现为逻辑思维过程的压缩，运用知识组块对当前问题进行分析及推理，以便迅速地发现解决问题的方向和途径。"（刘电芝，1988）

（4）证明

数学中的证明（Proof）是指由一些真实的命题来确定另一命题真实性的思维形式。从逻辑结构上来分析，任何证明都是由论题、论据和论证三部分构成。要确定其真实性的命题，称为论题。被用来作为论题真实性根据的命题，称为论据。论证是把论题、论据、论证联系起来的推理形式，是由论据推出论题的过程。

事实上，证明过程也是推理的过程，即是把论据作为推理的前提，应用正确的推理形式，推出论题的过程。因此，从本质上来说，证明就是推理，是一种特殊形式的推理，因此，人们有时将其称为论证，反映证明的推理过程时又称为论证推理（或推理论证）。但证明和推理是有一定区别的：首先，从结构上来看，推理包含前提和结论两个部分，而证明包含论题、论据、论证三个部分。但如果将证明中的论题视为要推理的结论是已知的，这样论据就相当于推理的前提，论证相当于推理的结论。其次，一个论证可以只含一个推理，也可以包含一系列的推理。可以只用演绎推理，或只用归纳推理，也可以综合运用演绎推理和归纳推理。第三，从推理和证明的作用来看，推理只解决形式问题，只是断定前提与结论的逻辑关系，而不必断定前提与结论的真实性，也就是说推理所得到的结论具有或然的性质，而证明要求论据必须是真实的，论题经过论证后其真实性是确信无疑的。此外，在证明中，有些论据是事先不知道的，需要深入探索才能获得，这也是证明比推理要困难得多、复杂得多的重要原因。

证明要有真实理由，并且真实理由和所要证明的命题之间具有逻辑上的必然关系。要求遵循论题要明确且始终如一,论据要真实且不能靠论题来证明,论据必须能推理论题等。

"所谓形式推理是严格按照形式系统的规则,逐步生成新的定理,直到我们所需要的定理为止。这个过程也叫作证明"(道·霍夫斯塔特,1984)。本研究因从推理的视角开展研究,故将证明纳入推理范畴,并与形式逻辑推理的称谓不加区别。由此,我们可以从推理是否同时具有真实论题和明确的论证角度考虑,将推理分成形式逻辑推理和非形式逻辑推理。而把非形式逻辑推理与合情推理不加区别。此外,有时人们也习惯于将证明称为逻辑推理或逻辑证明。

2.1.3 对几何推理的理解

由于人们对推理证明教育价值的认识不同,从而造成了理解上的差异,主要表现有:

本质说,几何教学需要让学生体验到推理论证的本质。(Battista & Clements,1998)

意义说,数学论证的教育并非强调证明的形式,而是在数学活动中呈现证明的意义。(Healy & Hoyles,2000)

创造说,发展推理能力具有发展科学创造的价值。(金哲,1994)

素质说,推理能使人养成言必有据的严谨思维习惯,这正是数学素质教学的重要组成部分。(苏越,1990)

社会学说,NCTM(National Council of Teachers of Mathematics)于1989年出版的数学课程及评价标准(The Curriculum and Evaluation Standards for School Mathematics),建议中小学数学教学,应重视数学的沟通、推理、解题及连接等四项数学过程。证明的本质是一项有社会特征的活动,是一种以数学叙述来传达真实性的方式,目的是要帮助他人了解此叙述为何为真。

在传统的几何教学中,推理通常指几何证明中的推理,一般称为论证推理。论证推理通常是指用一些真实判断确定另一判断真实性的思维过程。每一道几何证明题,都是由已知的条件和求证的结论两个部分组成的。推理证明的任务是根据题目中的已知条件,运用有关的数学概念、公理和定理,进行推理,逐步地推出求证的结论来。传统平面几何学科的思维特点是:从少量几条公理出发,经过论证推理,得到一系列定理和性质,建立起几何课程体系。随着数学教育改革的不断深入,现代数学的内容将不断被充实到中小学课程中来,传统几何课程内容进一步压缩,传统的几何逻辑体系内的形式逻辑推理的难度降低,基本的推理成分得到加强。在初中几何课程中不应再追求体系的完整,而应重视几何的直观性与逻辑性相结合,充分利用图形的直观功能,探索图形的性质,突出建立在直观和实验操作基础上的推理成分,从内容和要求上弱化形式逻辑推理的要求,使几何的处理方式更重视现实和学习者经验,并由二维平面扩充到贴近学生生活的三维空间,并采用多样化研究手段(实验操作、测量、动态变化等),强化发展学生综合推理能力的要求,促进学生数学抽象、几何想象、逻辑推理、数学建模等学科核心素养的发展。

"数学是形式化的思维材料,数学家讲究严密的形式逻辑推理,但是学生并不全做数学家,学习数学应该做到适度的非形式化"(张奠宙等,1993)。的确,几何课程固然能培养学生的形式逻辑推理能力,但更重要的是培养学生自觉运用几何观念、意识和思想方法去观察、分析和解决问题。一切从公理、定理、定义出发进行逻辑推理证明有时是不必要的,甚至是不现实的。几何教育的目标应定位于发展包括形式逻辑推理能力在内的综合推理能力和数学综合素养,不仅能够为学生学科能力发展和未来社会生活奠定推理能力基础,而且有利于落实数学学科育人,培养学生的理性思维品质和理性精神,这需要从简单推理开始,逐步渗透、孕育和强化。

2.2　推理的教育价值

数学是各国中小学普遍开设的课程,但其中对几何的认识却是最不统一的,其原因主要是对几何教育价值的不同理解。这种不同理解首先反映在几何课程的价值取向上。由于各国教育的历史和文化背景等差异,对几何形成了多样化的认识:作为公理体系典范的几何;作为空间科学的几何;作为直观表达的几何;作为推理能力的几何;作为思维和理解途径的几何;作为演绎推理范例的几何;作为数形结合的几何;作为学科核心素养发展的几何;作为应用工具的几何等。反映在各国课程体系中,几何体系建构、目标要求、内容选择、呈现方式和教学要求等表现出较大差异,但都不会影响人们对几何推理教育价值的肯定。

2.2.1 推理是数学教育不可或缺的要素

"数学是对现实世界的数量关系、空间形式和变化规律进行抽象,通过概念和符号进行逻辑推理的科学"(史宁中等,2006)。数学是以现实世界抽象为基础进行逻辑推理的科学。几何推理在数学教育中的地位毋庸置疑,数学家们对在教学中培养学生的逻辑思维能力给予充分的肯定。著名数学家杨乐院士说:"凡是从事数学研究和数学教育的,都会对从中学学习几何时受到的严格的逻辑思维训练有很深的体会,似乎很难找到别的东西来代替它对中学生进行严格的逻辑思维培养"。数学家谷超豪院士说:"数学成为各门科学可靠的工具,也正因为它具有最严谨、最严格的特性……要学会严格推理,困难是大一些,但也完全是必要的,一定要逐步使学生适应这种严格的推理方式,并且在书写上能反映出来。特别是在几何的教学上,一定要重视这种逻辑的演绎,这也是训练逻辑推理能力的有效方法,是要重视几何教学的一个原因"(田载今,2005)。

推理是发现和猜想的主要方式,如虚数是16世纪,卡尔丹在寻找一元三次方程的求根公式的推理过程中引进的。群论是18世纪末期,伽罗瓦在研究五次或五次以上的代数方程的推理过程中创立起来。在数学发展历史上,依据推理的发明、发现不计其数,显示出推理的巨大威力。推理是发现知识和方法,并整理形成知识结构的重要工具。尽管学生的数学学习过程以接受前人知识为主,但也是在自己认知经验基础上,通过同化与顺应逐步建构起自己的认知结构的过程。数学理论体系的进一步延伸和提升,必然经历一个逐级抽象的过程,是来自生活的、经验的、已有理论基础上发展起来的知识或信息的浓缩、简约和精细化过程。在更高的层次上,需要运用形式逻辑推理去判断命题的正确性,方能使人心悦诚服。

2.2.2 推理是培养数学思维能力的基本途径

思维是人对事物间接的、概括的反映过程。恩格斯曾把"思维着的心灵"誉为"地球上最美丽的花朵"。"一个民族想要站在科学的最高峰,就一刻也不能没有思维"。但"数学思维是什么?"对这一问题尚未达成共识。一些研究者将数学思维描述为:通常指人们在数学活动中的思想或心理过程表现,其特征描述为"能促进学习者在数学情境中发展更深层的理解"(Kieran & Pirie,1991)。达成普遍共识的是,数学思维包括多方面,并且这些方面通过测试是能够确认的。(蔡金法,2005;Ginsburg,1983;Schoenfeld,1997)

数学思维研究的内容包括数学的特征、过程、方式、方法、规律等;数学思维的过程是数学问题的提出、分析、解决、应用和推广的过程,是获得对数学对象的本质和规律性的认识过程。这个过程是人脑的意识对数学对象信息的接收、分析、选择、加工与整合。它既是高级的神经生理活动,也是一种复杂的心理操作。思维是内蕴的心智活动,而数学知识是这种活动的外现结果。数学意识、观念以及数学的精神、思想、方法等则是数学思维活动的结晶,或者说是数学思维的宏观概括。(任樟辉,2001)

发展学生的智力,提高学生的学科水平,关键在于发展学生的思维能力。推理反映了命题和命题之间的联系,也是从已知推出未知,寻找新知识、新结果的思维方法。Sternberg 认为,分析性思维、创造性思维、实践性思维三种思维对人成功地解决各种问题关系重大。(Sternberg, R. J. & Kaufman,J. C. Human Abilities,1998)发展推理能力无疑是发展这些思维的重要途径。推理是一种高级复杂的思维活动,它最能充分地表现出分析、综合、抽象、概括等思维的基本过程,是思维表现形式中概念和判断的具体展开和运用,因而更能突出地表现思维的分析性、实践性和创造性的本质特征。因此,掌握比较完善的逻辑推理能力是儿童思维能力发展的重要环节和主要标志。

在数学中,逻辑推理是数学思维智慧的重要表现,贯穿于数学创造性思维的全过程。在数学思维过程中,各种类型的推理是相互联系、相互依存的。数学思维过程的分析、综合、抽象、概括也是有机地统一应用到各类推理过程之中。

2.2.3 推理是发展智能的重要手段

智力与能力的总称叫智能。什么是智力?国内外尚无统一的说法,归纳起来主要有以下几个方面的结论:观察力是智力活动的源泉,记忆力是智力活动的基础,注意力是智力活动的条件,思维能力是智力活动的核心,是对智力起决定性作用的因素,这些能力共同组成了智力的一般结构,它们既发挥独立的功能,又相互影响,彼此制约,共同发挥整体作用。

什么是能力? 从心理学角度讲,能力是指影响人的心理活动的效果和效率的心理特征。能力是一个人能够成功地完成某种活动所必须具备的心理条件和综合素质的体现。能力是直接影响活动效率,使活动、任务得以顺利完成的个性心理特征。能力总是和人的活动联系在一起的,是在具体活动中体现出来的,如计算能力、操作能力等。我们通常所说的一个人解决问题的速度快、任务完成的质量高,活动的效果好等,都是指这个人的能力强。智力偏于认识,它着重解决知与不知的问题,它是保证有效地认识客观事物的稳固的心理特征的综合。能力偏于活动,它着重解决会与不会的问题,它是保证顺利地进行实际活动的稳固的心理特征的综合。(徐世贵,2003)能力和智力有密切的关系。独立于具体活动之外的抽象能力是不存在的。能力活动总是伴随着智力的观察、技艺、想象、思维等心理过程而产生,脱离人的智力认识活动的独立能力是不存在的。

人的智慧和创造才能来源于人的智能。思维是智能的核心,学生的思维训练,有助于发展学生的智能。推理思维是智慧的核心,人的智力水平主要是由思维水平决定和体现的。(陈文林,1992)事实上,推理通常表现为合乎逻辑的规律、规则的思维发展过程,它是正确思维的起码条件,也是人的智能发展和聪明才智的标志。

逻辑推理能力与创造性思维密切相关。国外一项成功人士的研究表明,成功或超常认识突出的特点之一是其具有良好的发现逻辑关系并进行正确推理判断的能力,能够通过比较正确判断,并有所预见和发现。(韩家榘,1984)逻辑推理能力是思维智慧的重要表现,贯穿于创造性思维的全过程,成为考察人的创新潜能的重要内容。

此外,逻辑推理能力,是一种从已知到未知,探索新知识的思维能力,在科学创造中具有重要的地位。判断、假说、模拟、分析与归纳、演绎与综合等推理方法贯穿科学活动的全过程,从科学及其理论的发现、形成和验证,到以科学为载体进行智力开发,都离不开逻辑思维和推理能力。正如德国著名哲学家黑格尔所说:"一切科学都是应用逻辑"。

在几何教学中,发展推理能力是学生学习几何的中心任务,也是发展学生的思维能力,促进智能发展的重要标志。

2.2.4 推理是人类生活所需要的"共通"素质

逻辑推理不仅是数学学科的核心素养,其社会应用价值亦日益凸现。目前世界许多国家在选拔公务员、管理人员等的职业能力倾向测试和各类人才测评中,将逻辑推理能力作为重要的基本能力之一进行考察。用于选拔研究生能力倾向测试的成功典范当推美国的 GRE,逻辑推理能力测试是 GRE 的一项重要内容。(孟万金,1999)适合各年龄群体的瑞文推理测验是国际著名测验之一,为非文字测验,主要从图形逻辑推理方面反映被测者的智力状况。我国的公务员考试、MBA 考试以及职业人才测评中都引入了能力倾向测试,并且都把逻辑推理能力作为重要考察内容。推理能力已成为当今社会人才素质测评的重要指标。但与国外比较尚有较大差距。由此可见,逻辑推理能力已经制约我国科技发展和公民素质培养,强化基础教育阶段学生的逻辑推理能力培养,有利于国家人才培养,有利于增强学生在未来社会中的竞争力。

数学是"思维的体操"(N. Weiner),关于儿童推理问题的研究一直是认知研究中的重要领域(沃建中等,2006),逻辑推理贯穿于数学学习的全过程。"几何学的教育功能中最有魅力之处,恰恰在于它可以培养逻辑思维能力方面独领风骚"(田载今,2005)。尤西斯金(Usiskin)描述了几何的四个方面:(1)形象化、绘图和图形的构造;(2)物质世界空间方面的研究;(3)作为表述非形象数学概念和关系的工具来运用;(4)作为形式数学体系的表示。这些方面均需要运用推理。(D. A. 格劳斯,1999)"应该学会认识数学的价值,建立有能力做数学的信心,成为数学问题的解决者,学会数学交流,学会数学推理"。(NCTM,1989)

推理拓展了人的思维视野,使人养成言必有据的严谨思维习惯,成为人的素质中必不可少的重要组成部分。高层次的推理通常是超越外部真实世界的延展推理的产物,因而更具有恒久的意义和价值,便于提取、变换和迁移。

因此,强调几何从高深莫测的形式逻辑推理"象牙塔"里走出来,加强与现实生活及个体经验间的联系,有利于增进理解,体验学习的价值,发展比传统几何"证明"更具"共通"意义的综合推理能力,但过分地强调推理的生活背景和实际应用是不现实的,也是不符合推理高层次发展的客观规律的。

2.3 推理能力结构

能力结构是指能力内部各要素之间合乎规律的组织形式,它由各要素共同决定,各要素之间相互依存、相互制约,共同促进能力发展。能力结构研究不仅对心理学研究有十分重要的意义,而且对指导教育实践和能力测试工作也有非常重要的作用。

2.3.1 推理能力结构划分的多样化

由于推理作用领域不同,人们研究的视角、方法不同,使推理能力结构的划分呈现多样化。

最常见的推理能力划分:包括演绎推理能力、归纳推理能力、类比推理能力三大要素。

基于衡量推理水平的划分:可接受(Acceptable),不完整(Incomplete),不适当(Improper),直观证明(Intuitive proof)。(Lin Fou – Lai, 2005)

基于猜想的划分:(1)建立在归纳上的推理;(2)建立在诱拐上的推理;(3)建立在探究过程时间段上的推理;(4)建立在规律扩展上的推理。(Boero,2002)

基于推理顺序的划分:即从特殊到一般的归纳推理和从一般到特殊的演绎推理。思维活动中,这两种推理形式不是孤立存在的,通常表现于不可分割的统一之中,是统一的思维过程的两个方面。

基于考试得高分的划分:形式化的(Formal)、说明式的(Narrative)、举例的(Enactive)、视觉的(Visual)、经验式的(Empirical)等五种形式。来自英国的报告显示,采用形式化方法证明获得的分数最高。(Healy and Hoyles,2000)

基于论证严谨性的划分:严密的形式演绎、拟形式化、说明式、直观式(用特例检验)、操作式(测量、截补)等五种形式。(林福来等,2003)

基于证明程度严格性的划分:过程性论证(Procedural Argument)、形

式证明(Formal Proof)、公理化方法(Axiomatic Approach)。(李秉彝等，2005)

我国心理学界对儿童推理能力的结构成分划分大致为归纳推理、演绎推理、模拟推理三种。

此外，与几何推理能力相关的著名研究有如下四种：

2.3.2 皮亚杰发生认识论的四个阶段

皮亚杰(Jean Piaget,1896—1980)是发展心理学中最有影响力的一位理论家。他运用生物学、哲学、逻辑学和数学的知识，对儿童的心理发展进行了大量的临床研究，创立了关于儿童认知发展的发生认识论。

皮亚杰认为，儿童在与外部环境相互作用时所表现出来的思维模式反映了不同的认知发展水平。根据大量的第一手实验材料，皮亚杰指出：儿童的智力发展不是一个简单的数量增加的过程，而是经历了一些共同的，按不变顺序相继出现的，有着质的差异的几个时期，每个发展阶段都有其独特的思维模式。根据思维模式的不同表现形式，皮亚杰将儿童的认知发展分为以下四个阶段：

感知－运动阶段(0~2岁)：从简单的反射活动逐步过渡到依赖于感知和运动的运算；

前运算阶段(2~7岁)：能够利用表象图式进行推理运算，语言的发展使得儿童能够运用大量表象符号进行思维活动；

具体运算阶段(7~11、12岁)：形成了守衡性和可逆性，能够从概念的各种具体变化中抓住本质的东西，掌握变化规律性，进行合乎逻辑的推理运算。不过，这一阶段的儿童一般需要依赖具体实物的支持才能进行运算；

形式运算阶段(11、12岁以后)：能够在更大范围内进行逻辑运算，能处理复杂的言语问题、假设问题或涉及未来的问题；能够理解因果关系，并根据辩证逻辑的规则，进行不依赖于内容的纯逻辑形式的运算。

皮亚杰的发生认识论受到世界各国学术界的广泛重视，被人们称为日内瓦学派或认知学派，对现代发展心理学的各个方面，对西方幼儿与中小学教育的改革产生了巨大的影响。但他否认数学认识活动的客观基础受到普遍的反对。事实上，种种建构主义学说，包括"运算的建构主义"，以及现代的"极端建构主义"等，它们在理论上有一个共同弊端，即是未能正确地认识在"建构"与"反映"之间所存在的辩证关系。但是,我们也应该看到,皮亚杰的相关理论中包含其合理性,特别是,认识并非人脑对外部事物的机械反映,恰恰相反,主体已有的知识和经验在这一过程中也发挥了十分重要的作用。(Gila Hanna G. ,1989)

2.3.3 范·希尔几何思维的五个水平

范·希尔在格式塔心理学和皮亚杰发生认识论的基础上,在 20 世纪 50 年代末提出了几何思维发展水平的理论,从整体上把几何思维分为视觉层次(visual)、分析层次(analysis)、非形式演绎层次(informal deduction)、形式演绎层次(formal deduction)以及严密性系统(rigor)(Ralph W. Tyler,1986)(如图 2.3 – 1),并提出了相应的教学策略。形式演绎的目标是建立起几何的公理体系。与皮亚杰的观点相类似,范·希尔夫妇也认为学生几何思维的发展可以划分为若干个不同的阶段,并认为学生的几何思维可以分为以下五种发展水平:

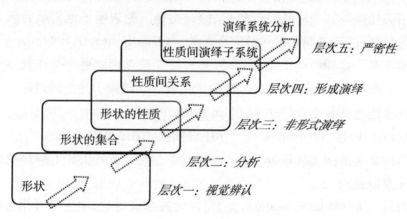

图 2.3 – 1　几何形状思考发展(Van de wall,1997)

水平 1:视觉辨认。能够从整体外观形状认识几何图形,但并不关心各种图形的特征性质,也未能清楚地确定各种图形的性质;

水平 2:描述和分析。学生已能确定图形的特征性质,能对单个图形的性质做分析并确定其特征,但还不能认清图形间的关系和性质;

水平 3:非形式演绎。能把握图形间的关系、性质和分类,并能区分概念的必要条件和充分条件,但处于这一水平的学生尚不能理解逻辑推理是建立

几何真理的方法,也不能组织起一系列命题来证明观察到的命题;

水平4:形式逻辑推理。学生已能对公理化系统中的公理、定义、定理做出明确的区分,并能够通过形式逻辑推理对某个命题进行证明,但对严格推理的必要性没有认识;

水平5:严密。学生能够进行严密性推理,推理的产物则是几何公理系统的建立、详尽阐述和比较,可以理解演绎系统的兼容性、独立性和完备性。

范·希尔夫妇的这一理论实际上为几何学习材料的安排指明了起点和目标。以此为指导,苏联于1968年制定了从小学开始,连续8年的几何教学课程,取得了很好的效果。

尽管范·希尔夫妇同样强调了思维发展的阶段性,但与皮亚杰不同的是,范·希尔夫妇认为,年龄或生物成熟程度并非是决定学生思维发展水平的主要因素,恰恰相反,后者主要取决于教学,也就是说,"水平在很大程度上依赖于课程"。范·希尔夫妇写道:"皮亚杰所描述的阶段或水平并不必然地与某个特殊的年龄相联系,而是清楚表明了他们所曾参与的学习活动,而后者则是与年龄完全无关。"(Gila Hanna. G,1989)

也正基于这样的认识,范·希尔夫妇与皮亚杰相比更为关注教学问题,提出了关于教学阶段的划分,认为学生需要在教师引导下通过以下五个阶段才能达到各个新的水平:(Van Hiele,1986)

阶段1:信息(Information)。"学生开始熟悉相关的内容";

阶段2:范围定位(Bound Orientation)。"学生逐渐接触了解形成体系的主要联系点";

阶段3:解释(Interpretation)。"发现的关系被讨论,学生学习相关的数学用语表达";

阶段4:自由定位(Orientation)。"学生开始利用自身固有知识在一系列的相关联系中去探索发现他自己的解决问题的方法";

阶段5:整合(Integration)。"学生将回顾整理各种思考路径"。(Ibid,p177)

范·希尔夫妇认为,就所学的题材而言,在阶段5完成以后思维就上升到了一个新的更高的水平。(Van Hiele,1986)也正是由于他们的理论与教学有着密切的联系,因此数学教育家们普遍地对此给予了较大关注,人们积极开展了进一步的研究,(Usiskin,1982;Burger,1985)苏联和美国等国家的学者们对这一理论进行了深入的探索、验证和应用。

研究者认为,为了更准确地反映学生几何思维的发展,应在范·希尔夫妇所说的五种水平上再增加一种新的水平——水平0(前认知),其主要特征就在于:在这一水平上儿童只会注意到图形形状直观特征的某些部分,而不能正确地识别很多常见的图形。(Burger,1985;Burger and Sharghnessy,1986)按照克莱门茨(Clements)和巴蒂斯塔(Barrista)的看法,"前认知水平"的引进就可被看成对皮亚杰和范·希尔理论的一种综合。(Gila Hanna G.,1989)与此相反,范·希尔夫妇即认为可以将所说的五个水平归结为三个:(1)直观的(相当于原来的水平1);(2)分析的(相当于原来的水平2);(3)理论的。(包括原来的水平3—5)。

对照先前所提出的关于几何思维发展的五种水平,范·希尔夫妇还提出,水平2(描述/分析水平)是发展证明能力的关键性入门阶段,因为,"没有关系网络,推理是不可能的",而一旦将某类图形看成是性质的一个集合,我们就会进一步考虑一个图形与其他图形之间的关系,而这事实上也就标志着由水平2向水平3的过渡。另外,又如以上关于各个几何思维水平的说明所表明的,水平4代表了真正掌握证明水平。

范·希尔夫妇对学生的几何思维水平的描述是整体的、定性的。他们突出强调了发展过程的层次性:学生在某一水平上要达到理解和掌握,必须具备前一水平上的能力,学生在某一水平上理解不深的概念,到了高一水平就可能理解了,但不能绕过某一水平直接到下一个更高层次的水平。但人们对他们所做出的严格水平划分,持有不同意见。更多的研究者倾向于将水平的划分看成动态的,而并非静态的。我们认为,与间断性的描述相比,水平的划分应是动态的、模糊的和具有更大的连续性。

2.3.4 LERON 证明结构的三个层次

Leron(1985)认为,数学证明的构造思考,实际上并不像书面陈述的那样,将论据一步步线性排列,如图2.3-2(a),而是根据一定的问题情境呈现出结构性特征,如图2.3-2(b)。一般的证明过程在总体上可概括成一个宏观思路。在整体构想中,有两个非形式化的实际思想:

(1)用简短的、直观的总体看法来处理较长的复杂的证明。

（2）利用所给条件构造一个数学对象，即解题目标，成为中枢，然后围绕它展开证明过程。（李士锜,2001）

图 2.3 - 2(a)　证明的线性陈述方式

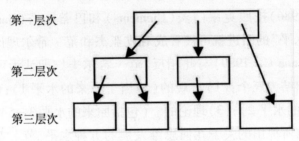

图 2.3 - 2(b)　证明的层次结构方式

Leron 是想把数学证明的非形式方法与形式方法融会结合起来。在非形式的证明思考中，重点在总体框架上，先抓重点，再研究其余。这样就可以在证明的整体结构中抓住要害和控制细枝末节，从而完整地把握全局，搞懂它的目标及合理性。基本思想是：按水平层次来组织证明，并且是自上而下地展开，思考的最高层次是证明的主线脉络，即中枢的建立。然后在下一层次上按最高水平的计划，加以具体观察落实，提供必要的细节，做出特定的构造等。如果再下一个层次的工作也较复杂，那么它也可以有自己范围内的主线脉络和自己下一级层次上的具体化工作，以此类推。

2.3.5　SOLO 五等级分类法

SOLO(Structure of the Observed Learning Outcome)理论揭示了学生个体在几何方面的理解,其分类法适用于区分学生对每一个问题的回答水平,共划分为五个等级:前结构水平(Prestructural),单一结构水平(Unistructural),多元结构水平(Multistructural),关联水平(Relational)和进一步抽象水平(Extended abstract)。

Biggs 和 Collis(1982)对每一水平做了解释。前结构水平(P):通常表现为拒绝或者没有能力进入某一问题的解决,即完全没有回答问题;单一结构水平(U):处于这一水平的回答只含一种运算(Operation),从问题的一个侧面去思考问题;多元结构水平(M):这一水平的回答一般要依次进行几个相关但又不相同的运算。即能从问题的几个侧面去思考,但只是被分别孤立地对待,还不能明确问题侧面之间的联系,不能用联系的、抽象的内在关系来思考问题;关联水平(R):处于这一水平的回答包含抽象思维成分,所进行的那些运算不仅相关而且反映出对所获得信息的整体把握;进一步抽象水平(E):这一水平的回答纯粹是抽象思维的结果,学生从已知信息中洞察到需要运用某一抽象的、在条件中没有明确给出的一般原理。这一水平的学生能够把所认识到的"一般原理"成功应用于新的问题情境(Problem Situation)。

SOLO 分类法是区分学生对每一个问题的回答水平的一个有效手段,它的实质是先对一个主题内容进行要素划分,然后根据学生对要素以及要素之间联系的掌握情况来区分学生对此主题的理解水平。

与 SOLO 分类法的前结构水平相对应的是林福来的"什么都不会"。将这两个理论进行比较,发现有异曲同工之处,衡量学生问题解决的水平都经历了"不会或没有能力的——单一或直观证明——多个侧面的或解释多重关系的——抽象的或更为本质的——更抽象的或可接受的"。

2.4 几何推理教学策略

1607 年,明末的徐光启和利玛窦合作翻译了《几何原本》,将拉丁文的 Geometria 的"Geo"音译为"几何",一直沿用至今。五四运动之后,几何学作为中小学课程的内容,被世界各个国家普遍重视。罗素曾说过,他对科学的兴趣来自数学,而对数学的兴趣又来自欧几里得几何。这说明欧氏几何中蕴含着激发兴趣启迪思维的极有利因素。平面几何成为不同国家普遍开设的数学课程,但由于对几何教育价值认识的差异,各国几何课程存在较大差别。"中小学几何课程应当教些什么,至今仍是一个引发争议的问题"。(李秉彝,2003)

在我国,传统的几何教材重视学生的论证推理能力培养,但内容单一,呈现方式严谨、抽象,过于思辨性的论证压抑了学生思维能力的发展。我国教育部颁布的《数学课程标准》,对 7—9 年级几何内容的处理方式提出了指导性意见:不再单纯以学科为中心组织教学内容,不再刻意追求学科体系的严密性、完整性、逻辑性。注重与学生的经验结合在一起,使新知识、新概念建立在学生现实生活的基础之上,数学课程标准指出:"在教学中,应注意所学内容与现实生活的联系,注重使学生经历观察、操作、推理、想象等探索过程;应注重对证明本身的理解,而不追求证明的数量和技巧"(《全日制义务教育数学课程标准(实验稿)》,2001)。这种处理方式赢得数学教育专家的认同——"几何内容削减以后,在一些最基本的推理中加强思维培养,是可取的一种做法"(张奠宙,2005)。

几何课程如何处理形式逻辑材料?有两种处理方法值得注意:其一是立足于通俗化了的欧氏公理系统,不追求完备性和最简性,用直观显见性代替某些未列入的公理,同时把公理的产生(经验、直观认识)同它们的逻辑功能区分开来。其二是在开始阶段采用所谓"局部组织"的途径,没有任何形式的要求,也不预先给出任何公理系统,而是通过对几何知识和几何活动的局部组织来发展学生的几何概念和推理,并在适当的时候向学生解释几何的逻辑结构,说明进一步的推理只能运用已知建立的概念和定理。这种局部的组织创造有利于由学生自己来做数学化的工作,有利于逐步地获得接近于日常推理的那种推理(鲍建生,2005)。

如何进行几何推理教学?义务教育数学课程标准对推理能力做了明确的阐述,主要含义是能通过观察、实验、归纳、模拟等获得数学猜想,并进一步寻找证据、给出证明或举出反例;能清晰、有条理地表达自己的思考过程,做到言之有理、步步有据;在与他人交流的过程中,能运用数学语言、合乎逻辑地进行讨论和质疑。推理能力是一个人应具备的重要能力之一,无论是在日常的生活中还是在未来的职业中,每个人都应在思考、交流的过程中做到清晰、有条理、合乎逻辑。透过现行课程标准和教科书不难看出,对于推理能力的培养,现行教科书是按照"说点儿理—说理—简单推理—用符号表示推理"等顺序分层次、分阶段渐进安排,运用几何形式逻辑推理方式进行证明也仍被认为是不可缺少的。但如何进行有效教学,仍在很大程度上困扰着广大一线教师。

对教学操作模型的研究,国外许多专家做了大量的实践探索。Van Hiele(1986)的五个阶段。第一阶段是信息接收(Information);第二阶段是范围定位(Bound Orientation);第三阶段是明确表述(Explicitation);第四阶段是自由定位(Free Orientation);第五阶段是融合(Integration)。美国杜威（J. Dewar）的反省思维五段式（暗示—问题—假设—推理—验证）；英国华莱士（Wallace）的四段式（准备—孕育—明朗—验证）；美国纽威尔和西蒙（Newell & Simon）的通用问题解决模式和信息加工模式［问题（刺激）—接纳者（神经系统）—处理者（策略、程式）—记忆—处理者（策略、程式）—作用者（动作技能）—解答（反映）］。张奠宙（2006）认为，应该把"模仿、记忆"与"自主、探究"结合起来，"记忆、模仿应该通向理解，在记忆、模仿基础上，提倡让学生主动地观察、实验、猜想、验证、推理与交流等数学活动"。罗增儒（2001a）采用系统科学的观点描述了数学问题系统和数学方法系统，并应用反馈原理、有序原理及整体原则对解题过程进行分析，同时，他还引入了"解题坐标系"概念，将数学知识体系与数学方法体系一在坐标平面上进行刻画，使解题理论上升到了一个新的高度，并具有较强的可操作性。朱德全（1999）按照横向的认知操作系统与纵向的知识内化系统，得出了数学问题解决的"四步再反馈"程式。徐利治（1983）提出了用映射沟通两个或多个不同数学结构中的问题系统，从而揭示了问题化归的本质，在高层次解题策略方面做了开拓工作。郭思乐（1991）用四位图去描述解题的思维过程。

传统几何教学通常忽视了对几何证明的理解，偏重于证明的技能技巧训练，致使学生认为几何抽象、枯燥和难以理解，产生畏难情绪。新课程中的几何在此类问题上有了较大的改善，重视了"说理"和"推理"，对几何证明的把握不再过分地追求证明的技巧和难度，而是重视推理的养成教育，这将有效地降低学生认知的难度，有利于学科能力发展所需要的综合推理能力培养，也有利于掌握未来社会生活所需要的共通的推理"技能"。但从调研中发现，教师们普遍反映教推理比教几何证明更难以把握，不知道怎么教和教到什么程度。学生的发散思维积极性调动起来了，但考试成绩却降下来了。教师们同时也反映出，现行教科书内容系统性差，习题和相应的教学资源不具备，缺乏行之有效的教学措施等。从调研中了解到，教师最需要知道每一个阶段该怎么教，教到什么程度，怎样进行有效的教学设计。

有关几何推理教学的研究归纳为如下几个方面：一是对几何推理的意义和教育价值的高度评价；二是对几何推理的教育的多元化理解；三是几何推理对人的综合素质的影响；四是几何推理教学操作机制的研究。

3 研究设计

本章主要阐述本研究的设计和展开过程,包括总体和样本的选取、数据的收集与处理、研究的总体思路及内容框架等。

3.1 总体和样本的选择

3.1.1 城市和学校的选择

在选择城市总体时主要考虑如下两个方面:一是具有代表性;二是研究便利。山东省是我国东部沿海经济大省,发展水平仅次于江、浙、沪等经济强省(市)。多年来,山东始终把发展教育放在国民经济全面发展的战略地位来抓,伴随山东经济的快速发展,山东基础教育也经历了近年来的快速发展时期,渐渐步入全国教育先进行列。临沂市是山东省东部的一个发展中的城市,拥有 1100 万人,总面积一万七千多平方公里,是山东省人口最多,面积最大的城市。临沂市的国民经济发展水平,相对青岛、济南有一定差距,处于全省的中等偏下水平,但由于对教育的重视程度较高,基础教育发展处在全省的中等水平。因此,选取临沂市作为开展本研究的主要研究城市,具有较强的代表性。此外,笔者在临沂市生活和工作多年,在以往的教育研究中与地方教育管理部门以及各级中学建立了密切的合作关系,有利于开展调研活动。

选取了临沂市六所学校、日照市两所学校作为重点调研的学校总体。根据当地教育局对各中学教学质量综合评估排名,选择了临沂市排名在中等偏上的两所中学(编号为:01,02),选择了临沂市排名在中等水平,在一个区排名第三、第六的两所中学(编号为:03,04)。作为课堂观察、录像分析、学生作业分析、访谈和问卷的主要调研基地。另外四所学校,包括临沂市的两所中等水平的学校(编号为:05,06),日照市的两所中等偏上水平的学校(编号为:07,08),主要开展访谈,问卷的制定、修订、试测等。专家访谈主要集中在重庆和陕西两地,利用各种会议和地方院校专家云集的优势,对部分数学教育家、心理学家、数学家等进行了访谈。此外,笔者在过去进行有关数学问题解决教学实验研究时,曾在临沂市设立多所实验学校,为了使本调研更为客观,还注意回避了过去的实验学校。

在选择样本学校时,充分考虑了样本的代表性,使其能够代表我国初中学校的整体水平,但在调研中却遇到了难以解决的问题。相对偏远的农村学校教师的教学水平和学生的学习水平远远低于城市学校,在选择区(县)办农村学校样本时,最初选择的两所农村学校,在试测时发现,这两所学校与城市学校学生的几何推理能力相差太远,在学生几何推理表现和同等难度题目的问卷中,样本之间不具有可比性,因而去掉了这两所农村中学,因此,本研究所选样本均为在综合教学质量排名处于区教学质量综合排名中等略偏上水平的学校。

临沂市的六所学校中,分别取城市 3 所、区办中学 3 所。日照市两所中学均属中等水平的学校。学校一般有 5~7 个平行班,多者达 11 个班;班级人数一般在 60 人左右;同一个年级的教师,一般在同一个办公室办公,便于教师间的交流。

表 3-1　依照不同研究需要所选学校的安排情况

调研和研究工具编制	主要调研所在地及学校	纵向调研所在地学校
编制测试题、试测	临沂 05、06,日照 07、08,陕西师大附中	陕西 2 所,重庆 2 所
课堂观察、学生作业	临沂 01、02、03、04、05、06	日照 07、08,陕西 2 所,重庆 2 所
教师、学生访谈	临沂 01、02、03、04	日照 07、08,重庆 2 所,陕西 2 所
测试、学生问卷	临沂 01、02、03、04	日照 2 所,陕西 2 所

3.1.2　教师与学生的选择

在确定了重点调研学校后,为选取具有代表性的教师和学生,首先通过学校有关领导了解各年级师资的基本情况,然后与各年级组的教师分别进行了较充分的交流。在选择任课教师时,充分考虑了任课班级教师的任教职称、年龄、学历等。所有教师都具有中教一级职称,同一学校教师任课班级学生学习的整体水平相当并具有代表性等多种因素。教师年龄在32—41岁之间,第一学历在专科以上。城市学校在这个年龄段的教师都已经具有较丰富的教学经验,部分教师是通过各种层次的教师招考选拔上来的,区办中学教师除了3位教师是招考上来的,其他都是大学毕业后分到学校的,对师资整体水平较薄弱的学校,选择教学水平在中等以上的教师,教龄也比城市学校教师稍长一些。所有教师都具有很强的事业心和敬业精神。

由于近年来连续扩大普通高中的招生规模,高中师资短缺,从初中抽调优秀师资到高中任教现象比较普遍,为弥补这一现象造成的初中优秀师资缺失现象,城市面向农村学校招考经验丰富、教学成绩突出的教师,造成了农村初中优秀师资缺失。另有一种现象是初中年轻教师较多。从总体上来看,初中师资是一支较稚嫩的师资队伍。由于此类问题并非本研究的主题,在此不做详细赘述。

对每个教师编码采用5位数:前两位代表教师所在的学校,第三位代表任课年级(7—9三个年级分标用1、2、3来表示),第四五位代表被调研教师的编号。比如,03305表示03所学校9年级05号教师,01202代表01所学校8年级02号教师。

在主要调研地和调研学校,在每所学校不同年级各选取2个班级,选择班级成绩在同年级处于中等水平的学生。事实上,7年级在分班时一般按学生入学成绩分班,各班在各个成绩段上学生数相当,因此,各班级成绩相当,没有显著差异;8年级各班成绩已经表现出一些差异,但从总体上来看,除了个别情况外,差距不大;9年级在城市中学差异性不大,在区直中学差异性较明显,少数班级由于种种原因平均成绩下降明显。分析其中的原因,尽管各学校都明显地引进了竞争机制,每一位教师都表现出了勤奋、敬业的工作态度,但因城市中学师资水平配备较高,各班级成绩差异不大;区直中学,因师资状况不及城市中学,部分教师学历、经验相对薄弱,再加上班级管理和学生的特殊性,导致少数班级平均成绩下降明显,由此也可以看出,班级成绩与教师教学能力有直接的关系。对此,我们特别注意选择了更具代表性的中等水平的班级。

每个学生编码为6位数:前两位代表学校,分别用01、02、03、04、05、06、07、08来表示,第三位代表年级,第四位代表班级,每个年级对应的两个班级均用 1、2 来编号,不同学校的班级间的区分,由所在的学校和年级来区分,第五六位代表学生学号。比如,032127 表示 03 所学校 8 年级编号为 1 班的 27 号学生,021209 表示 02 所学校 7 年级编号为 2 班的 09 号学生。

3.2 数据收集的方法

本研究采用的数据收集方法主要体现在调研活动,包括:课堂观察、学生作业分析、问卷调查、访谈、课题教学实验等。

3.2.1 课堂观察

为了了解教师和学生在几何推理教学和学习中的真实表现,围绕主要调研内容进行了认真的听课、记录和课后整理,对安排冲突的课,为了不落下关键课或便于比较,分别进行了录像或录音。在听课前,首先向学校和教师说明听课的目的是为了了解当前几何教学的实际状况,取得学校对听课及其相关调研活动的充分理解和支持,保证听课在自然状态下进行。在课后对所有听课记录进行了认真的整理、总结,对教师和学生在课堂中的突出表现、存在的问题及共性问题,在课后进行了细致的归纳,并有针对性地进行了课后访谈。

3.2.2 学生作业分析

在调研中,为了了解学生在具体推理活动中的表现情况,采取了多种形式了解学生作业情况:一是根据课堂观察学生的表现,有针对性地让学生独立作业和解释,了解学生对作业问题的理解和推理表现;二是通过帮助教师批改作业,了解学生几何学习中的问题和差异表现;三是借助各种统考、期中考试、单元测试、月考等试卷,可以大样本地了解学生在几何解题活动中的表现及其差异性。

3.2.3 问卷调查

问卷分为两类,一类是基于调研需要的随机问卷调查,另一类是统计需要的集中问卷。第一类问卷灵活多样,可以采取多种形式进行。针对课堂观察和学生作业发现的问题一般利用课间、自习课、放学后的时间进行个别学生的单独问卷;对于学生的推理表现的调研,一般通过课堂观察确定能够反映学生某个阶段主要推理活动的问题,对其他学校学生在同样问题上的表现情况,一般通过观看录像或拟定问卷统一测试获得数据;对学生的访谈一般利用自习课进行。在第5章统计分析中,自编了《7—9年级学生几何推理水平问卷》和《7—9年级学生几何推理过程问卷》。问卷经历了反复修订,先后辗转重庆、陕西、山东三地,在六所学校试测,并与有关专家反复讨论问卷的针对性、信度与效度等,进行多次修正后,最终确定。分别在01至04学校进行了实测。

3.2.4　访谈

访谈是本研究取得教师和学生对几何教学和学习的理解、感受,了解其中存在的问题的主要方式。主要采用了:一是与专家的访谈,通过多种方式与部分数学教育、心理学、教育学、数学家等专家取得联系,听取他们对几何教学的看法,同时就有关研究的问题进行请教,从中确定了研究的课题、研究方法、研究思路和研究框架;二是集中一所学校的某个年级所有教师进行访谈,听取大家对几何教学的看法;三是就某一问题与教师或教研员预约访谈;四是在听课前后与任课教师访谈,了解教学设计、实施中的问题和看法;五是在课堂和学生作业后与学生访谈,了解学生对几何学习或某一问题的理解和真实的想法等。

3.2.5　课题教学实验

本研究的目的最终要落实到指导教师进行几何教学设计和有效地实施教学设计上。为此,本研究在深入调研基础上提出了几何推理层级发展策略,对在各个层级如何组织教学提出了教学设计思路,最后提出了课题教学实验研究。通过选择典型课题"相似三角形"教学,对课题教学进行了阶段性实验研究。进而证明在几何教学中的每一个课题时,都可以按照几何推理发展的顺序,组织学生灵活地选择和运用各种推理方式,在有效地进行课题教学的同时,为几何推理层级发展提供支持。

3.3 数据分析

数据分析伴随研究过程的不断深入逐渐展开。为了让大家对上述通过各种方法获取的数据分析情况有一个总体的了解,在此,对本节运用相关数据进行分析的过程先做一个简要概述。

3.3.1 对几何推理方式及其技能特点的描述

(1)在提出几何推理方式过程中利用了有关数据进行分析。笔者在过去的实验研究中曾尝试指导教师在不同推理方式上发展和评价学生几何推理能力的教学设计,取得了明显的效果。但已有的认识只停留在模糊的经验层面,缺乏深入和系统的思考。在确定本研究课题后,笔者与来自不同领域的专家、长期工作在教学一线的教研员及教师进行了深入的交流,将收集到的有关信息和数据进行归纳,结合自己多年来在教学和实验研究中对学生几何推理能力发展及其教学状况的认识,初步提出按照学生在不同几何推理方式上的表现了解学生几何推理能力发展的特点及其规律性,进而提出几何推理教学设计思路的设想。推理方式的确定必须真实地反映几何推理教与学的过程,为此进行了深入的调研。在前期调研中,通过专家访谈、课堂观察、录像分析、学生作业分析、问卷与师生访谈等形式,获得了大量的信息和数据,沿着学生几何推理能力发展的认知顺序,运用这些数据对学生在几何推理中的表现进行分析,结合自己已有的经验,初拟四种推理方式:直观推理、结构关联推理、形式逻辑推理、高级推理。随着调研的深入,一线教师们反映,语言描述对学生几何推理能力发展的影响较大,学生的语言描述能力发展的差异性在很大程度上反映出学生几何推理能力发展的差异性,并且语言描述不仅仅停留在多种语言间的互译水平上,应发展学生用语言描述推理的能力。为此,我们根据学生几何推理能力发展的认知顺序,在直观推理之后增加了描述推理。伴随着调研活动的不断深入,通过对不同推理方式的技能特点的描述,发现后两种推理方式,对于初拟的"具有最优化推理路径"特征的高级推理与形式逻辑推理难以区分。推理能力强的学生具有一定的高级推理(或称专家推理)特质,能够在众多关系中迅速找到沟通前提与结论的验证关系(指蕴含关系、恒等关系等)。经过认真思考,在专家的建议下,去掉了高级推理,在结构关联推理后增加了验证推理。但在调研和统计中又发现了新的问题,即验证推理难以从结构关联推理中区分开来,在本学段几何推理论证中,验证推理通常比结构关联推理涉及因素更单纯,于是最终将验证推理并入结构关联推理,确定7—9年级几何推理方式为:直观推理、描述推理、结构关联推理、形式逻辑推理。

显然,确定7—9年级几何推理方式的过程,是对初拟的推理方式进行反复改进和修正的过程,同时也是反复运用多种方法收集数据进行分析的过程。

(2)在归纳不同推理方式的技能特点和了解师生对几何推理教学的认识时,运用了有关数据进行分析。通过课堂观察和学生作业等方法收集数据并进行归纳分析,确定学生在采用不同推理方式时的技能特点,并通过对教师和学生的深度访谈,了解师生对几何推理教学的认识,这不仅有利于进一步的量化统计分析,而且为提出符合实际需要的几何推理教学设计思路提供依据。

3.3.2　对学生几何推理能力发展的差异性分析

在前面研究的基础上,通过编制几何推理水平问卷和几何推理过程问卷,进行验证性推理结构检验,合并具有共同要素的推理方式,对7—9年级学生几何推理能力发展的差异性进行统计分析,并对不同年级学生几何推理特征进行定性描述。

3.3.3　提出几何推理层级发展的理论模型

根据7—9年级学生几何推理能力层级递进发展的事实,提出几何推理层级结构模型(见图5.2－1,p101)。阐释了几何推理层级结构模型隐含的推理能力发展的两条线,提出本研究对几何教学设计的主张:沿着几何推理层级发展的顺序构建几何课程和进行几何教学设计,但同时重视第二条线的发展。有效教学设计应体现在促进学生几何综合推理能力发展的同时,形式逻辑推理能力也"拾级而上"。

3.3.4　提出几何推理教学的理论框架和层级教学设计思路

提出几何层级教学设计的总体框架,通过三个维度的设计,即课程目标和课程内容、问题情景与活动设计、过程性评价和反馈,支撑整个框架,并将几何推理层级结构模型嵌入总体框架内,通过"垂直组织"和"水平组织"两个维度进行课程建构。一方面使整体的框架在横向和纵向组织上体现为具体的层级支撑;另一方面为各层级推理目标和活动更好地规划发展方向,以避免课程组织可能存在的随意性。在此基础上,提出不同推理层级的横向教学设计流程和纵向层级发展思路,最后提出了几何课题教学设计思路,并对其实验结果进行了分析,以使课题教学为几何推理层级发展提供有力的支持。

3.4 研究的总体思路及内容框架

3.4.1 理论基础

纵观国内外相关几何推理能力的研究现状,研究成果颇丰,在某些领域的研究十分深入,但尚存在不足。

从研究方法上来看,教育学研究问题的起点往往定位在数学教育本身,引用教育学的有关原理、方法,采用演绎推理方式研究数学教育活动中内在要素间的相互作用,国内基于教育学视角的研究较多,更多的研究仅仅停留在教学经验总结层面;心理学从人的心理角度去探索人类活动的心理现象和心理规律,国外的有关研究基于心理学视角的研究较多,通常用心理调查、测量、试验、个案分析等方法,偏重实证,但缺乏对学生真实推理过程的深入调研以及对研究问题的深层次思考。有关儿童的识图能力、掌握几何概念的能力、几何证明的能力以及利用几何图形来研究空间认识发展的探索等有关研究较多,但尚缺乏对7—9年级整个学段几何推理能力发展的系统研究。此外,在以往的研究中,存在教育学与心理学研究彼此分离,缺乏必要沟通和整合的现象,使研究涉入的领域较为狭窄和单一,缺乏系统的、全面的和深入的思考,因此也难以实现更广泛的应用和推广。笔者将基于几何教与学的实践调研和教学体验,采用教育学、心理学相结合的研究视角,运用定性和定量相结合的研究方法,在关注学生几何推理表现和几何教学规律的同时,充分考虑学生年龄成长和心理发展因素,以系统地发展学生的几何推理能力为主线,构建几何课程,并提出几何推理层级教学设计思路,期望对深化几何课程改革,促进学生几何推理能力发展提供有价值的参考。

从研究的层次来看,宏观层面的研究涉及几何观念、思维、推理价值、推理结构等,已有的研究指出了几何及其推理的教育价值及其局限性,但通常以理论借鉴及其思辨性分析居多,对几何推理的有关研究,引用其观点的较多,但难以系统地应用于指导教学实践。微观层面突出在课程标准下的教学设计、教学实践经验的概括总结等。有关几何推理能力的研究,通常集中在具体推理过程和解题分析,理论和实践相结合的有针对性的系统研究还比较薄弱,缺乏具有一定理论指导下的具有可操作性的几何推理教学研究。事实上,数学学科教育理论研究若不能应用于指导教学实践,就失去了它存在的价值。缺乏理论依据的教学模式研究,在机械套用中会变成僵化的教条。

从研究视域来看,着眼于局部或环节的研究较多,但教学实践更需要系统性的有针对性的研究,教师渴望知道在每一个阶段怎样进行几何推理的有效教学设计。皮亚杰和范·希尔夫妇对几何思维发展阶段的描述是整体的、定性的,但因各有其局限性,难以直接应用直接指导教学实践。

任何教育研究必须根植于一定的理论和实践基础。

认知建构理论认为:(1)学习是认知主体凭借自己的经验主动建构知识的过程,学生不是被动的知识接受者,而是主动的知识建构者。学习者以自己的认知结构为基础,对信息进行主动选择、推理、判断,从而建构起事物及其过程的表征,基础不同,主体的认知水平呈现明显差异,学习者已有的发展水平是学习的决定因素,处于同一发展水平的认知主体对事物的理解也会有差异。(2)"知识是由认知主体积极建构的,建构是通过新旧经验的互动实现的"。(波利亚,1982)认知主体在认知过程中,不是去发现一个独立于他们思维之外的先在的(Pre – exist)知识世界,而是重新组合自己的知识和经验世界,去建构起一个新的认知结构。"每一个学习者都要参与到创建意义中去。新的学习不断地与已有的知识,即先前的经验产生联系"。(David J. Martin,1977)认知建构理论所强调的认知个体在认知过程中的主体性与建构性,决定了学生是认知和学习的主体,必须"让个体意识到自己的认知过程、与此相关的认知结构或其他事物的现象,即调动其元认知(metacognition),意味着每一位学生都认识到正使用的程序知识是用来创造知识、管理知识和运用知识的"。(Francis P. Hunkins,1995)(Ibid,P125)(3)教学应当为认知主体创设适宜的问题情境,调动个体丰富的经验世界并不断地进行调整、改造、吸收和提升的过程。"学习必须是积极的、建构性的、累积性的、目标指引性的、诊断性的、反思性的"。(波利亚,1987)(4)学习主体应将问题情境中的各种因素与个体原有的认知结构及数学活动经验等建立起密切的联系,明确数学的事实、概念、原理、方法间的逻辑关系和层次结构,理解数学材料组织的思维建构过程。几何教学应有利于主体有效地建构自己的认知结构,有利于与主体在经验世界中发展起来的"非形式化"知识相联结,促进认知主体对有关信息的主动选择、推理和判断。

苏联数学教育家 A. A 斯托利亚尔认为,数学教学是以"数学活动"为主的思维活动的教学,提出了"数学教学是数学活动的教学"理论(A. A 斯托利亚尔,1984)。他把数学活动的水平分成若干层次,"具有很高的逻辑水平的数学活动无论是三年级的学生还是十年级的学生都无能力进行,但是完全适合学生思维水平的某些数学活动就是一年级学生也能进行"。他认为,数学教育能够也应该做到使学生循序渐进地由数学活动的一个水平向另一个更高的水平发展,但却不能去掉中间过程来实现由一种水平向另一种水平的转化。

皮亚杰突出强调了动作及运算在认知能力发展过程中的作用,因此,他的理论有时就被称为"运算的建构主义"(Ralph W. Tyler,1986)。具体地说,按照皮亚杰的观点,数学抽象的本质就在于:它并不是建立在对于物理性质的直接感官之上,所涉及的只是动作协调。他提出了著名的"四阶段说"(见 2.3,p19)。

对于皮亚杰完全否认数学认识活动的客观基础的观点我们是不能同意的(Gila Hanna. G,1989)。我们的研究力图吸收其合理成分,特别是,认识并非人脑对外部事物的机械反映,主体已有的知识和经验在认知过程中发挥十分重要的作用,这就是说,认识是以主体已有的知识和经验为基础的主动建构。另外,动作在儿童认知能力的发展过程中确实也有十分重要的作用,特别是动作的协调水平就具体地限制了儿童对于外部物体形状的感知。"教学设计必须考虑学生的年龄特征,要与学生的认知发展水平相匹配"(Gila Hanna, 1989)。

由荷兰数学教育家范·希尔夫妇所提出的思维发展理论与我们的研究有着更为密切的联系,因为它是专门就几何思维进行分析的。同皮亚杰观点类似的是,范·希尔夫妇也认为学生几何思维的发展可以划分为若干个不同的阶段。范·希尔夫妇主张将几何思维划分为五种水平(见2.3,p19)。他们的研究给予我们的启示是:学生几何推理能力发展的思维过程是有其阶段性的,是可测的,年龄或生物成熟程度并非是决定学生思维发展水平的主要因素,学生的几何思维能力的发展与教学有着密切的联系。范·希尔夫妇这样写道:"皮亚杰所描述的阶段或水平并不必然地与某个特殊的年龄相联系,而是清楚表明了他们所曾参与的学习活动,而后者则是与年龄完全无关(范·希尔,1958)。"

范·希尔夫妇与皮亚杰相比更为关心教学问题,他们认为,年龄或生物成熟程度并非是决定学生思维发展水平的主要因素,"水平在很大程度上依赖于课程",这与皮亚杰的研究是不同的,因此,他们在提出几何思维发展五种水平之后,提出了关于教学阶段的划分,范·希尔夫妇认为,就所学的题材而言,在阶段5完成以后思维就上升到了一个新的更高的水平(Van Hiele,1984)。也正是由于范·希尔夫妇的理论与教学有着密切的联系,因此数学教育家们普遍地对此给予了较大关注,人们积极地开展了进一步的研究以对此做出检验和评价(Usiskin,1982;Burge,1985)。

研究表明,范·希尔夫妇关于几何思维发展具有一定阶段性的断言是有一定道理的。但是,研究者们对范·希尔夫妇做出的严格水平划分和发展的"跳跃"性等提出了疑问,研究者们更加倾向于将"水平的划分看成动态的,而并非静态的。Kay Johnson Gentile(1991)认为与间断性的描述相比,水平的划分应被认为具有更大的连续性。但范·希尔夫妇认为,"形式演绎的目标是建立起几何的公理体系"(John A. Dossey,1999;Ralph W. Tyler,1986),这与我国数学教育所给予的几何教育价值定位有较大距离。

来自美国等国外的对范·希尔夫妇关于思维水平的广泛关注和争论,一方面说明了这一理论对于描述中小学生几何思维发展水平是有用的;另一方面也反映了这一理论仍具有局限性。我国对范·希尔的理论少有研究,除了前面谈及的缺陷和局限性问题,还存在一个本土化的适应性问题,难以直接应用于指导我国教学实践。从这个角度讲,本研究具有明显的本土化研究特征。

本研究在一定程度上借鉴和吸收了范·希尔夫妇的研究成果,仍然围绕促进学生的几何能力发展开展研究,吸收和借鉴了关于学生的几何思维能力发展是有层次的、可测的,以及教学有利于促进学生几何思维能力发展等观点,但本研究将在比几何思维能力更具可操作性的几何推理能力发展层面开展研究,这将更有利于指导几何教学实践,其明显的区别在于:(1)在研究的目标和适应范围方面,范·希尔夫妇的研究目标在于给出评价不同年龄学生的几何思维水平的标准并提出促进学生几何思维水平提升的教学模式,适应于中小学各个年龄段的学生。本研究则着眼于了解7—9年级学生几何推理的技能特点及其差异性,以确认几何推理层级发展的规律性,构建几何推理层级发展模型,在此基础上提出几何推理层级发展教学设计思路。(2)在几何教育发展观层面,范·希尔夫妇的研究在于发展学生的形式演绎思维能力,形式演绎的目的在于建立起几何的公理体系,而本研究的观点是几何课程应有利于促进学生包括形式逻辑推理在内的综合推理能力的发展,沿着学生几何推理能力发展的认知顺序确定7—9年级学生几何推理方式,并以此为主线构建几何课程,而非"公理体系",并认为发展学生综合推理能力比单纯地强调在"公理体系"中发展学生的形式逻辑推理能力更有利于提升学生的学科能力,更有利于发展学生适应未来社会生活所需要的"共通"的推理能力。而且推理与思维相比较,更为具体和程序化,在教学实践中更具可操作性,在我国教师总体水平相对较低的实际背景下,更有利于引领和指导教学实践。(3)对层级划分的认识方面。范·希尔夫妇强调了对思维发展水平的严格层级划分,强调静态层级的间断性、跳跃性特点,而本研究对几何推理层级的划分是模糊的、动态的,强调层级的划分应更大程度上体现连续性。

本研究在教学实践研究方面,试图在借鉴国内外相关研究成果的基础上,突出本土性和适应性,探求继承我国几何教育传统和适应新课程改革需要的促进学生几何推理能力发展的教学设计思路。传统几何教学,把培养学生的逻辑推理能力作为教学的主要目标,强调几何语言、逻辑规则和形式逻辑推理训练,忽视了学生认知心理发展水平的适应性,机械模仿不仅与学生的经验世界脱节,让学生感到枯燥、乏味,而且限制了学生思维的创造性。学生长期处在几何形式逻辑封闭体系中进行模仿训练,得不到自主发展机会,难以理解和体验几何学习的实质,抑制了学生的几何直觉和创造性思维能力的发展。正如吴文俊(1996)所说:"只会推理,缺乏数学直觉,是不会有创造性的"。新课程中的几何,重视课程与学习者经验世界的联系,重视学习主体的主动探究,在一定程度上推迟了几何形式逻辑推理提出的时间,并弱化了其要求,强调了非形式逻辑推理的要求,但由于系统化、操作性、教师理解的差异性以及新课程自身存在的问题等,教师们反映,几何推理教学难以把握,不知道怎么教和教到什么程度(见4.2.3,p62),在教学中,学生主动探究的积极性调动起来了,学生却没有学到东西,考试成绩也下降了。

数学推理正日益成为人类社会生活所需要的"共通技能",被广泛应用到社会生活的各个领域。传统的以培养学生形式逻辑推理能力为核心的几何课程已遭到众多非议,通过几何课程发展学生的综合推理能力已逐渐成为共识。确定学生的几何推理能力发展的规律性,提出有效教学设计思路是深化几何课程改革必须面对的问题。当前,面对课程改革出现的诸多问题,必须在深入调研的基础上,进行理性反思,进一步确立几何推理的教育功能,明确深化课程改革的思路,尽快修订课程标准和教材,为一线教师提供更具操作性的教学实践引领范式。数学教育工作者肩负着义不容辞的责任。

本研究将在借鉴和反思相关教育理论和教育实践的基础上,确定本研究的总体思路和研究框架。

3.4.2 总体思路

"观念是影响人们解决问题的一个主要因素"(Kay Johnson Gentile,1991)。不同的观念反映人们不同的立场,决定人们的不同思维方式。本研究基于促进学生可持续发展的教育观念开展系统地研究,确立7—9年级几何推理能力发展研究的总体思路。

确立几何推理的教育价值。综合社会、学生、学科等需求要素,形成几何推理能力发展的多元化理解,创建系统的几何推理能力发展体系,突出综合思维能力发展,追求知识的广泛迁移力,为学生学科能力的可持续发展奠基。

系统地构建几何推理能力发展体系。走出传统的几何教学固化的、封闭的、一味追求几何形式逻辑推理培养的误区,构建一种发展性的、预见性的、系统的几何推理能力发展过程。

关注几何推理能力发展过程。深刻地理解在不同学习阶段,不同年龄学生对几何推理的理解状况和推理能力发展的差异性,探索其发展规律和途径,构建面向学习者的,以发展学生推理能力为主线的动态的、循序渐进的几何教学系统。

确立以教育学、心理学相结合的研究视角。借鉴教育学、心理学等有关理论和实践研究成果,采用定性和定量研究相结合的方法,探究学生几何推理能力发展的规律性,科学建构促进学生几何推理能力发展的教学系统。

(1)以真实教学实践调研作为研究的起点

"数学教育研究的目的,是揭示数学教育的基本原理、特有规律,把隐藏在大量实践背景后的因果线索理清楚,并上升为理论"。(张奠宙,李士锜,2002)对几何教与学过程的深入理解和研究,将带来对学生几何推理能力发展本质的深刻领会,形成一种新的教育观念,建构一种动态的、渗透科学探究的教育范式,扬弃"把数学仅视为具有一套已知的概念、原理和技巧的情态学科"(John A. Dossey,载:D. A. 格劳斯,1999)。本研究的逻辑起点正是建立在对几何教学实践过程进行深入调研基础上,通过调研探寻学生几何推理能力发展的规律性,力求提出富有创见的、适合我国国情的几何教学研究成果。

本研究采用课堂观察和学生作业分析等方法,了解7—9年级学生在几何学习活动中所采用的主要推理方式及其技能特点,了解师生对几何推理教学的认识。

(2)考查学生几何推理能力发展的差异性

在前面研究的基础上,通过编制几何推理水平问卷和几何推理过程问卷,运用统计方式对7—9年级学生几何推理能力发展的差异性进行描述,确定学生几何推理能力发展的差异性、层次性特征,进而提出几何推理层级发展的理论模型。

（3）提出几何推理能力发展的教学设计思路

在几何推理层级发展理论模型基础上，提出几何课程层级发展的整体教学设计框架和课程内容的层级组织策略，进而提出几何推理层级教学和课题教学的设计思路。

3.4.3　内容框架

论文由 7 部分组成，分四个层面开展研究。

导言（1　研究的缘起），说明选题的缘由、论文主要研究问题和研究方法、研究的意义。

第一个层面的研究（2　几何推理能力研究概述）（3　研究设计），围绕研究课题，查阅相关研究文献，并对已有的研究进行概述，包括对几何推理的理解（几何推理的教育价值、几何推理能力结构、几何推理的教学策略），在总结前人研究的基础上，结合我国几何教学实践需要，进行研究设计，提出研究的问题、研究的方法、研究的意义、研究的理论基础、研究的总体思路和内容框架。

第二层面的研究（4　7—9 年级学生的几何推理方式及其技能特点），对学生在几何推理中的表现进行细致的调研，通过课堂观察、学生作业、访谈等形式，了解学生的几何推理方式及其技能特点，了解师生对教与学过程的认识和教学中存在的问题。

第三个层面的研究（5　7—9 年级学生的几何推理能力发展的差异性与推理层级发展模型），运用统计方式进行推理结构检验，合并具有共同要素的推理方式，对学生几何推理能力发展的差异性进行定量分析，对不同年级学生几何推理能力的差异性进行描述，并对几何推理教学实践进行反思；针对 7—9 年级学生几何推理能力发展的层次性特征，提出几何推理层级结构模型。

第四个层面的研究（6　7—9 年级几何推理教学设计），提出几何推理教学设计的总体框架和层级教学设计思路，并提出了课题教学设计思路，对实验效果进行了分析。

最后（7　结论与建议），对本研究的成果进行全面的总结和概述，针对几何教学中存在的问题提出建议，指出本研究的不足和进一步研究的问题。

本研究的内容结构框架如图 3.4 – 1。

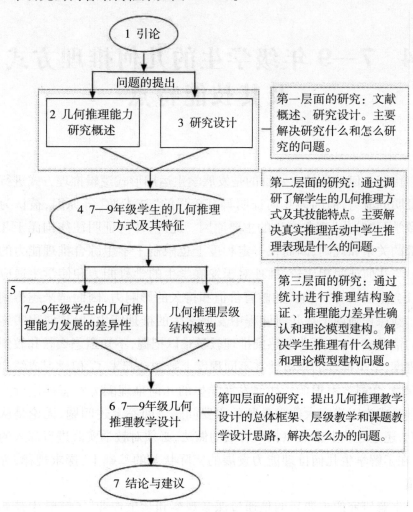

图 3.4 – 1　研究的内容框架

4 7—9年级学生的几何推理方式及其技能特点

　　传统几何教学的主要目的是发展学生运用形式逻辑推理方式进行几何证明的能力,但因为几何证明具有较强的"技术性"等原因,被认为是导致学习"分化"现象产生的主要原因。此外,几何证明往往拘泥于几何内部的关系和规则,因而在一定程度上也限制了学生综合推理能力的发展。与几何证明相比较,推理对于发展学生的学科能力和使学生适应未来社会生活具有"共通"的教育价值和持久的影响力,因而越来越得到重视。新课程强调了在几何课程中发展学生的推理能力,但从课程实施反馈的情况来看,教师普遍感到推理教学难以把握,不知道怎么教和教到什么程度,学生推理的积极性在不同程度上被调动起来了,但学习成绩却难以保障,学习效率很低。如何发展学生的几何推理能力? 怎样进行几何教学? 成为困扰广大数学教师的重要问题。回答上述问题,无论是从理论上,还是经验上都难以找到有效的做法,必须对教学实践进行深入的调研,在了解学生几何推理能力发展的实际状况的基础上,探求规律,寻找对策。

　　本章研究的主要目的是通过课堂观察和学生作业,了解学生是如何进行推理的? 主要采用了怎样的推理方式? 学生在不同推理方式上的技能特点如何? 在此基础上通过深度访谈,了解师生对几何推理教与学的认识,为寻求一种可借鉴的、能够有效地发展学生几何推理能力的教学设计思路奠定基础。

4.1　对建立在直观和实验基础上的推理及其教学的认识

继小学几何之后,7—9年级几何从进一步识别各种直观图形开始,认识点、线、面、体等基本概念,掌握线段、射线、直线、角、平行、垂直的概念及其性质,研究三角形、四边形等比较复杂的几何图形等。

4.1.1　课堂观察与学生作业分析

(1)学生在直观图形识别中的技能表现

①判断下列图形属于哪一类图形,写出图形名称。

P1:写出立体图形的名称(包括球体、长方体、圆锥、三棱柱等,图略)。

比如,031220:依次是球体、长方体、圆锥、三棱柱。

这类题目出现在不同版本的7年级教材中。所给出的几何体一般都是小学几何中的几何体,其目的是在小学几何基础上进一步识别这类几何体,并了解这类图形在实际生活中的运用。学生通常由具体的几何体联想到小学时学过的几何体,进而做出判断。有些教师要求学生简单描述不同图形的特征,并要求学生自己说出图形名称,无疑会深化对图形的理解。这类题目即使在农村中学,回答正确率均在百分之九十以上。但对于生活中某些几何体,如地球仪、圆锥形灯罩等,约有10%的学生,在没有明确提示的情况下,不知如何回答。调查其原因:

比如,031303:圆锥形灯罩与圆锥不一样(实物中的几何体包含其支架,干扰了学生的思维);041109:我不明白是什么意思(对题目中"类似"一词不理解);041341:圆锥在小学时学过,但一时想不起叫什么了(回忆不出小学所学过的几何体的名称)。

学生通常将实物或图形与个体头脑中已有的同类对象的形象,进行对照并做出判断或推理,但由于实物并非理想的几何体,有时会造成学生识别困难。

②画出几何体的三视图或由几何体的展开图判断几何体

"从不同方位辨认物体的形状和相对位置"这部分内容,课标安排在

4—6学段,一般教材呈现在小学6年级。在7年级教材中出现,目的是深化理解,进一步发展空间观念。

由几何体的展开图判断几何体时,需要学生通过几何体的展开图想象几何体,如果图形较为复杂,需要通过折叠帮助想象。

P2:根据图4.1-1中的立体图形画出它的三视图。

比如,031212:三视图为图4.1-2所示。

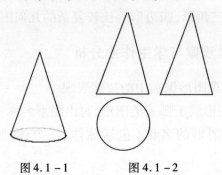

图4.1-1　　　　图4.1-2

P3:如图4.1-3,展开图是此图形的几何体是什么?

比如,041137:这个几何体是三棱柱。

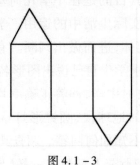

图4.1-3

P2、P3这类问题由于所涉及的图形是学生所熟知的,学生都能够正确回答,但仍有11.6%的学生在不同程度上出现错误。主要表现为:对三视图的含义不理解;对P3不知如何折叠。

几何图形是对一类物体的形状、大小和位置关系的抽象。形象识别通常是用个体经验中已有的带有普遍性、概括性的直观图形表象去对照具有个别性的具体形象所做出的判断。有经验的教师十分重视教学与学生生活中的图形联系,同时要求学生脱离具体实物想象其形状。调查中还发现,有不少学生即使不喜欢数学课,也比较喜欢画几何图形。一些学生对镶嵌(嵌图 Tessellation)图形不仅饶有兴致,而且表现得很有创意。可从画几何图形入手来学习几何,感受几何图形各要素间的关系。第一步让学生画出符合要求的几何图形,体会成功的喜悦,然后进一步找出图形中各要素及其相互联系。在几何学习中要注重发展学生善于观察几何图形的各种不同的特点,并做出推断。学生在做这类题目时要求如下:(一)理解三视图的含义是什么;(二)通过几何直观识别确认几何体的性状及特点;(三)结合几何体想象并画出三视图。

形象识别是用直观图形的普遍形象去判断具体对象是否具有相同特征的推理技能。形象识别的技能特点可归纳为:一是将实物或图形与个体头脑中已有的同类对象的普遍形象对照做出判断或推理;二是能够识别图形所具有的基本特征或性质;三是能够根据条件画出图形,能够识别基本的变位图形等。

(2)学生在几何实验活动中的技能表现

P4:能围成一个正方体的图形是_____

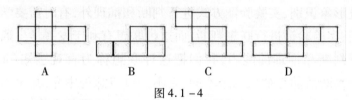

图 4.1 - 4

教师 02104:能够直接判断哪个图形能围成正方体的同学请举手?

比如,041426:A;比如,041211:A 和 C;比如 041232:可能还有 D。

教师 02104:请同学们亲手来实验一下,验证一下哪个图形一定能围成一个正方体。

教师在学生独立操作的同时,帮助有困难的学生进行画、剪、拼,最后达成共识。确定能围成正方体的是 A 和 C。

教师 02104:请将 A 和 C 的围成过程想象一遍,尝试不通过实验能够直接想象出围成的正方体。

(学生出声想)

P5:用 8 个一样大的等边三角形,用透明胶粘贴成如图 4.1 - 5 所示的两幅图的形状,你能想象出哪一个可以折叠成三棱锥吗?

比如,031119:图(1)可以折叠成三棱锥。

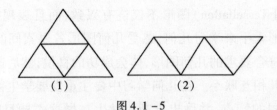

图 4.1 - 5

有经验的教师先让学生进行想象,再放手让学生自己做,独立进行判断或验证,并重视学生实验操作后的反思。比如,教师 03106:能否不通过实验进行推理? 课堂上,教师通常让学生通过实验来辅助形象识别或联想。

实验验证是指学生通过量、折、拼、剪等实验活动进行判断或推理的技能。实验验证的技能特点可以归纳为:一是通过实验进行判断或推理;二是辅助形象识别进行实验验证。

(3)学生在直观感知活动中的技能表现

在调研中发现,学生在基于图形直观进行判断和推理的学习活动中,除了通过形象识别、实验验证方式进行判断和推理外,有时需要学生超越形象识别、实验验证进行联想判断,而这种联想有利于发展学生通过形象思维进行判断和推理的能力,我们把这种联想称为直观感知(insight)。直观感知判断活动与抽象思维不同,它不必以概念为中介,甚至不必以语言为中介,只需与头脑中对应于某一事物的感知映像与实体模型比较,直接做出判别或推理。直观感知是个体对直观实物的形体识别和联想,并不依赖于抽象概念形成。例如,一个没有学过几何学的人,也能根据以前对类似形体的表象记忆,去判断一个事物应归属于哪一类范围。(任樟辉,2001)

P6:马小虎准备制作一个封闭的正方体盒子,他先用 5 个大小一样的正方形制成如图 4.1 - 6 所示的拼接图形,经折叠后发现还少一个面,请你在图中的拼接图形上再接一个正方形,使新拼接成的图形经过折叠后能成为一个封闭的正方体盒子(注:只需要添加一个符合要求的正方形,新添加的正方形用阴影表示)。

比如,021216:在最左面的正方形上再接上一个正方形。

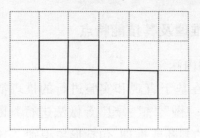

图 4.1－6

学生通过直观感知和动手实验验证找到了四种拼接方法。

P7：如图 4.1－7，把一个正方形三次对折后沿虚线剪下，所得图形大致是（　　　）

比如，041140：所得到的图形是 C。

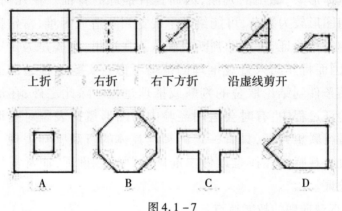

图 4.1－7

低年级学生一般采用实验方法进行判断和推理，8 年级学生借助于实验辅助判断，9 年级学生运用直观感知进行判断和推理的能力增强。在教学中，有意识地让学生在实验前或实验后进行想象，有利于发展学生直观感知能力。

直观感知是运用直观表象对图形形象及其特征的联想判断。直观感知的技能特点可以归纳为：一是基于形象识别的感悟、联想和反思；二是基于实验的感悟、联想和反思。

以上通过课堂观察和学生作业分析，将建立在直观和实验基础上的推理技能分为：形象识别、实验验证、直观感知，它们都是基于图形直观做出的判断或推理，我们统称为直观推理。

4.1.2 直观推理及其技能特点

（1）直观推理的内涵

7—9 年级学生在基于直观和实验进行的推理活动中,通常采用"看一看""量一量""做一做""想一想"等做法进行判断和推理。直观推理指基于直观或实验的判断或推理,包括形象识别、实验验证和直观感知三种方式,每种方式都有其独特的技能特点。

直观推理中的形象识别通常被称为直观判断。事实上,由于形象识别是用带有普遍性的概括表象(个体头脑中已有的)去对照具有个别性的具体形象所得出的判断,是在"普遍性的概括表象"前提下,对"个别性的具体形象"做出的判断,因而具有推理的特征。在几何学习中,有些几何图形较为复杂,可能给学生视觉判断造成困难,常常需要通过实验操作进行验证,以帮助判断或确认。在这里,实验是为了更好地反映直观,因而将其归入直观推理的范畴考虑。实验过程通常也需要经历由初始条件到结论取舍的判断或推理过程。除此之外,在形象识别和实验验证过程中,有时会运用经验中的图形概括表象对图形形象及其特征进行联想判断,具有一定的超越具体的直观感知表现。低年级学生通过直观感知往往难以做出准确的判断或推理,通常需要实验进行辅助验证。

（2）直观推理的技能特点

直观推理表现在形象识别中的由实物想象出几何图形,由几何图形想象出实物的形状;实验操作活动中的通过量、折、拼、剪等实验活动做出判断和推理;能够根据条件做出或画出图形,进行几何体与其三视图、展开图之间的转化;由较复杂的图形识别出简单的、基本的图形;超越具体的实物或图形通过直观感知做出判断或简单推理等。

直观推理的技能特点可归纳如下:

表 4.1 −1　直观推理的技能特点

直观推理	特点
形象识别	A. 将实物或图形与个体头脑中相应的普遍形象对照做出判断或推理； B. 能够识别图形的基本特征或性质； C. 能够根据条件画出图形,能够识别基本的变位图形。
实验验证	A. 通过实验进行判断或推理； B. 辅助形象识别进行实验验证。
直观感知	A. 基于形象识别的感悟、联想和反思； B. 基于实验的感悟、联想和反思。

　　直观推理不关注对象的本质特征,通过与典型实体在思维中的视觉表象、实验操作验证和直观感知进行判断和推理。比较典型的直观推理有三种:一种通过形象识别做出判断,即看上去像;另一种是操作性"精确"判断,即通过实验验证是正确的;第三种是模糊的判断,根据图形表象联想,即仔细想一下是这样的。从学生在直观推理活动中运用不同技能的先后顺序来看,直观推理发展的基本流程是:形象识别—实验验证—直观感知。

　　直观推理是几何学习过程中最基本的推理方式,随着学习内容的展开和学生年龄的增长,推理的抽象程度和难度逐渐增大,但几何直观推理贯穿于几何推理发展的全过程,始终起重要的辅助作用。人们通常借助直观推理这一特征来发现一般规律、探寻证明思路、理解抽象内容。

　　从调研中看到,直观推理能力强的学生可以跳过直观识别和实验验证直接到达直观感知判断。直观推理能力弱的学生,常常无法超越具体实物模型和实验验证进行直观感知推理,甚至不能建立起图形与实物模型间的联系,分不清实验的条件和要验证的结论。

4.1.3　深度访谈——了解师生对直观推理教学的认识

（1）对学生的访谈——了解学生对直观推理教学的认识

①学生普遍喜欢直观推理活动

访谈者:刚刚学完了"图形认识初步"一章,请谈谈你的学习体会。

学生 021216:几何图文并茂,很吸引人,我们多数同学都喜欢学。

学生 041417:几何与生活联系密切,我感到学了很有用,比较喜欢学这部分内容。

②学生在直观推理活动中有畏难的表现

访谈者:你在课堂作业中的有关视图的判断题上出现了错误,请谈谈你的认识。

学生041208:几何学习不像代数学习那样有式子推导和计算,有些要和生活里的物体对照想象,有些需要实验才行,有些太难了,靠实验能做出来,以后也忘了。

学生051623:课堂上教师指导着想象和实验,对大部分内容都能掌握,但还是不会做习题。有些问题太难了,做实验也很难,遇到这样的问题就感到有些怕。

学生041132:几何的内容很吸引人,就是太难了,很多问题难想象出来。做实验只能解决一些简单的问题,很怕后面的几何内容更难。我还是更喜欢学习代数。

在课堂观察和访谈中了解到,学生对生活中的几何和动手实验活动表现出了较高的热情。数学成绩好的学生对几何学习的信心较大,数学成绩差的学生在这个阶段也表现出一定的学习兴趣。但从与学生访谈中了解到,学生对复杂图形的识别和实验验证问题有畏惧感,约占40%的学生认为有些几何图形难以想象,担心后面的学习会更困难。本阶段学习困难的原因主要表现在:(一)不善于与实际生活中的实物模型联系起来去想象或从未见过与此有关的图形;(二)读不懂文字,不会画图、看图、用图,缺乏图形变异识别训练;(三)缺乏直观推理经验,在形象识别、动手实验和直观感知等方面的表现存在不同程度的障碍;(四)题目太难。

(2)对教师的访谈——了解教师对直观推理教学的认识

①重视学生实验前后的直观感知

访谈者:您在几何课上非常重视学生实验操作前后的想象,您是如何看待实验操作这个环节的?

教师03105:几何学习初期必须借助现实生活中的实物和学生的经验帮助学生识别和理解几何图形中的关系,但不能总是停留在实验操作层面,几何最终还是要让学生逐步脱离具体的几何实物进行推理和证明。我的做法是:先让学生观察,通过几何直观去感知对象及其关系,在学生难以直接回答问题时,让学生动手实验,并注重在实验前让学生先进行猜想,让实验过程变成验证自己猜想的过程,在实验后,进一步要求学生对结果进行反思,尝试能够脱离实验直接想象出结果。使学生能将推理的过程,变成动脑、动手、动口的积极思维过程,在过程中进行识别、确认和领悟。

调研中发现:教师在本阶段教学中,已不再局限于传统教学中内容的客观呈现,重视了教学材料问题性和生活化,注重采用推理性的教学语言组织教学过程,在不同程度上运用了学生独立探究、动手实验、大胆猜想、合作交流等学习方式。但还应同时强调学生独立的识别和操作,重视探究成果的抽象、概括、归纳和提升。操作前的猜想、操作后的反思和联想等是应当积极倡导的,超越实体或图形的形象领悟或具有实验验证辅助的直观感知是学生直观推理能力发展的重要体现。

教学设计应注重引导学生超越具体事实发展直观感知能力,不能停留在形象识别、实验验证层面,而是从理清结构、把握关系的角度,为学生提供足够的时间保障,引导学生分析、抽象、概括、提炼,体现思维的透析力,善于透过现象看本质。数学教师承担促进和引领一个个活生生的个体发展和成长的重任,必须克服"匠气",引导学生开展充分的思维活动,尤其是高层次思维活动。

②多媒体课件能够提高学生对图形的理解和感悟能力

访谈者:您在教学中很重视学生的实验活动,并运用了多媒体课件来展示图形和图形的变化,请谈谈你的想法。

教师01102:传统几何注重严谨性、抽象性和形式逻辑表达,使学习变得枯燥乏味,大批学生掉队,这也是几何产生"分化"现象的根源。新课程重视几何与生活和经验的联系,强调让学生在探究中学习,使几何课程变"活"了。由于学生独立思考和动手实验的能力有较大的差异,有些图形比较抽象,有些可以采用动态变化来展示形成过程,我通过课件展示系统、多样化的变化和形成过程,可以纠正学生理解和操作上的错误和偏差,帮助学生更深入地理解和思考,使认识提高到一个相对统一和适当高的层次上。

几何图形既是几何学研究的对象,又是重要的数学语言,是传递和表达思维信息的一种载体。本学段涉及到的几何图形几乎都能够找到它在现实中的模型,因此使抽象的几何问题变得形象和生动起来,使繁杂的几何关联关系变得更为显现,使枯燥抽象的形式逻辑关系变得富有色彩和吸引力。有人称:"几何是可视逻辑"。也就是说,几何的很多逻辑关系在其图形中已直观表现出来了,教学中,可以通过课件展示各种图形及其动态变位,让学生在复杂图形中识别基本图形,加强学生对图形的认识、理解和感悟能力,进而更深刻地认识图形、理解图形性质。

③重视让学生在复杂图形中找出"基本图形"

访谈者:你在教学"全等三角形"概念时,用了很多时间来展示全等形的变位图形,您这样做的目的是什么?

教师01202:花时间训练学生的识图能力是非常值得的。学生几何学习能力差,很重要的原因是不会利用几何直观推理,不会画图、看图、用图,几何证明思路通常是通过观察图形,在图形上寻找到思路的。

要让学生多熟悉变位图形,从复杂图形中分离出"基本图形",通过多媒体课件展示各种图形的变位、交错、复合等,包括平移、旋转形成的全等形和对称图形。如果只强调教材中的标准位置的图形,有时反成障碍。

④对于可能对大多数学生形成认知障碍的问题要灵活处理

访谈者:您对教材中复杂的几何体展开图(P107,图5.1-7)没有要求全体学生都做,只要求感兴趣的同学回家通过剪纸实验一下,看是否能做出来,还允许家长帮助完成,为什么这样处理?

教师04107:主要目的是不想给学生设置太大的障碍。教材中有些几何题的展开图太难了,连教师都感到困难,这样的题目拿给学生做,会导致学生失去学习信心,甚至会形成学习几何的心理障碍。放弃这类题目也不影响后面的学习。

本阶段几何内容应当合理地把握难度,如对几何体的教学。长方体是最常见的,也是最有用的几何模型之一。用长方体直观地揭示图形的几何性质是建立空间观念,培养学生直观推理能力较好的载体,同时也是为高中立体几何学习奠定基础。立体几何中线线、线面、面面关系等,都可利用长方体这一模型来反映,特别是平行、垂直关系,在长方体中可以很直观地表现出来,通过长方体让学生在直观感知的基础上,认识空间中的点、线、面之间的关系,通过长方体去认识空间图形的平行、垂直关系。在解析几何中同样利用长方体这一模型导出空间坐标系、空间两点之间的距离公式等。利用好长方体这一模型对几何乃至立体几何学习都是有益的,也可以让学生自己动手做长方体模型,体验其结构。但应当注意适当控制难度,以免造成学生的认知障碍。有条件的学校,利用几何画板,用三维动画演示三视图,能更形象生动地展示三视图与实物的联系。复杂问题只要求弄懂,不要求亲手做,待学习到一定阶段时,问题就自然而然地解决了。

4.2 对几何语言描述推理及其教学的认识

4.2.1 课堂观察与学生作业分析

(1)学生运用文字语言的技能表现

P1:下列关于直线说法正确的_____

A. 两点之间,直线最短;

B. 直线 MN 和直线 NM 是两条不同的直线;

C. 两点确定一条直线;

D. 延长直线 AB。

比如,041116:C

由生活语言到几何文字语言,经历了一个由学生逐渐理解到自觉运用的发展过程。几何语言内在的严谨性和规范性,成为学生理解和表达推理的主要障碍。学生运用文字语言的技能特点主要表现为:由生活语言转换为文字语言,用文字语言表达对象及其性质;由图形语言、符号语言转换为文字语言,用文字语言描述画图过程或推理过程。

(2)学生运用符号语言的技能表现

P2:C 是线段 AB 的中点,D 是线段 BC 上一点,则下列说法正确的是_____

A. $CD = AC - BD$ B. $CD = \dfrac{1}{2}AB - BD$

C. $CD = AD - BC$ D. $CD = \dfrac{1}{2}BC$

比如,041228:B

P3:如图 4.2 - 1(1),分别用字母表示∠1、∠2、∠3、∠4。

比如,031109:首先将图形标上符号,如图,4.2 - 1(2)

∠1、∠2、∠3、∠4 分别用字母表示为 ∠EDA、∠DAC、∠BAC、∠ABC。

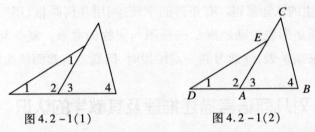

图 4.2－1(1)　　　　　　图 4.2－1(2)

学生运用几何符号语言的技能特点主要表现为:用符号表达图形、运用几何专用符号(如"∠""∥""⊥""≌")、用符号语言简化文字语言等。

(3)学生运用图形语言的技能表现

P4:画出一个底面半径为 5cm,高为 9cm 的圆锥(图形略)。

学生运用几何图形语言的技能特点主要表现为:由实体模型抽象出几何图形、绘制几何图形、图形变位识别,由文字语言或符号语言画出对应的图形等。

(4)学生进行三种语言转换的技能表现

P5:"点 C 是线段 AB 的中点""OC 是 ∠AOB 的角平分线",分别用文字语言、图形语言和符号语言来表达。

比如,041219:如表 4.2－1 所示。

表 4.2－1　三种语言的互译表达

文字语言	图形语言	符号语言
点 C 是线段 AB 的中点(二等分点); 延长 AC 到点 B,使 CB = AC; 反向延长 CA 到 B,使 CB = AC。	A———C———B	$AC = BC$; $AC = \dfrac{1}{2}AB$; $CB = \dfrac{1}{2}AB$; $AB = 2BC$。
OC 是 ∠AOB 的角平分线; 射线 OC 把 ∠AOB 分成两个相等的角; ∠AOB 的角平分线是 OC。	O 向 A、C、B 引射线	OC 在 ∠AOB 内部 $\angle AOB = 2\angle AOC = 2\angle COB$; $\angle AOC = \angle COB$; $\angle AOC = \dfrac{1}{2}\angle AOB$。

（5）学生根据语句作图的技能表现

P6：根据语句作图：如图 4.2 - 2(1)

①连接 AB；

②作直线 AC；

③连接 BC 并延长 BC 至 D，使 $CD = BC$；

④作射线 AD。

比如：031135：所作图形，如图 4.2 - 2(2)

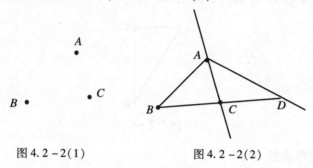

图 4.2 -2(1)　　　　图 4.2 -2(2)

（6）学生表达对象间关系的技能表现

P7：如图 4.2 -3，用几何语言表达"点 C 在直线 AB 上"。

比如，041223：除上述表达外

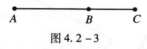

图 4.2 -3

①点 A、点 C、点 B 在同一直线上；

②直线 AB 经过点 C；

③图中有线段 AB、线段 AC、线段 BC；

④图中有射线 AC、射线 AB、射线 CB 等。

（7）学生运用语言描述推理的技能表现

P8：如果两个角相等，且这两个角互余，则这两个角等于多少？

比如，021137：因为两个角互余，所以这两个角的和为 90°；又因为这两个角相等，所以一个角的 2 倍为 90°，所以这个角都等于 45°，即这两个角都等于 45°。

语言描述推理的技能表现主要表现为，在掌握推理规则的基础上，综合运用图形、文字、符号语言表达推理。

(8)学生运用多种语言进行表征的技能表现

P9:如图4.2－4所示,把两直角边长分别为9和5的直角△ABC绕着直角边旋转一周,能得到什么样的几何体? 画出这个几何体,用符号表示几何体的体积公式,并求出该几何体的体积。

①用文字语言表征

比如,021223:得到两个圆锥,一个是底面半径为5,高为9的圆锥;另一个是底面半径为9,高为5的圆锥。

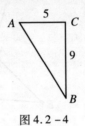

图4.2－4

②用图形表征

比如,021141:得到的圆锥分别为图4.2－5(1)和4.2－5(2)

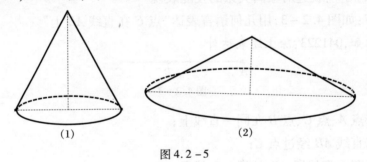

(1)　　　　　　　　　　(2)

图4.2－5

③符号表征

比如,021226:旋转得到的圆锥体积公式为:$1/3\pi r^2 h$

④运算程序表征:

比如,011148:

绕边长为5的直角边旋转得到的圆锥体积:$1/3\pi r^2 h = 1/3\pi \times 5^2 \times 9 = 75\pi$

绕边长为9的直角边旋转得到的圆锥体积:$1/3\pi r^2 h = 1/3\pi \times 9^2 \times 5 = 135\pi$

统计结果显示:运算程序表征成为学生的首要表征方式,而且能获得最高的正确率。这可能与小学阶段长期进行的算术或代数表征方式有关,计算出准确数值成为学生问题解决终结的目标追求。在学生的观念里,准确地计算出结果是最彻底的问题解决办法,他们通常对文字、图形、符号表征感到陌生。在用文字表征的学生中,多数人回答是圆锥,没有人回答是什么样的圆锥和几个圆锥。用图形表征的学生大多数都只画出了一种情形,亦无量度的标记。多数学生用文字写出了计算公式,但不会用符号表示。调研中发现,教师通常只关注计算体积,学生甚至没有画图形。错误的原因:一是想象不出旋转得到的几何体的形状,也没有借助图形演示想象旋转结果;二是只回答了绕某一直角边旋转得到的圆锥;三是计算错误或表达错误(部分学校教师要求必须用 π 表示结果,否则视为计算错误);四是文字语言表达不准确。

调查结果显示,学生具有一定的语言转换意识,但用语言描述概念和推理的意识还不够强,仅仅停留在记忆和模仿层面,缺乏对其真实含义的理解,这与教师不能为学生提供更多的语言描述机会有关。教师普遍缺乏有效地引导学生用语言描述推理的意识。

学生运用几何语言描述推理的技能主要体现为:正确地运用图形、文字和符号三种语言;能够进行三种语言间的相互转换;能够综合运用多种语言描述推理过程。学生在用不同语言表达和描述推理的活动中,表现出了不同的技能特点。

4.2.2 描述推理及其技能特点

(1)描述推理的内涵

几何语言是表达关系和形式的符号系统,是学生进行思维和推理的载体和工具,是学生理解概念,掌握思想方法,进行推理和再学习的基础。在思维活动中,语言充当第一信号系统的情感刺激物,是其他信号无法替代的。描述推理是指将表达推理的各种信息,通过组织与变换集中压缩到推理表达过程。

几何语言可分为:图形语言、文字语言、符号语言三种。一般用文字叙述概念、定义、公理、定理等,对图形及其性质的描述、解释与讨论;图形语言是由图形及符号来表示的语言,是将几何实体模型抽象后的产物,也是几何形象、直观的语言；符号语言则是由特定的数学符号来表示,是图形语言或文字语言的抽象、简化和形式化。各种语言的综合运用体现在用语言描述推理的过程。

几何推理是由一系列思维活动来实现的,但几何推理的思维活动效果是通过几何语言描述来表达的。因此,几何推理离不开几何语言描述,增进学生几何语言描述推理能力与促进学生几何推理能力发展同等重要。

（2）描述推理的技能特点

学生运用几何语言描述推理表现在三个层面：①正确地运用三种语言；②能够进行三种语言间的转换；③能够选择和综合运用三种语言描述推理过程。对三种语言的理解和相关转化是描述推理的基础。

描述推理的技能特点可归纳如下：

表4.2－2　描述推理的技能特点

描述推理	特　点
图形语言	A. 由实体模型抽象出几何图形； B. 绘制几何图形； C. 图形变位识别； D. 由文字语言、符号语言画出对应的图形。
文字语言	A. 用几何文字语言表达生活语言； B. 用文字语言描述画图过程； C. 文字语言的扩写和相关性质表达； D. 由图形语言、符号语言转换为文字语言。
符号语言	A. 用"∠""∥""⊥""≌"等几何符号表达； B. 用几何符号规则进行表达； C. 由图形语言、文字语言转换为符号语言。
描述推理	A. 用图形、文字、符号语言表达推理； B. 合乎规则地表达推理过程。

观察学生几何描述推理的过程不难发现,理解和运用三种语言,学会三种语言转换是进行语言描述推理的前提。但从7—9年级几何描述推理发展过程来看,几何描述推理实际上经历了概念描述、三种语言表达和相互转换、描述推理的发展过程。也就是说,7—9年级学生几何描述推

理能力发展是建立在已有的几何概念描述基础上,其原因在于 7—9 年级几何是建立在小学几何诸多概念基础上。诚然,追溯这些概念描述的技能无疑也是建立在理解和运用三种语言,学会三种语言转换基础上。仅就 7—9 年级这一学段来考虑学生几何描述推理能力发展的过程,无疑是在已有概念基础上发展起来的。因此,本学段描述推理的基本流程可归纳为:概念—三种语言的转换—描述推理。如图 4.2 –6。

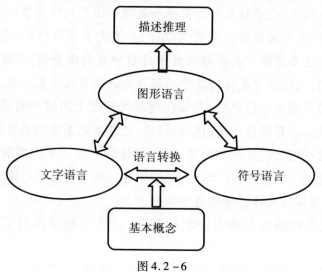

图 4.2 –6

描述推理增进了语言、图形、符号和推理的紧密结合,描述推理的发展水平在很大程度上制约着学生几何推理的思维活动水平和活动成果的表达,并成为导致学生几何学习困难的原因之一。

描述推理反映出学生对概念的明晰程度,对图形、文字、符号的准确理解程度。描述推理能力强的学生,在几何推理表达中表现为思路清晰,语言转换、推理表达的意识强,解答问题的正确率高。描述推理能力较弱的学生,推理思路模糊,推理表达混乱,解答问题的正确率低。随着学习内容的展开和学生年龄的增长,学生遵循规则描述推理的意识和能力不断增强。同直观推理一样,描述推理贯穿于几何推理发展的全过程,成为提高学生几何推理能力的前提和基本保障。

4.2.3　深度访谈——了解教师对描述推理教学的认识

（1）让学生有更多的机会表达

访谈者：您在教学中重视抓住每一个机会让学生用多种方式描述图形及其性质，请谈谈您这样做的理由？

教师03105：平面几何是一门推理性很强的课程，几何语言是表达推理和证明的载体，是学好几何的前提和关键。由于几何语言较为抽象，很多学生不适应，并因此而产生畏惧心理，甚至失去学习信心，是导致分化现象产生的重要原因。在长期的教学过程中我们体会到，从最初的说理发展到证明，几何语言是伴随其中的循序渐进的系统发展过程。

几何语言绝非一日之功，必须在理解的基础上通过不断模仿和训练才能逐渐掌握。要抓住一切可能的机会，让学生熟悉常用的几何术语，用几何语言描述图形的形状和性质。对于"任取一点""顺次截取""反向延长""互相垂直""有且只有"等术语，学生在理解上就有一定困难，需要认真领会，反复训练和体验才能逐渐掌握。

（2）按几何语言发展顺序组织教学，让学生理解几何语言表达的含义

访谈者：学生通过怎样的几何语言进行描述，又经历了怎样的发展过程？

教师04108：几何基本的语言描述形式分为：图形语言、文字语言、符号语言三种。图形是几何实体模型抽象后的产物，文字语言描述图形及其性质，符号语言则是对文字语言的简化和再次抽象。7年级几何语言描述是按"几何实体模型—图形—文字—符号"这种顺序进行的，逐渐发展为用语言描述推理过程。

访谈者：几何语言较为抽象，几何推理对语言的要求较高，您在教学中是如何帮助学生克服这些障碍的？

教师04107：一是让学生理解几何概念及其性质。几何从一开始就以比较抽象的语言介绍众多的概念，教学时必须让学生在理解的基础上去记忆。如，"经过两点有一条直线，并且只有一条直线。"其中"有"说明了直线的"存在性"，意味着存在一条直线，也可能有两条、三条直线；而"只有"则表示了直线的"唯一性"，只存在一条直线。二是增加学生对几

何语言的体验和感悟过程。通过生活中的实体模型,让学生在感受几何来自生活的同时,体会如何从中抽象出几何图形。三是要把图形、符号和语言表达结合起来。在图形语言的基础上,把直观与抽象结合起来,发展文字和符号描述。用多种方式训练学生几何描述能力,有意识地增加学生各种语言表征的机会,同时加强语言规范。

(3)及时进行语言转换能力培养

访谈者:您在教学中是如何发展学生的几何语言描述能力的呢?

教师03106:培养学生的语言描述能力,最重要的是让学生学会语言转换。例如,关于线段的比较、线段的和与差、线段的中点、角的比较、角的平分线等,都是先以图形直观给出,再联系到数量关系,用文字进行描述,最后再给出符号表示。每出现一个新概念或一种图形都要让学生用几何语言进行描述或表达,通过尝试准确地描述,促进学生理解概念和识别图形的形状、性质,同时训练学生画图和用符号来表达的能力。如讲"两条直线相交,公共点叫交点",可以引导学生画图,并用符号表达,如说成"直线 a、b 相交于 O";讲完线段中点和角平分线概念后,结合图形用符号描述:点 B 是线段 AC 的中点,记为 $AC = 2AB = 2BC$ 或 $AB = BC = \frac{1}{2}AC$;OC 是 $\angle AOB$ 的角平分线,记为 $\angle AOB = 2\angle AOC = 2\angle COB$ 或 $\angle AOC = \angle COB = \frac{1}{2}\angle AOB$ 等。

(4)注重语言转换,但同时要重视描述推理能力的培养

访谈者:您在课堂上讲到,学习几何语言表达是学好几何的前提。怎样发展学生的几何推理能力呢? 请谈谈您的看法。

教师02103:如果忽视了语言训练,到正式学习推理时就会错误百出,这是有教训的。有些学生在几何推理中,道理上似乎明白一些,但遇到几何语言表达就糊涂了,几何严密的叙述,使不少初学几何的学生无法逾越语言表达障碍。培养学生语言表达能力,主要是重视文字、图形、符号三种语言转换的训练。7 年级是几何语言描述能力发展的关键时期,不能仅仅满足于语言互译,还要重视概念描述和语言描述推理的训练。如果仅仅停留在语言转换层面进行技能训练,学生难以体验到几何语言描述推理的意义,会感到在做"无聊的游戏"。

几何语言描述能力发展是几何推理能力发展的前提和基础。重视学生对几何语言的理解,要有意识地发展学生的描述推理能力,不能仅仅停留在语言转换的训练层面。教师应有意识地使用推理性语言,增加问题解决推理过程的描述,让学生合乎情理地描述推理过程。现实教学中,一些教师只关注学生是否能够得到准确的结果,缺乏通过描述问题解决的过程训练学生多种表达能力的意识。教师应有意识地训练学生多种语言转换能力(如 P5),利用尽可能少的题目,让学生得到更多的训练机会,比如 P9,一般教科书上只要求求出几何体的体积,从而失去了让学生运用多种方式进行表征练习的机会。

4.3　对建立几何对象间关系的推理及其教学的认识

4.3.1　课堂观察与学生作业分析

P1:角 $\alpha + 60°$ 和 $30° - \alpha(0° < \alpha < 30°)$ 的关系是_____

A. 互补　　　　B. 互余　　　　C. 相等　　　　D. 无关系

比如,041135:因为 $(\alpha + 60°) + (30° - \alpha) = 90°(0° < \alpha < 30°)$,它们的关系是互余,所以应选 B。

P2:如果一个角的余角与它的补角互补,则这个角是_____

A. 30°　　　　B. 45°　　　　C. 60°　　　　D. 90°

比如,031236:因为 <2 与 <1、<2 与 <3 的和都是 180°,所以,<1 = <3,应选 C。

在 7 年级上学期期末测试中,P1 的正确率是 55.1%;错误的选项分别为:D 是 22.5%,A 是 12.2%,C 是 10.2%;P2 的正确率为 62.7%,错误的选项分别为:D 是 25.5%,C 是 7.8%,A 是 5.8%。

追踪采访发现,学生对此类关系问题的把握存在一定的障碍,主要是:概念不清,互余和互补混扰,表现为死记概念,不能借助图形直观理解对象间的关系;不能灵活地理解知识,用 $\alpha + 60°$ 和 $30° - \alpha$ 来表示角,带来理解上的障碍;认为 P2 关系复杂,难以理解;尽管概念清楚,甚至能熟练地背诵定义,但不知如何用计算来说明相关的关系。有学生说,"我是通过验证确定 P2 的选项的,如果让我从这样复杂的关系中去求这个角,我还是算不出来"。这表现出他对用代数表达关系和计算有畏惧感。

P3：平面上有三点 P、A、B，如果 $PA + PB = AB$，则点 P 在_____

A. 线段 AB 外　　　　　　　B. 线段 AB 上

C. 线段 AB 延长线上　　　　D. 不能确定

比如，031129：B。

7 年级上学期期末测试统计和事后追踪采访发现，P3 的正确率 59.6%；错误的选项分别为：D 是 26.9%，A 是 7.7%，C 是 5.8%。学生对此类问题理解的障碍是，只停留在对式子的观察和猜想上，不能通过画出图形帮助理解关系。

P4：甲看乙在北偏东 40°，则乙看甲在什么方向？

比如，031107：南偏西 40°。

7 年级上学期期末测试统计和事后追踪采访发现，P4 的正确率为 27.5%；回答南偏西，但数值判断不对的占 37.5%；写东北或东偏北的占 17.5%，这部分学生是多数从字义上理解，认为北偏东应该和东偏北相对；写成南偏西的占 5%；令人费解的是占 10% 的学生写成南偏北或南北，表现出对方位概念完全不理解；令人遗憾的是写成西偏南或西南 40° 的占 10.3%，这些学生对方位的理解和对数值的判断都是完全正确的，但教师却没有给分。问及原因：教材上有要求——"要先写北或南，再写东或西"。尽管访谈时教师认为这样的规定有些"太死板了"，但在批改试卷时仍将其判为 0 分。在事后的访谈中了解到，这些学生的理解是正确的。

比如，051108：教师讲过，但我在做题时忘记了，但道理我是很明白的，太遗憾了！

教师的理由是：教材是这样规定的，只能按规定来批改，将来学生要参加全市统考，规定是统一的。教师主导作用应体现在引导学生理解和探寻对象间的关联关系，理解其本质关系，而不过于强调类似的规范。

P5：如图 4.3 - 1，平行四边形 $ABCD$ 的面积为 28cm²，$EC = 3$cm，$AE = 4$cm。求 $\triangle ABE$ 的面积。

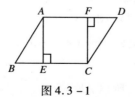

图 4.3 - 1

比如 051214：因为 $ABCD$ 的面积 = 底 × 高，所以 $BC = 28 \div 4 = 7(\mathrm{cm})$，$BE = 7 - 3 = 4(\mathrm{cm})$。所以，$\Delta ABE$ 的面积是 $4 \times 4 \div 2 = 8(\mathrm{cm}^2)$。答：$\Delta ABE$ 的面积是 $8\mathrm{cm}^2$。

比如 051234：$(28 - 3 \times 4) \div 2 = 8(\mathrm{cm}^2)$。答：$\Delta ABE$ 的面积是 $8\mathrm{cm}$。

7 年级学生上学期期末测试此题，能用一种做法正确解答的占 58.2%，能用两种做法正确解答的占 21.7%，完全没有解答的占 19.5%。

P6：如图 4.3 - 2，已知 $\angle BOD = 30°$，$OA \perp OB$ 于 O，OC 平分 $\angle AOD$。求 $\angle COB$ 的度数。

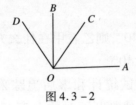

图 4.3 - 2

比如，041118：$\angle COB = \angle DOC - \angle BOD = \dfrac{1}{2} \angle AOD - \angle BOD =$

$\dfrac{1}{2}(\angle AOB + \angle BOD) - \angle BOD = \dfrac{1}{2}(90° + 30°) - 30° = 60° - 30° = 30°$

测试结果分析，P5、P6 两道题目有一定难度，主要原因是找不到隐含关系，难以建立起推理所需要的结构关联网络。

P7：点 C 在直线 AB 上，且线段 $AB = 16$，线段 $AB : BC = 8 : 3$，E 是 AC 的中点，D 是 AB 的中点，求 DE 的长。

比如，021224：①当 C 点在点 B 的右侧时，如图 4.3 - 3(1) 所示

由 $AB : BC = 8 : 3$，$AB = 16$，得 $BC = 6$，$AB + BC = 22$

A *D* *E* *B* *C*	*A* *E* *D* *C* *B*
(1)	(2)

图 4.3 - 3

因为 E 是 AC 的中点，所以 $AE = 11$；

因为 D 是 AB 的中点，$AB = 16$，所以 $AD = 8$；

所以 $DE = AE - AD = 11 - 8 = 3$。

②当 C 在点 B 的左侧时，如图 4.3 - 3(2) 所示

$AC = AB - BC = 10.$

因为 E 是 AC 的中点，所以 $AE = 5$

因为 $AD = 8$，所以 $DE = AD - AE = 8 - 5 = 3$

比如，021222：

方案一，$DE = AD - AE = \dfrac{1}{2}AB - \dfrac{1}{2}AC = \dfrac{1}{2} \times 16 - \dfrac{1}{2} \times 10 = 8 - 5 = 3.$

方案二，$DE = AE - AD = \dfrac{1}{2}AC - \dfrac{1}{2}AB = \dfrac{1}{2} \times 22 - \dfrac{1}{2} \times 16$

$$= 11 - 8 = 3.$$

比如，021116：D 是 AB 的中点，$AB = 16$，$AD = 16 \div 2 = 8$

$BC = 6$，$AC = AB + BC = 22$，E 是 AC 的中点，$AE = 11$

$DE = AE - AD = 11 - 8 = 3.$

7 年级上学期学完"图形认识初步"一章后的测试统计，学生得分情况：满分率为 8.3%，平均分 18.5%，零分率为 51%，其中完全没做的学生 7%，其他学生都做了不同程度的思考和书写。大多数学生认为这个题目关系太复杂了。

P8：如图 4.3 - 4，写出全等三角形对应顶点、对应边、对应角。

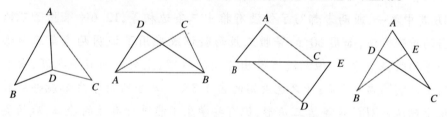

图 4.3 - 4

在上述题目中，学生常犯的错误主要是：把对应边 AB 与 CD 写成 $AB = CD$；把角 $\angle BAD$ 写成 $\angle A$；没有把全等三角形的字母写在对应的位置上；写出了全等三角形的对应边或对应角的一部分相等。

有经验的教师有意识地指导学生熟悉各种变位全等三角形。由三角形全等的定义，将不同类型的三角形进行平移、旋转后，得到不同形式的变位图形，学生在观察变化过程的基础上，直观识别全等三角形及其对应顶点、对应边、对应角，为今后在复杂图形中识别全等三角形奠定基础。

P9：如图 4.3 - 5，已知：A 是圆的圆心，AB 是圆的半径，C 是 AB 垂直平分线上的一点，写出能够说明 $\triangle ABC$ 是等边三角形的方法。

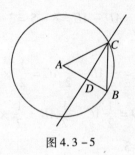

图 4.3-5

思路分析:

比如,052110:要说明△ABC 是等边三角形,只需要说明它的三边相等。因为 AB 是圆的半径,所以 AC=AB(同一个圆的半径相等);又因为 C 是 AB 垂直平分线上的一点,所以 CA=CB(线段垂直平分线上的一点到线段两端点的距离相等);由 AC=AB,CA=CB,得 AC=AB=BC(等量代换),说明△ABC 是等边三角形。

此题目是两步不熟悉的几何证明题。从测试情况来看,推理完全正确的占 42.7%;30.7% 的学生只做了部分推理,如只推出 AC=BC、AC=AB 其中之一,或两者都写了但没有推出三条边相等;12.6% 采用了不恰当的推理方法,如用 60°的等腰三角形验证或采用了证明两直角三角形全等的验证等方式,但没有做出完整的推理;完全采用直观判断,没有写出证明的占 9.7%;什么也没写的占 4.3%。几乎所有学生都能够从直观上确认△ABC 是等边三角形,但有些学生不能进行有效的验证,后两类学生几乎没去思考或无从下手。在访谈中了解到,这部分学生对几何学习缺乏信心。

林福来对学生能够找到关系 AC=BC 和 AC=AB,但没有证出三角形三边相等,即 AC=AB=BC,认为,"如果一个老师认为只有这两个正确的推论步骤是一个可接受求证,就会为一些学生在数学求证上制造麻烦"(Lin et al.,2002)。事后追踪访谈发现,这些学生实际上并未意识到导出"三边相等才是等边三角形"的必要性。

P10:如图 4.3-6,等边三角形 ABC 中,D 是 AB 上的动点,以 CD 为一边,向上作等边三角形 EDC,连接 AE,△AEC 与△BDC 是否全等?说明理由。

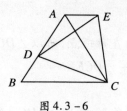

图 4.3 – 6

思路分析：

比如,022232:从直观上来看是全等;量一下它们的对应边也相等;基本上可以肯定这两个三角形是全等三角形。

若要说明△AEC 与△BDC 是全等的,需要考虑它们满足全等三角形全等的条件,需要识别谁是对应边? 哪两条对应边可能相等? (EC 与DC;AC 与 BC)对应边相等的根据是什么? (必须与条件中的两个等边三角形链接)哪两个角是对应角? 哪两个可能对应角相等? (∠ACE 与∠BCD),对应角相等的根据是什么(∠ECD 与∠ACB 都是全等三角形的角,由 ∠ACE = ∠ECB − ∠DCA;∠BCD = ∠ACB − ∠DCA 得 ∠ACE = ∠BCD),推理的根据是什么? (等量减等量差相等)(证明过程略)

调研中发现:根据条件确认前提和通过形象识别基本图形,以肯定结论并不困难,但寻找对应边、对应角的关系却相对隐蔽,因而增加了推理的难度。通过找到隐含的"∠ECD 与∠ACB 都是全等三角形的角",并运用"等量减等量差相等",进行有效的条件转换,得到"∠ACE = ∠BCD",成为解决问题的关键。

P11:如图 4.2 – 7,有一个角为 30°的直角三角板绕 C 点逆时针方向旋转 60°,则 B 点在 DE 上。

求出∠ACE 的度数,判断线段 AD 和 ED 的位置关系。

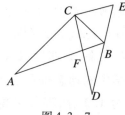

图 4.3 – 7

思路分析：

比如,042106:因为△DEC 是由△ABC 绕 C 逆时针方向旋转 60°得到

的,所以∠ACD=60°,

又∠DCE 是三角板的直角顶点,所以∠DCE=90°,

所以∠ACE=∠ACD+∠DCE

= 60°+90°=150°.

因为△ACD 是等边三角形,所以∠ADC=60°

又因为∠CDE=30°,所以

∠ADE=60°+30°=90°.

P12:一张矩形纸片沿对角线剪开,得到两张三角形纸片,再将这两张三角形纸片摆成如图4.3-8的形式,使点 B、F、C、D 在同一条直线上。

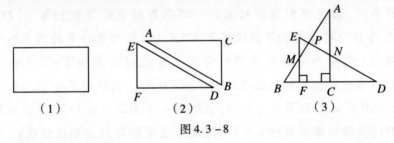

（1）　　　（2）　　　（3）

图4.3-8

求证:AB⊥ED。

若 PB=BC,请找出图中与此条件有关的一对全等三角形,并给予证明。

思路分析:

比如,042208:从直观上来看 AB 与 ED 是垂直的,测量一下也垂直。要寻找证明的思路,首先应观察图形变化的过程,从条件中找到可能的等量关系。由于△ABC 与△DEF 分别为矩形分割成的两个全等三角形,它们的对应边和对应角相等;满足这两个全等的三角形同时是直角三角形这个条件。要证明 AB⊥ED,可以转化为在直角三角形 BDP 中证明∠B 和∠D 互余。只需证明∠D=∠A(由△ABC≌△DEF 得知)。因为∠B 与∠A 互余,所以∠B 与∠D 互余(证明过程略)。

统计结果显示:8 年级学生的动态推理能力较差。比如在 P12 中,只有 4 人得满分(8 分),平均分1.2 分,零分率高达65%,其中有 5 个人放弃写任何东西,其他同学都很认真地写出了证明过程。其错误的原因主要在于学生在求证垂直时没有找到角的关系。写出了∠BPD=180°-(∠B+∠D)=180°-90°=90°,但因没有求出∠B+∠D 的度数而被判0

分,尽管后面每一步推理都正确,但因前面角的关系没有找到,因此均未得分,这同时反映了教师对采用形式逻辑推理进行证明的要求是较苛刻的。从学生访谈中了解到,学生对此类动态变化问题感到困难,不能够找出变化前后不变的量,习惯于静态思维。

学生在上述推理活动中,主要是围绕寻求对象间的关联关系而展开,我们称这样的推理为结构关联推理。结构关联推理的技能特点可归纳为:能够正确地理解和确认前提、结论和相关的已知信息;能识别复杂图形中的基本图形,找出推理所需要的隐含关系;能有效地进行条件转化;能够建立起推理所需要的结构关联网络,并从中分离出本质关系。

4.3.2 结构关联推理及其技能特点

(1)结构关联推理的内涵

结构关联推理是指建立对象及其性质间、对象与对象间多种关联的推理。学生在关系探寻中发现和理解这些关系,运用已有经验和知识,进行联想、归纳、猜想等推理活动,从而建立起解决问题的结构关联网络。

结构关联推理是对对象较全面的整体的认识,不仅看到事物之间的纵向联系,也能看到事物之间的横向联系,因此具有立体化思维特点。学生在不确定的、彼此关联的探究活动中,建立起已知与个体经验中的相关知识的关联,建立起与已有的定理、定义间的关联,识别不同形式图形的特征及其与相关图形间的关系,在复杂图形中找出基本图形,识别对象间隐藏的性质或关系,揭示问题解决过程中内在的多种关联关系,展示其主要结构关联网络。

一个不容忽视的推理方式是在条件和结论之间"搭桥"的验证推理。验证推理表现为能够根据需要剔除无关因素,挖掘必要条件,建立起直接和紧密的与其本质属性的联结。验证推理可以脱离真实参照物进行想象和关系转化,直至建立起蕴含关系,但验证推理仍属于非形式逻辑推理方式。

验证推理通常建立在直观实验、描述、结构关联推理等非形式逻辑推理的基础上,是对某种假说的心理认证或肯定的过程。验证推理是在对条件进行识别、转化、筛选的基础上确认"搭桥"成功的心理活动过程。8

年级因为增加了几何证明,因为几何证明提出了有待于核实的真理,就必须去验证,因此,在这一阶段应有意识地发展学生验证推理的意识和能力。

值得注意的是,无论是本研究初期与专家的访谈,还是在调研活动中,按照7—9年级学生几何推理能力发展的认知顺序,对各种推理方式进行筛选和排序,大家的预设性理解几乎是一致的,即将验证推理置于结构关联推理之后,因为验证推理与结构关联推理相比较属于更高级的推理。但来自调研和问卷统计分析两个方面的事实要求我们必须改变最初的预设性思考:

一方面,在调研中发现,结构关联推理与验证推理有时难以区分,在探寻结构关联的同时也包含着确定验证关系;另一方面,来自问卷统计的结果显示(图5.1－1,P99),将验证推理并入结构关联推理更为合理。

（2）结构关联推理的技能特点

结构关联推理是通过选择和运用已知信息,揭示对象间的结构关联关系,发掘隐含的关系,直至建立起条件和结论间的蕴涵关系。由于结构关联推理技能涉及多种信息处理,需要建立多向度的关联关系,因此,按照结构关联推理技能发展的顺序,建立其技能特点分析的模型相对困难,为此,借鉴了林福来(Lin,Fou－Lai,2003)关于考查学生几何证明能力的"学生数学证明和反驳学习的模型",提出了分析结构关联推理的技能特点的数据分析模型(见表4.3－1)。将学生几何结构关联推理技能分为4类:可接受(acceptable),不完整(incomplete),不适当(improper),直观证明(intuitive proof)。能够正确理解前提和结论,能够揭示推理结构中的各种隐藏的内在关系,建构起问题解决的结构网络,并能够找到其本质关系,从而解决问题,是可接受的推理;在关系转化中,尚缺少必要的关系或漏掉必要的推理步骤,结构网络不完整属于不完整推理;将推理建立在不正确的条件上或用了正确的条件但推出不合理的关系属于不适当推理;把推理建立在直观判断上是典型的直观证明。

表 4.3 – 1　结构关联推理的技能特点

结构关联推理	特点
可接受（acceptable）	A. 正确地理解和确认前提、结论和相关的已知信息； B. 能识别复杂图形中的基本图形，找出推理所需要的隐含关系； C. 能有效地进行条件转化； D. 能够建立起推理所需要的结构关联网络，并从中分离出本质关系。
不完整（incomplete）	A. 在理解和确认前提、结论和相关已知信息等方面可能有障碍； B. 不能确认复杂图形中的基本图形，或只能找出部分隐含关系； C. 在关系转换方面可能有障碍； D. 不能够建立起推理所需要的完整的结构关联网络，或不能从中分离和表达本质关系。
不适当（improper）	A. 在理解或确认前提、结论和相关已知信息等方面可能不适当； B. 在推出所需要的隐含关系或关系转换方面可能不适当； C. 建立了不适当的结构关联网络，或建立了不适当的本质关系。
直观证明（intuitive proof）	A. 通过直观或实验方式猜想出隐含关系； B. 通过直观确认本质关系。

为了解释上述结构关联推理技能特点的分析模型，我们通过如下案例做进一步的说明。

P13：如图 4.3 – 9，OM、ON 分别平分 $\angle AOC$ 与 $\angle BOC$，$\angle MON = 55°$，求 $\angle AOB$ 的度数。

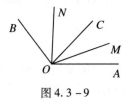

图 4.3 – 9

在结构关联技能分析模型下，按照可接受、不完整、不适当和直观证明四种方法，分析学生的推理表现如下：

"可接受"推理

比如，031122：因为 OM、ON 分别平分 $\angle AOC$ 与 $\angle BOC$，

所以 $\angle BOC = 2\angle NOC$，$\angle AOC = 2\angle COM$，

所以 $\angle AOB = \angle BOC + \angle AOC = 2(\angle NOC + \angle COM) = 2\angle MON$，

因为 $\angle MON = 55°$，所以 $\angle AOB = 2\angle MON = 2 \times 55° = 110°$。

"不完整"推理

比如，031237：OM、ON 分别平分 $\angle AOC$ 与 $\angle BOC$，$\angle MON = 55°$，所以 $\angle BOC = 2\angle NOC$，$\angle AOC = 2\angle COM$，所以 $\angle AOB = 2\angle MON = 2 \times 55° = 110°$。

学生 031637 在推理过程中，缺少连接条件和所求的步骤，即 $\angle AOB = \angle BOC + \angle AOC = 2\angle NOC + 2\angle COM = 2\angle MON$，我们称其为推理步骤不完整求法。或许有学生认为这个结论太明显了，或许也有些教师会认为它仍是一个正确的推理，缺少的步骤可以忽略，但事实上这样的理解和评价在一定程度上导致学生忽视推理的严谨性。

"不适当"推理

比如，031131：

因为 OM、ON 分别平分 $\angle AOC$ 与 $\angle BOC$，$\angle MON = 55°$，

所以 $\angle COM = \dfrac{1}{2}\angle MON = \dfrac{1}{2} \times 55° = 27.5°$，

所以 $\angle COM = \angle MOA = 27.5°$，$\angle NOC = \angle COM = 27.5°$，

所以 $\angle AOB = \angle BON + \angle NOC + \angle COM + \angle MOA = 27.5° + 27.5° + 27.5° + 27.5° = 110°$，

答：$\angle AOB$ 的度数是 $110°$。

比如，031211：因为 OM、ON 分别平分 $\angle AOC$ 与 $\angle BOC$，$\angle MON = 55°$，所以 OC 平分 $\angle AOB$，$\angle MON$ 只占 $\angle AOB$ 的一半，所以 $\angle AOB = 2\angle MON = 2 \times 55° = 110°$。

"直观求证"

比如，041119：$\angle AOB = 2\angle MON = 2 \times 55° = 110°$。

比如，041252：$55° \times 2 = 110°$。

问及学生这样做的理由时，多数学生回答："看出来的""我用量角器量了一下"，也有学生回答："猜出来的"，但说不出猜想的理由，亦有学生明白结果的推理过程，不会书写表达。

直观求证可以通过直观观察或实验验证获得结论，但通常用于猜想，还必须进行合乎逻辑的推理。直观求证受题目本身的直观性影响较大，有些题目无法通过直观进行判断（如 P5，P7）。

显然,学生 031131、学生 031211 由条件出发都做出了错误的推理。在被调研的 615 名学生中约有 9.3% 学生出现此类错误,约占错误率的 24.5%。问及学生是如何得出这样的推理时,他们的回答是:"我感觉应该有这样的结论""应该是这样"等。把某种可能性当作事实,或把个人经验当作推理依据,缺乏推理依据的"想当然"推理是 7 年级学生常犯的错误。需要教师深入引导,使他们真正明白,必须通过推理建立起命题条件到结论间的关联关系。

对于两步不熟悉推理问题,7 年级的学生中有 $\frac{1}{3}$ 是可接受推理,$\frac{1}{3}$ 是不完整推理,其余 $\frac{1}{3}$ 不会推理或推理错误。城市高水平学校与农村落后学校差距较大,能够进行可接受推理的学生比高于 $\frac{1}{3}$。被访谈的教研员认为,其显性原因依次为:师资水平、生源水平、学习环境、家长期望等。

从结构关联推理技能发展的过程来看,结构关联推理是通过选择和运用已知信息,探寻对象及其性质间、对象与对象间的多向度关联关系,并进行有效的转化,逐步建立起条件和结论间"搭桥"的验证关系。结构关联推理的基本流程是:信息接收—关系转换—验证。

"没有关系网络,推理是不可能的"(范·希尔,1986)。结构关联推理在几何推理中具有重要作用。学生通常因为找不到关系而使推理无法进行。结构关联推理活动将学生置于不确定的、彼此关联的探究活动中,建立已知与个体经验中的相关定义、定理等知识间的关联,识别不同形式图形的特征及其与相关图形间的关系,在复杂图形中找出几本图形,识别对象间隐藏的性质或关系,建立起在条件和结论之间"搭桥"的验证关系,在因果之间建立一条优化的推理链。在调研中看到,有意识的结构关联推理教学有利于促进学生几何推理能力的快速发展。

传统上,几何学习难的问题通常被认为是逻辑规则复杂,学生难以越过形式逻辑推理证明这一关。在调研中发现,学生几何学习的障碍,既表现在直观推理和描述推理上,也表现在结构关联推理上,学生常常苦于找不到关系而使推理无法进行。

结构关联推理能力强的学生,能够忽略枝节关系,迅速概括各种关系,捕捉本质关系,或将思路逆推,甚至跳过一些中间步骤,迅速地概括材料,建立起本质关系,推理思路清晰,表达严谨,有时还会表现出很强的直觉思维特征,甚至能够找到快捷、优美的方法。结构关联推理能力强的学生在事后的访谈中,能够记得题目中的主要关系和解法的本质,而结构关联推理能力较弱的学生往往"纠缠"于各种关系的处理中难以超越,在事后的访谈中,甚至只能回忆起题目的一些"细枝末节"。

在调研中发现,学生在结构关联推理活动中表现出较大的差异。推理能力较强的学生,能够剔除无关的、非本质的关系,迅速、容易地找出问题的本质,跳过迂回的中间步骤,找到本质关系。推理能力较弱的学生,通常只能找出潜在的部分条件,常常被无关信息困扰,不能对有用信息进行及时筛选和整合,甚至分不清哪是本质关系。

4.3.3 深度访谈——了解教师对结构关联推理教学的认识

(1)学生对复杂关系推理感到困难

访谈者:几何测试题中计算"线段的长度"(见 P7),你做得似乎不太顺利,请谈谈你的看法。

学生 021135:这类题目在小学就学过了,只是把原来的代数字母换成了线段,无非是计算比例的关系,但要画出图形找关系,还要用式子表达关系,太复杂了,我只考虑了点 C 在线段 AB 上的情况,没有考虑到 C 可能在 B 的右侧。

学生 031203:我是根据过去解决比例问题的做法做的,没有画图,根据题目要求去推理,结果是正确的,但被扣了分,我想可能是因为书写的推理过程不够清楚。

学生 021241:我读题的时候心里就有些害怕,光是比例和数的关系就够复杂了,还有(表示)线段的关系,我肯定做不了,干脆别浪费时间了。现在想,要仔细想想可能能做出来。

从考试后访谈的情况来看,中等水平学校,86.3%的学生对此题有不同程度的畏惧心理,农村中学几乎所有同学都表示没有信心做对这样的题目。但几乎所有学生都认为此题可做,"如果有足够的时间慢慢推敲,也许能够做出来"。

在测试中,约有1/4的学生本次测试总分较高,但却没做此题或只做了简单潦草的书写,并没有深入思考。

比如,学生 031125(本次总分79 分):题目太复杂了。过去做过类似题,很难做对,我还是把时间用到有把握做对的题目上了,等我做完其他题,并检查完,最后做这个题目时已经来不及了。

比如,学生 041229:一般题我能做对, 但这类题目太复杂,我不可能做对。

(2)学生在图形中的判断时出现视觉错误

访谈者:在课堂练习"求角的度数"(见 P13)时,你看上去做得不太顺利,是否感到很困难?

学生 031109:虽然知道 OM、ON 分别是两个角的平分线,但都无法计算所分成的角的度数,就不知道怎么做了。

学生 031137:因为题目中告诉了两个角的平分线,我当时猜想 OC 一定也是 $\angle MON$ 的平分线,因此计算出了 $\angle MON$ 一半的度数,这样推理下去,结果肯定是错了。

学生 031121:我从图上猜想 $\angle AON$ 是直角,因此 $\angle AOM = \angle AON - \angle MON = 90° - 55° = 35°$,下面的推理就全错了。在教师的指导下,我明白了不能单凭直观进行判断,必须通过推理,用事实做依据。

以上的访谈,反映出学生对类似 P13 这样的间接关系推理有一定的障碍,学生对已知信息条件很清楚,但不能有效地进行关系转化,把注意力集中在所求角的构成上,期望所求的角中各个角都能求出具体度数来,无法从整体上打开思路。

(3)教师有重结果轻过程的现象

值得一提的是来自教师方面的问题。一些学生对 P13 的推理是完全不正确的(比如 031131、031211),但教师在批改时却没有扣分,这是为什么? 此题是期中考试题目之一。被调查的三所学校中的 9 位教师中,有 5 位教师在同类错误中没有扣分,有位教师所任班级中的 5 位学生采用了不适当推理,但均未扣分。问及原因时,教师的说法不一:"只注意到了结果正确,没有仔细看""看上去有些道理,没有仔细考虑""一般结果对,过程不会错误""7 年级中间过程有点问题无关紧要,以后的学习会逐渐好起来"等,透视出对待学生学习评价的态度:缺乏深入细致地研究学生错误及错误的原因,缺乏精益求精的态度,强调学生作业的"量",忽视"质"的要求。同时也反映了教师对问题解决结果的关注程度远远高于对过程的关注程度,甚至不关注过程正确与否。作业量大,但却不重视作业的批改,采用"家长改,同学改,自己改"的现象较为普遍,学生"挑灯夜战"辛辛苦苦得来的成果,得到教师潦草处置,久而久之,学生采用了同样的态度。抄袭作业,追求形式,不求甚解,不管对错。

诚然,责任或许不能全怪罪于教师,调研中发现,各种名目繁多的检查,占据了教师大量的时间。教师一方面承受着各种形式的学生考试和升学结果大排队的心理压力,另一方面又要接受无休止的各级检查,因而有心理问题的大有人在,并存在不同程度的职业倦怠现象。

(4)归纳是发展学生推理能力的重要途径

访谈者:您在教学中对有关量度关系求值的问题进行了归纳,请谈谈这样做的必要性。

教师03105:7年级几何教材融入了大量的量度关系求值问题,涉及有量度关系的问题较多,与小学所不同的是这些对象被几何中的点、线段、角、面积、体积所替代,但内容比较零散,缺少整合,系统地概括这类题目有利于学生弄清楚各种关系及其规律性。

事实上,这类题目尽管题目难易程度不一,但从总体上来看,学生对此类问题有不同程度的"偏爱",原因主要是在小学阶段,经过了较长时期的算术和代数表征训练,这种偏爱还表现在高度重视量度关系,把计算出准确的数值作为问题解决的最高追求,忽视了相关概念、原理和方法的理解及运用它们分析问题内在的关联关系,因而对相对复杂的问题难以找到正确的推理途径。7年级增加具有量度关系求值的问题,是与小学内容衔接的好方式,也是在几何学习初期发展学生推理的一种妥当的处理方式。这种处理,不仅为几何内容发展提供了丰富的载体,也有利于增加推理的成分。但在教材内容的呈现形式上仍比较零散,对相关内容缺乏整合,将其相关联的问题串联在一起组织教学是发展学生推理能力的有效措施。

(5)重视发展8年级学生的验证推理能力

访谈者:您在教学中十分重视让学生分析问题解决思路,谈谈您的想法。

教师01201:学习数学最重要的是学会独立地分析问题和解决问题。7年级学生已经具有一定的建立各种关系的推理能力,但受代数思维方式的影响较大,推理的路径单一,一般按照"执因索果"的方向进行推理。8 年级学生在"全等三角形"一章里,引进了"形式化"证明,内容单纯,而且是对给定推理结果的"验证",目的性明确,应让学生理解哪些是已知,哪些是未知,并努力在"已知—未知"间"搭桥"。让学生围绕如何验证所要求的证明关系展开推理,"执因索果"的推理路径呈现多样化,需要"执果索因"与"执因索果"结合,确定最佳的验证路径。9 年级学生要提高学生推理论证的技能技巧,让学生在复杂关系中尽快找到本质关系。

验证意识强的学生紧紧围绕建立前提和结论间的本质关系开展推理活动,验证意识弱的学生通常找到一些"枝节"关系。验证推理能力强的学生在知识迁移中能够联想起各种关系、模型和求解的本质,能够迅速找到推理的最佳路径,而验证能力弱的学生往往只能回忆起一些特殊的细节。值得注意的是,如果学生仅仅拘泥于探寻验证关系,可能会约束学生的思维,教师应帮助学生从原理上打开思路。"应当重视让学生把握宏观思路,以免学生拘泥细节而失去最终目标"(李士锜,2001)。

(6)新教材对教师的要求增强了

访谈者:有人认为,新课程教材对推理的要求增强了,对教师的要求更高了,请谈一下您的看法?

比如,教师01202:与过去的人教版教材(以下简称"老教材")比较,教材中平面几何部分的简单推理成分加强了,教学内容与生活及学习者的经验的关联性增强了,教师们对推理教学的意识也大大增强了,但组织教学更困难了。

比如,教师03206:过去几何教材不含推理成分的内容多,比如对概念、知识都采用陈述方式呈现,教学的要求也比较重视概念、知识记忆,技能演练,而新教材无论是知识点还是习题的呈现,都增加了简单推理的成分,程序性陈述方式增强,许多知识都是通过探索性思考和实验操作来加强理解,学生的多角度探究意识和创造性思维意识增强了,但学生成绩却不一定高,教师必须考虑该找哪些题目给学生练习才能应对考试。

比如,教师03203:教材的前后连贯性、系统性较差,"证明"要求降低了,简单推理成分明显增加,但缺少有针对性的练习和相关的配套学习资源。新课程教学内容的组织和呈现方式易教易学,但教师需要花大量的时间"撒大网"式地从大量相关资料中,寻找相关或相近的题目给学生练习,教师教得辛苦,学生的课业负担重,成绩总上不去。

　　几何教材内容的分段编排,导致学科内部系统性弱化,教学过程的探究性,使教师在一定程度上忽视了知识和技能的整合和强化,教学案例、习题和相关学习资源的匮乏,教学评价改革滞后等,都成为影响有效的教学和学习的重要因素。

　　课程改革正在逐步深入,有关的问题将会逐步得到解决,教育研究者有责任引导教师们积极行动起来,发挥自己的主观能动性,创造性地组织教学过程。在调研中发现,有的教师在教学中将前后知识关联起来进行教学,取得了良好的教学效果。

　　比如,教师 02202 设计了下列题目。

　　P14:任意画一个三角形 ABC,取三边中点依次为 D、E、F(如图 4.3 - 10),连接 DE、EF、FD 得到三角形 DEF。

　　(一)分别量出三角形 ABC 和三角形 DEF 的三边,是否能找到它们的边或周长之间的关系? 叙述一下你得到的结论。

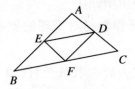

图 4.3 - 10

　　(二)用量角器量一下三角形 ABC 中∠A、∠B、∠C 的度数,再量一下三角形 DEF 中的∠EDF、∠DFE、∠FDE 的度数,比较一下这两个三角形角之间有何关系? 叙述一下你得到的结论。

　　(三)多画几个满足本题要求的图形,是否能够得到同样的结论? 概述一下你所得到的结论。

　　该题目包含着几何中的中位线概念、性质等。在传统教学中,一般安排在 8 年级"全等三角形"之后的三角形中位线中。在教学中以上述程序性陈述方式呈现,不仅切实可行,也因涉及 8、9 年级的几何内容,学生表现出特别高的学习热情,几乎通过自主探究、合作学习得到了所有可能的结论。既加强了先后知识的关联关系,又为学生提供了探究、发现和创新性的学习活动机会。

4.4　对建立在几何逻辑规则基础上的推理及其教学的认识

4.4.1　课堂观察与学生作业分析

（1）学生在简单推理中的技能表现

1）全等三角形及其对应顶点、对应边、对应角

P1：如图 4.4 – 1，把 △ABC 绕点 A 逆时针旋转 90°，得到 △ADE，则有 △ABC ≌ △ADE，写出所有的对应顶点、对应边和对应角。

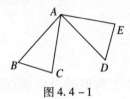

图 4.4 – 1

P2：如图 4.4 – 2，△ABC ≌ △ADE，且 A、B、C 的对应顶点分别是 A、D、E，①写出图中相等的角、线段；②图中有平行的线段吗？

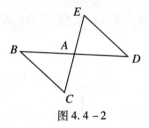

图 4.4 – 2

2）语言表达

P3：如图 4.4 – 3，AB // CD，AD = BC

求证：△ADC ≌ △CBA

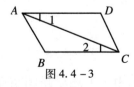

图 4.4 – 3

证题思路分析：

比如，022126：（学生思维过程记录）要证 △ADC ≌ △CBA，题设中给出了什么条件？（AD = BC）；题设中隐含了什么条件？（由 AD // BC，推出

∠1 = ∠2)；要证 $\triangle ADC \cong \triangle CBA$；还差什么条件？（找一对对应边相等，或找一对对应角相等）；能找到的条件？（$AC = CA$）

（证明书写过程略）

3）证明书写格式

有经验的教师采用如下方式,指导学生熟悉证明格式:

∵ ＿＿＿＿＿＿＿＿＿＿

∴ ＿＿＿＿＿＿＿＿＿＿

在△×××和△×××中

（大括号后）—— = ——（　　）

　　　　　　 —— = ——（　　）

　　　　　　 —— = ——（　　）

∴ △×××≌△×××

格式表达要求：①两个三角形的对应顶点写在对应的位置上；② 三个条件按公理或定理的名称次序排列写(步步有据)；③写三个条件的等号前后的次序时,按上面所写的三角形前后次序写。

4）题思路图

P4：已知：如图 4.4 - 4,$AB = CD$、$BC = DA$,E、F 是 AC 上的两点,且 $AE = DF$

求证：$BF = CE$

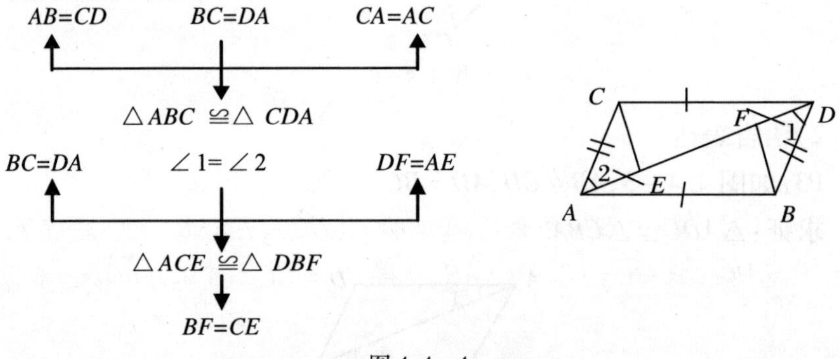

图 4.4 - 4

分析：有经验的教师采用了上述思路图指导学生进行几何证明规范训练,学生的几何证明规范从模仿到自觉运用,经历了教师指导下的反复练习、校正过程。随着学生对这种符号语言表达证明规范的不断理解和把握,推理的要求不断提高,推理的复杂程度和难度也逐渐增加。

训练学生几何形式逻辑推理的步骤可以是:第一步,结合典型案例,画出思路图,帮助学生理解推理规则及格式要求;第二步,通过类似的案例进一步示范板书推理过程;第三步,对推理过程进行反思并填写依据;第四部,让学生从尝试在解决简单问题上模拟推理过程,逐渐过渡到解证复杂的几何问题。

简单推理一般包含:①证明两个三角形全等;②通过两个三角形全等再推出对应边或对应角相等;③通过两个三角形全等推出对应角相等,再推出两条直线平行。

这个阶段两大任务较为突出:一是通过大量案例熟悉全等三角形及其对应顶点、对应边和对应角的概念,识别由三角形变位构成的各种全等三角形;二是在语言描述上要求更为规范和严谨,要求用规范的符号语言和书写格式表达推理过程。在推理表现上是对 7 年级直观推理、描述推理和结构关联推理的进一步深化。

(2)学生在复杂推理中的技能表现

P6:如图 4.4 – 5,已知 D 在 AB 上,E 在 AC 上,BE 和 DC 相交于 O,$AB = AC$,$\angle B = \angle C$。

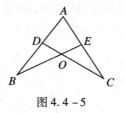

图 4.4 – 5

求证:$AD = AE$,$BD = CE$,$OB = OC$

思路分析:

比如,032120:由已知条件可以证明 $\triangle ADC \cong \triangle AEB$(角、边、角),可证得 $AD = AE$。由 $AB = AC$,$AD = AE$,可得 $BD = CE$。可证 $\triangle BOD \cong \triangle COE$(角、角、边),所以 $OB = OC$。

P7:如图 4.4 – 6,已知 C 在线段 AB 上,以 AC、CB 为边向同侧作等边 $\triangle ACM$ 和等边 $\triangle CNB$。设 $\triangle ACM$ 的边长为 a,$\triangle CNB$ 的边长为 b,连接 AN、BM 交于点 P,记 AN、CM 交点为 E,BM、CN 交点为 F。求证:$\triangle CEF$ 为等边三角形。

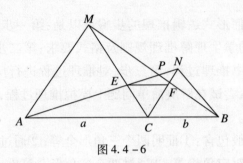

图 4.4 −6

比如,032240:分析:可先证△CNA≌△CBM,得 AN = BM;再证△CEA ≌△CFM,得 CE = CF;

再证∠FCE =60°,由夹角为 60°的等腰三角形,可判断△CEF 为等边三角形。(证明过程略)

P6 属于二次推理结构的题目,在推理时要求学生采用两次全等来证明;P7 属于三次推理结构的题目,在推理时需要学生采用两次全等和等腰三角形的判定来证明。这类问题的推理结构突出表现在,前一次推理的结论与后一次推理的条件共同构成下一次推理的条件,各层次推理间有密切的联系。

P8:如图 4.4 −7(1),已知△ABC 中,AB = AC,D 在 AB 上,E 是 AC 延长线上一点,且 BD = CE,DE 与 BC 交于点 F。求证;DF = EF。

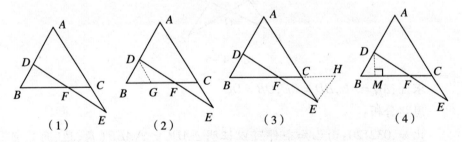

图 4.4 −7

思路分析:

比如,012130:如图 4.4 −7(2)作 DG∥AE 交 BC 于 G,再通过求证三角形全等得 DF = EF。

比如,012204:如图 4.4 −7(3)作 EH∥BA 交 BC 的延长线于 H;再通过求证三角形全等得 DF = EF。

比如,012136:如图 4.4 −7(4)过 D 向 BC 作垂线,设垂足为 M,再过

E 向 BC 的延长线作垂线,设垂足为 N,通过求证直角三角形全等得 $DF = EF$。(证明过程略)

学生的几何形式逻辑推理能力发展经历了循序渐进的过程,从熟悉基本概念、学习和应用基本推理规则入手,由简单推理逐步过渡到复杂推理。

4.4.2　形式逻辑推理及其技能特点

(1)形式逻辑推理的内涵

形式逻辑推理通常表现为在结构关联推理基础上进行模型化提炼和形式逻辑表达,能够运用公理、定理,按照形式逻辑推理规则表达推理过程。

18 世纪西方现代逻辑学传入中国,最初称为论理学,其学科名称是形式逻辑,以区别于数理逻辑和辩证逻辑。几何中的形式逻辑推理更确切地说是形式逻辑的演绎推理,是指"前提与结论之间有必然性联系的推理",或者说是"前提与结论之间又蕴含关系的推理"(金岳霖,1979)。

发展学生运用形式逻辑推理进行几何证明的能力是传统几何教学的主要目标,但因其具有较强的"技术性"和思维的局限性等,遭到种种非议。但在几何中,运用形式逻辑推理方式进行证明是必要的。几何学不能凭直观和实验判断命题的真假,必须通过证明进行真理确认。即:"几何学的证明是根据已知的几何定理和逻辑法则(起形式系统规则的作用),从条件(已知的定理)推出所要证明的结果(需要证明的定理)。几何学是一个形式逻辑系统,是一座由公理、定理通过规则结合成统一整体的蔚为壮观的大厦"(道·霍夫斯塔特,1984)。

(2)形式逻辑推理的技能特点

形式逻辑推理要求学生必须掌握有关推理规则,能够根据推理所需要的已知信息和潜在信息,明确对象之间,以及与相关概念、定义、定理之间的关联关系,进行有效的条件转化,建立起连接已知、未知间的蕴含关系,实现按照形式逻辑推理方式表达推理的思维过程。形式逻辑推理的技能特点可归纳如下:

表 4.4 - 1　形式逻辑推理的技能特点

形式逻辑推理	特　点
可接受（Acceptable）	A. 能够按规则表达已知信息； B. 能够进行可接受结构关联推理； C. 能够按照形式逻辑推理方式表达推理的思维过程。
不完整（Incomplete）	A. 不能够完整地按规则表达已知信息； B. 不能够完整地进行可接受结构关联推理； C. 不能够按照形式逻辑推理方式表达推理的思维过程。
不适当（Improper）	A. 采用了不适当方式表达已知信息； B. 采用了不适当方式进行结构关联推理； C. 采用了不适当方式表达形式逻辑推理的思维过程。
直观证明 （Intuitive Proof）	A. 采用了直观推理方式进行结构关联推理； B. 不能进行形式逻辑推理表达。

为了进一步了解学生在形式逻辑推理中的技能表现,我们通过如下案例做进一步的分析。

P9:如图 4.4 - 8,在 $\triangle ABC$ 中,D、E 分别是 AC、AB 上的点,BD 与 CE 相交于 O,下面有四个条件:①$\angle EBO = \angle DCO$;②$\angle BEO = \angle CDO$;③$BE = CD$;④$OB = OC$

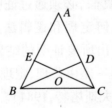

图 4.4 - 8

上述四个条件中,根据哪两个可以判断 $\triangle ABC$ 是等腰三角形? 用序号写出两种可能的情况,并选择其中一种情况进行证明。

比如,042226:②与④;①与④

选择前者证明如下:

已知:$\angle BEO = \angle CDO$,$OB = OC$

求证:$\triangle ABC$ 是等腰三角形

证明:在 $\triangle \angle BEO$ 与 $\triangle CDO$ 中,

$\because \angle BEO = \angle CDO, OB = OC, \angle BOE = \angle COD$（对顶角相等）

$\therefore \triangle BEO \cong \triangle CDO$（角、角、边）

$\therefore \angle EBO = \angle DCO$（全等三角形的对应边相等）

又 $\because OB = OC$

$\therefore \angle OBC = \angle OCB$

$\therefore \angle EBO + \angle OBC = \angle DCO + \angle OCB$

$\therefore \angle EBC = \angle DCB$（等量加等量和相等）

$\therefore AB = AC.$

测试后发现,69.6%的学生能够按照形式逻辑推理进行证明,能够清楚地表达证明过程,但仍有17.3%的学生采用"边、边、角"方式错误地判定两个三角形全等,12.2%的学生推理逻辑混乱,另有3.6%学生选择错误(选择了两个角相等的条件①②或两个边相等的条件③④)。

采用一次全等证明的题目,70%的学生能够完整、清楚地书写证明过程。错误原因主要集中在不能准确把握推理依据方面。被试的三所学校中,只有一所学校的学生比较完整地填写了推理理由,在该所学校中未发现采用"边、边、角"错误判断三角形全等的学生,只有一人选择了两个边③④进行推理,没有人选用两个角①②进行推理,说明教师在教学中强调"步步有据"是重要的。但在调研中发现,仍有20%的学生推理"路径"迁回,比如,选择①④证明的学生,由④得 $\angle OBC = \angle DCB$,再与①联立,并可推出 $\angle EBC = \angle OCB$,即可证明结论,但仍有一些学生采用证明两三角形全等来证明,说明学生在优选策略和方法上还需要加强。

多数学生对多次推理证明的题目(如 P7)有畏惧感,学生的得分率很低,问题主要表现在:不能从复杂图形中分离出"基本图形";忽视应用前一次推理结论进行下一次推理,不能从结果逆推分析所需要证明的条件;结论涉及多个未知条件时无从下手。

从形式逻辑推理技能发展的情况来看,形式逻辑推理技能表现为通过选择和运用多种信息,进行规则化呈现,以明确推理的前提和结论,通过结构关联推理进行关系转化和重组,建立起推理所需要的各种关联关系,并从中分离和验证蕴含关系,按照形式逻辑推理规则表达推理过程。形式逻辑推理的基本流程是:信息接收—规则确认—关系转化与重组—形式逻辑表达。

形式逻辑推理的内隐过程,表现为在验证推理的基础上进行模型化提炼和表达方式取舍,明确对象之间以及与相关概念、定义、定理之间的组织方式和推理过程,并理解其合理性;形式逻辑推理的外显过程表现为对结构关联推理结果的逻辑表达和呈现,能确切地表达概念、定义、定理,能完整地写出命题的证明过程。形式逻辑推理是对验证推理的确认和在更抽象水平上的归纳和抽象,具有程序化、规范化、逻辑化、模型化等特点。

形式逻辑推理能力强的学生,表现为推理路径明确、逻辑线索清晰、语言表达简洁且符合规范。随着学习内容的展开和学生年龄的增长,学生运用形式逻辑推理方式表达的自觉意识不断增强,能够跳过逻辑推理的中间步骤,迅速找到验证关系,形式逻辑推理表达快捷、准确、严谨,类似于专家推理。

4.4.3 深度访谈——了解师生对形式逻辑推理教学的认识

(1)在7年级上学期提出用形式逻辑推理方式进行证明的要求,效果不理想

访谈者:您在7年级几何教学中就向学生介绍证明的表达要求,教学效果如何? 请谈谈您的想法。

教师03206:几何最终还是要求按证明格式进行证明的,我教的上一级学生用了北师大版教材,我按照教材的要求重视学生说理,直到9年级才讲证明,结果学生准备不足,又没有更多的时间让学生练习,升学考试"惨败",这个教训必须吸取。现在用的人教版教材,尽管几何证明已提前至8年级"全等三角形"时要求,但与其早晚要学,不如提前要求,到时候已经基本掌握了,不愁学生掌握不了证明。这次单元考试成绩不好,让我感到"闹心"。奇怪了,我花了很大气力,可我们班的学生不仅不会书写,连算术都不会了。平时三班(没要求证明格式)跟我们班成绩不相上下,这次考试比我们班成绩高多了。

在事后拿到了这两个班的考试卷进行了认真的分析,发现被访教师任课班级的学生成绩,平均分低9.72分。类似于4.3中的P13等三道推理题目,学生失分较多,表现为书写混乱、说理不清、凭直观判断多(见4.3.3访谈)。笔者与其探讨失分的原因时,这位教师说:"可能初一学生还

不能理解证明格式"。事实上,一方面学生要理解题意,弄通题目中的多种关系,另一方面又要学习表达规范,结果两者都没有掌握好。潜在的隐患还可能会造成学生对几何或对证明的恐惧心理。来自被访的学生们说:"道理我懂,但不会写""我一想到要写出过程,就没有信心"。但约有不足 1/5 的学生基本掌握了的推理书写规范,思路清晰、表达规范,说明对一部分学生是可以提前地进行些书写规范教学的。但总的看来,形式逻辑证明要求不宜过早。

在调研中还发现,除了几何语言造成的理解和表达的障碍外,几何内容背景远离生活和经验,学生动手能力差也是直观推理阶段学生难以做出判断和推理的主要原因。传统几何教学通常只注重学生的形式逻辑证明能力的培养,几何课程因过于思辨和理性而变得"冰冷",跳过了必要的直观推理等发展过程,限制了学生自由的思维,也压制了学生的创造性思维热情。

(2)在证明中让学生填写证明依据

访谈者:您在课堂上谈到,几何证明要步步有据,一步不漏,为什么要做这样严格的要求?

教师 02203:几何证明对逻辑思维的要求是严格的,要求学生遵循规范格式和步步有据,就是为了训练学生的思维和表达的严谨性,要求不严,必然懈怠,导致思维不严密,似是而非,表达不规范,作业漏洞百出。如在作业中:常常发现有学生用"边边角"错误地判定两个三角形全等。要有效地避免这样的错误发生,教师不能只满足于在课堂上讲了,学生也理解了没有"边边角"的判定,而是要通过举反例让学生看到、领会到满足"边边角"不一定全等,同时让学生在作业中一定要标注理由,当发现自己标出的是"边边角"时,学生就会意识到自己的推理是不正确的,而且每一次书写对自己的认知都是一次强化。

传统几何教学比较重视"步步有据",新课程教材因重视说理,而使许多教师淡化了让学生填写推理依据的做法,从调研中发现,这是导致学生思维模糊、不求甚解的一个原因,应当引起教师的重视。一些教师的做法是值得借鉴的。如,在相交线、平行线学习中通过填写推理理由,增进学生对推理过程的理解,逐渐养成言必有据的推理习惯。

心理学中经典的"形式训练理论"认为,"心智"(mind)是由诸如推理力、记忆力、判断力、意志力和注意力此类的官能构成的,通过某些特定学科的学习,可以训练或增强这些官能。并认为,几何学有助于训练逻辑推理能力(施良方,2003)。在"形式化"证明学习开始阶段,通过"搭架子,填理由"(见4.4.1),学生"照葫芦画瓢"式的模仿练习是可行的。

(3)7年级下学期提出"形式化"证明格式的要求

访谈者:您为什么在7年级下学期几何教学中就要求学生进行几何证明格式训练?

教师03204:我们在上一届学生的几何教学中,按照教材的要求,前期一直重视学生说理,到9年级才要求证明,但太迟了,影响了学生毕业升学成绩。我们几个老师一起讨论商量,决定在这一届提前上,7年级下学期开始渗透推理书写格式,现在看来,这是可行的。

在访谈中,更多的教师谈了他们对何时进入"形式化"的看法:"几何就是让学生学会证明,教师必须在教学几何入门时就有这种意识,及时训练,让他们养成习惯""几何学习最终还是要求形式逻辑证明,训练越早越好""只是说理,很难确定一个评价标准""学会思考固然是重要的,但考试得高分,最可靠的做法是写出严格的证明过程""几何证明规范对于培养学生严谨的思维能力和表达能力是很有价值的"。由此可见,在教师的观念里,采用逻辑推理进行几何证明仍被认为是几何学习的主要目的。发展学生几何推理能力还有很长的路要走。应把推理渗透在各个年级中,在引导学生观察、实验、猜想得出结论以后,有意识地逐步训练学生推理的严密性和逻辑性,但在7年级上学期就要求"形式化",效果并不理想。

教师03204:这次我班的考试成绩比较好。我教的两个班的成绩属"中等偏下"。在7年级学习"图形认识初步"进行"说理"训练的基础上,下学期学习"平行线"内容时,我开始增加用符号表达推理过程的训练,增加了举例示范和学生填注理由练习,并补充很少量的证明题,让学生模仿书写,同时,给学生在黑板上板书的机会,对学生板书中的不足进行面批和纠正,通过填注推理依据,初步熟悉推理过程和推理规则。让学生理解推理是从条件出发,根据已经学过的定义、公理和定理,推导出结论的过程。在8年级学习"全等三角形"内容时,学生已经经历了初步的逻辑推理体验和模仿过程。在这个阶段,我开始提出严格要求,归纳出几何命题证明的五个步骤：审题、画图、写出已知、求证、证明。用分析法画思路图，用综合法写证明过程。经过了这个过程的训练，学生对简单的论证推理及其表达已经很熟练了，在这次考试中，表现出了一些优势，我想与平时的要求是分不开的。

"中学数学固然能培养逻辑思维能力，但更重要的是培养学生观察、分析和解决问题的数学观念、数学意识和数学方法"（张奠宙等，1993）。几何形式逻辑推理能力的发展是一个循序渐进的过程，由最初的说理到推理，再到证明是一个缓慢的"阶梯"式提升过程。在调研中发现，到三年级才做要求，不仅在很大程度上重复了前期推理练习中的内容和方法，而且学生面临毕业和中考，过于匆忙和缺少准备，证明过程表达混乱，没有达到预期的学习效果。因此，恰当地选择时机，逐步地增加难度和复杂程度才符合学生的认知发展规律。

（4）二次推理题目要让学生理解两次推理间的关系

访谈者：您用了两节课的时间让学生来练习二次推理结构的几何题目，您认为这样的题目对学生来说是否太困难了？

教师02203：通过二次推理增加推理难度，拉长推理"链"是训练学生推理能力的重要措施。当学生掌握了一次推理之后，就可以进行二次或三次推理训练。大约有一半的学生会感到有些吃力。我的经验是要鼓励学生努力去想通道理，通过例子学会分析。让学生理解，如果要证明的问题涉及两个未知条件，可将其中一个未知条件转化到另外的已知条件去解决，同时要理解把前一次推理的结论与后一次推理的条件共同作为下一次推理的条件，只要道理弄明白了，学生就有了信心，多次推理就不那么可怕了。

教师05206：我教的两个班属于程度比较差的班了，二次推理我只涉及到两个题目，弄明白的学生大概有三分之一，我在作业中要求学生会做最基本的二次推理题，对中等以上水平的学生另外加了两个有点难度的题目，其他学生不作要求。我仍然认为这类题目应该有，不能限制能力所及的学生推理能力的发展。

（5）教推理比教证明更难以把握

访谈者：您谈到教几何推理比教几何证明更难，请谈谈这是为什么？

区教研员：新课程增强了教师的几何推理意识，教师使用推理性语言表达的意识大大增强,在提出问题、解决问题的过程中明显地表现出推理的成分。现行教材内容过程性体现得很好,大多数教师都会有意识地在问题情境中提出问题,带领学生进行探究性学习,但教材内容不够系统,课堂上教师带领学生做了各种探究,课后没有相应的习题进行练习,相应的教辅和课外训练也难有针对性的联系。有经验的教师都知道,促进学生能力发展的重要措施是加强训练,教师必须用很大的精力在"题海"中"撒大网"寻找题目给学生练习,学生的负担不仅没有减轻,反而更加重了,但教学效果仍难以把握,即使是课上师生表现出良好的探究意识和能力,也难以保障考试成绩,不如传统的教学证明时更能做到心中有数。

(6)教研员认为,7年级几何推理教学中有些问题难以解决

访谈者:根据您对几何教学的了解,请谈谈您认为几何教学中存在的主要问题是什么?

教研员2:新教材几何简单推理成分加强了,通过探究和实验加强了对知识的理解,要求会说理、会用,不要求证明。这样处理优点是很明确的,教师和学生的几何推理意识增强,教师在教学过程中使用推理性语言的表现突出,在提出问题、解决问题的过程中明显地增加了推理的成分。但问题也很突出:

①几何语言的规范性要求和训练不到位。有些时候难以从学生表达上判断他的理解水平,连作业和试卷都不好判分。

②给检测学生水平带来困难,很难找到与教学内容和要求一致的题目。新课程教材实施一轮后,教师慢慢也摸透了考试的规律,考试题多数还是传统题目改造来的,让学生学会说理和推理,不如学会证明,能以不变应万变,许多教师又回到过去的教法上来了,但与传统教法相比,在观念、教材的处理方式和呈现方式上还是有变化的。

③家长不好配合。过去教材、教辅上的练习答案都是明确的,家长可以参考进行辅导,现在是探究性的,家长反映不知道怎么辅导孩子。

④教材的利用率低。教材的练习和习题少,针对性较差,难度偏低,利用率降低,讲完课基本上就没用了。教辅不配套,教辅大多数是传统教辅材料改头换面来的,难以找到与教学内容相应的题目,有针对性的教学资源还很少,教师苦于找不到合适的题目让学生练习。

⑤考试题目的呈现形式、难度与教材要求不一致。一般是传统考试

题目的改造,广度和难度都比教材上的要求大,"教与考"要求不统一,教师和学生都难适应。

面对考试问题,在访谈中,部分教师反映,新教材不是让大部分学生都跟上来,而是让大部分学生都跟不上了。如果按教材上的要求教,学生可能连30分也考不了(主要反应难以应对各种考试)。对此,地方教育部门组织培训时说:课本是最基本要求,教师要根据需要补充教学内容。

(7)学生的几何形式逻辑推理能力下降了

访谈者:从您做出的区统考试卷分析中看到,你认为学生的几何逻辑推理能力下降了,请谈谈您的思考。

区教研员:最近一次区中考表明,8、9年级学生几何证明题的得分率低于往届,逻辑推理能力下降。其原因,有教材、教师和学生三个方面的因素:①新课程教材在几何教学中采用"说点理""说理"到"逻辑推理"的方式,过分地考虑了"学生的可接受性",降低了逻辑推理的要求。②虽然新教材在初三下学期对证明的要求较高,但为时已晚。学生对"证明"的认识与实践的时间太短,未能真正掌握。③初一、初二长期采用直观感知、操作猜想的方法去研究几何问题,已形成了定势思维习惯,很难接受用形式逻辑推理的方法去解证几何题。当前几何教学任务很重,8年级现行数学教材(人教版)对逻辑推理能力的要求比上届用的教材(北师大版)加强了证明要求,但教师仍要盯紧由"说理"到"证明"的过渡,抓好语言关,加强形式逻辑推理表达要求,要让学生熟悉和正确运用各种推理规则和方法,夯实基础,避免到9年级还没有掌握基本的逻辑推理的被动局面;现在的9年级仍用北师版教材,几何证明教学任务很重,必须狠抓推理能力训练。几何证明必须经过反复训练才能掌握,应在7年级下学期和8年级逐步增加形式逻辑推理内容,逐步让学生熟悉形式逻辑推理的思维方式和表达方式。从总体上来说,现行教材增加了"说理"的成分,形式逻辑推理的要求降低了,但教师们还是不敢放松要求,让学生熟练地用形式逻辑推理进行证明仍是教师的最大愿望。

从7年级下学期开始增加几何基本推理格式要求,8年级进入正式几何形式逻辑推理阶段,被认为是符合几何推理发展顺序和学生的几何认知发展规律的。8年级几何证明阶段对图形的依赖更突出,依据条件画出图形,从复杂图形中识别基本图形成为必须具备的基本功。学习几何证明还必须掌握证明的基本结构、推理规则,理解推理过程和学会形式逻辑推理表达。

显然,一线教师还难以真正理解发展学生几何推理能力,改变传统几何一味追求培养学生形式逻辑推理的意义。一方面,由"证明"到"推理"的转变为学生带来的是学科能力发展和未来社会生活所需要的潜在的、持久的影响,但教师更多时是为考试后是否能获得好的班级名次而担忧;另一方面,现行的课程标准、教材和相关教学资源还没有给予教师所需要的更为明确的方向性、操作性引领。除此之外,现行考试内容和考试方式具有强有力的导向作用,我国尚缺乏促进学生几何推理能力发展的科学评价方式,新课程标准没有给出明确的学科能力标准,也是造成考试与课标要求不一致,各地考试题随意、拔高等现象的原因。

4.5 小结:7—9 年级学生的几何推理方式及其技能特点归纳

7—9 年级学生的几何推理方式可划分为:直观推理、描述推理、结构关联推理和形式逻辑推理四种。学生在每一种推理方式上表现出了独特的推理技能。

几何直观推理技能可用形象识别、实验验证、直观感知来描述。直观推理的技能特点见表4.1 - 1。

几何描述推理技能可用概念描述、三种语言(图形语言、文字语言、符号语言)转换、语言描述推理来刻画。描述推理的技能特点见表4.2 - 2。

几何结构关联推理技能可用可接受推理、不完整推理、不适当推理、直观证明来描述。结构关联推理的技能特点见表4.3 - 1。

几何形式逻辑推理技能可用可接受推理、不完整推理、不适当推理、直观证明来描述。形式逻辑推理的技能特点见表4.4 - 1。

本章还通过访谈,了解到了教师和学生对推理教学的认识,不同年级学生在不同推理方式上表现出的差异性和教学中存在的问题,为了避免重复,本研究将在下一章对7—9 年级学生几何推理能力发展的差异性研究之后,集中进行总结,在此不再赘述。

5　7—9 年级学生几何推理能力发展的差异性与几何推理层级结构模型

5.1　7—9 年级学生几何推理能力发展的差异性研究

5.1.1　研究设计

5.1.1.1　研究目的

运用自制的《7—9 年级几何推理水平问卷》和《7—9 年级学生几何推理过程问卷》,考查学生几何推理能力发展的差异性,探讨其发展规律性,为有效地进行几何教学设计,促进学生几何推理能力发展提供依据。

5.1.1.2　研究方法

（1）被试

01、02、03、04 四所学校中的 7—9 年级学生共 24 个班（抽样方法见 3.1）,共 1516 名学生；两所普通高中,共 6 个班,263 名学生。合计学生数为 1779 名。

（2）研究工具

7—9 年级几何推理水平问卷（见附件 1）；7—9 年级几何推理过程问卷（见附件 2）

①问卷的依据和编制过程

（一）问卷的依据

在对数学思维理论、数学课程与教学理论、数学学习发展心理学、认知建构理论、学生的学科能力发展理论、Piaget 的儿童智力发展理论、Van Hiele 的几何思维发展理论、Lin,Fou－Lai 几何证明与反驳理论等进行深入研究的基础上,参阅了国内外大量的有关几何推理与证明的研究成果,结合自己多年来对中学生数学学习和教学研究的实践经验,在数学教育专家、心理学家、教育学家、数学家和教材编写专家的共同指导下,沿着学生几何推理能力发展的认知顺序,初步拟定 7—9 年级学生几何推理能力发展的五种推理方式,即直观推理、描述推理、结构关联推理、验证推理、形式逻辑推理,经过一年多围绕本研究深入进行的课堂观察、学生作业、问卷、访谈等调研活动,对上述推理方式进行了进一步的调整和改进,对学生在每一种推理方式上的技能特点、能力差异以及教与学过程中存在的问题进行了较深入的了解。本章将继续前期的研究,通过统计分析方式对学生几何推理能力发展的差异性进行描述。

(二)问卷的编制

针对 7—9 年级学生几何推理能力发展的五种推理方式及其特点,反思研究者多年来教学和实验研究经验,参阅国内外有关研究成果,对来自各方面专家和教师的意见进行筛选、归纳,分别在西安、山东、重庆三地的部分地市,与当地的一线教师、教研员进行反复细致地研究,在有关数学教育专家的指导下,形成了测试学生几何推理能力发展的两份问卷:一份是《7—9 年级学生几何推理水平问卷》,共 25 个题目,每一种推理方式对应 5 个题目;另一份是《7—9 年级学生几何推理过程问卷》,共三组 18 个题目。其中,7—9 三个年级各一组,每组 6 个题目,每个年级含共用题目 3 个,这三个题目所涉及的知识背景较为简单,难度适中,不同年级的学生可以在不同层次上解答,题目要求学生尽量表达自己的推理思维过程,其主要目的是为了分析不同年级学生几何推理思维过程的差异性。对应各年级的另外 3 个题目,其知识背景与各年级当前所学的数学内容一致,其主要目的是为了分析同一年级学生几何推理能力的差异性、内容的适应性和推理发展的规律性。在编制和修订问卷过程中,除了考虑所选题目能够充分反映不同推理方式的意义外,还特别重视问题的信度和效度。所选题目为学生所不熟悉题目,力求超越对具体内容、方法和记忆的依赖。经过反复试测和修正,确保了所选题目具有适当的难度,以展示学生在不同层次上的推理能力发展状况,并使各种水平的学生都能够有所表现,力求客观地反映学生在各种推理方式上的真实水平。

(三)问卷修订和预测

研究者分别在山东、西安、重庆的部分地市,与当地的中学教师、教研人员共同研究修订问卷。对每个维度意义的明确性、内容的相关性、维度及其观测子项的合理性等逐一进行了深入细致地研究,在此基础上再次征求了部分数学家、教育心理学家、数学教育专家的意见,并在六所学校进行了反复多次的试测分析、咨询、修订工作,最后,分别在 01 至 04 学校进行了实测。

②问卷的信度和效度检验

信度检验:为确保测试信度,安排在同一时间测试,采用单人单桌,严格监考,做完就收回,确保真实反映学生真实水平。

采用克龙巴赫 α 系数法,结果为直观 0.64,描述 0.58,结构关联 0.67,验证 0.71,形式逻辑 0.69,总体为 0.75。从严格的教育测量学的角度看,信度系数有点偏低。造成这种情况的原因可能有两个:一是试题各个维度的难度值较分散(0.21－0.95 之间);而且维度间具有层次递进关系,影响了信度系数。但是,由于本测验的目的是要测试学生在各个层次上的实际掌握情况,因此就不能满足试题的整体难度接近 0.5 的测量学要求,所以信度系数偏低也是可以理解和接受的。从总体来看,信度系数还是比较满意的。

效度检验:本测验的效度从内容效度和结构效度两方面来获得。

内容效度。在问卷的编制、修订和试测过程中,根据研究目标,我们多次访谈了有关专家以及经验丰富的一线老师,并重视征求任课教师的意见,把测试效果与学生的几何学习表现及考试成绩进行比较,保障了试题内容有效地反映测试目标。

结构效度。我们采用相关系数矩阵来检验测试问卷的结构效度,这是检验结构效度的最基本方法之一。通常认为,满足如下两个条件的问卷具有较好的结构效度:(一)题目与所在维度的相关系数大于与其他维度及问卷总分的相关系数;(二)维度之间的相关系数在中等程度,且小于维度与总分之间的相关系数。就本问卷来看,表 5.1－1 表明满足条件(一),表 5.1－2 表明满足条件(二)。可见问卷满足这两个条件,具有理想的结构效度,确保了问卷所测的内容与欲测的内容间有较高的一致性。

表5.1-1 各题目与相应维度及总分的相关系数矩阵

	直观推理	描述推理	结构关联推理	形式逻辑推理	总分
V1	.307**	.138**	0.032	0.07	.185**
V2	.360**	0.061	−0.022	0.006	.112*
V3	.385**	.128**	0.047	0.072	.206**
V4	.450**	−0.036	−.097*	−0.082	0.022
V5	.650**	.147**	.157**	.220**	.389**
V6	.128**	.423**	.150*	0.074	.323**
V7	0.033	.575**	.162**	.219**	.439**
V8	.115*	.650**	.129**	.160**	.455**
V9	.112*	.567**	.099*	.118*	.386**
V10	.168**	.606**	.111*	.252**	.481**
V11	−0.038	0.048	.499**	−0.034	.195**
V13	−0.03	0.091	.398**	0.028	.200**
V15	.097*	0.01	.400**	0.066	.216**
V17	0.063	.248**	.560**	.225**	.451**
V19	0.09	.146**	.512**	.191**	.377**
V21	0.008	.239**	.130*	.516**	.390**
V22	.120*	−0.008	0.007	.424**	.213**
V23	.158**	.222**	.228**	.520**	.460**
V24	.104*	.118 *	0.093	.568**	.365**
V25	0.02	.212**	0.092	.571**	.389**

注：*, $p < 0.03$；**, $p < 0.01$

表5.1-2 各维度之间的相关系数矩阵

	1	2	3	4	5
直观推理	1				
描述推理	.196**	1			
结构关联推理	.075	.228**	1		
形式逻辑推理	.154**	.297**	.203**	1	
总分	.439**	.739**	.610**	.693**	1

5.1.1.3 数据管理与分析

采用视窗版 EXCEL2000, SPSS11.5, LRSREL(v8.51)软件包进行数据管理和分析。

5.1.2 研究结果与分析

5.1.2.1 7—9 年级学生几何推理能力发展的差异性比较

我们首先采用单因素方差分析法,考察 7—9 年级学生几何推理能力随年级升高(年龄增长)发展的情况。为了便于比较,在实际测试时在具有中等水平的高中两所学校中,分别选择 6 个中等水平的班级(高一至高三各两个班)同时进行测试。最初将小学也列入测试范围,但测试结果显示,除了直观推理外,小学生受几何知识和语言的制约,难以进行其他推理方式的测试,故未列入统计范围。30 个班发出试卷 1779 份,测试后剔除无效试卷 53 份(其中高中 42 份,9 年级 7 份,8 年级 4 份),实际有效试卷 1726 份。最初考查学生在直观推理、描述推理、结构关联推理、验证推理和形式逻辑推理五种推理方式上不同年级学生得分情况,统计结果如表5.1–3。

(1)7—9 年级学生在不同几何推理方式上平均成绩的描述性统计

表5.1–3 不同年级学生几何推理能力的描述性统计

	直观		描述		结构关联		验证		形式逻辑	
	平均分	标准差	平均分	标准差	平均分	标准差	平均分	标准差	平均分	标准差
7 年级	4.33	0.78	2.49	1.08	1.92	1.01	1.92	0.90	1.19	0.95
8 年级	4.56	0.61	3.39	1.31	2.24	0.98	2.62	1.31	1.68	1.21
9 年级	4.37	0.67	4.12	0.97	2.54	0.93	2.99	1.26	2.10	1.24
总体	4.42	0.69	3.38	1.31	2.25	1.00	2.54	1.26	1.68	1.20

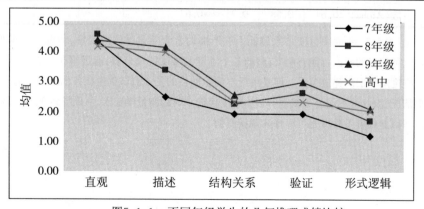

图5.1-1 不同年级学生的几何推理成绩比较

统计结构显示,除了 7 年级外,其他各年级在验证推理方式上的成绩均高于结构关联推理方式上的成绩,可能的原因:验证推理比结构关联推理更为单纯和更具有针对性,结构关联推理统摄多向度的关联关系,其复杂程度更高。尽管在本研究理论构想中,心理学专家和数学教育专家均倾向于将验证推理置于结构关联推理之后,主要考虑到验证推理能够超越结构关联的一般推理探究活动,能够反映对象间最本质的联系,其推理水平高于一般的结构关联推理。事实上,结构关联推理在众多情形下包含验证推理,无论是在学生的实际推理表现分析中,还是从统计结果来看(图5.1-1),将验证推理置于结构关联推理之后,不利于弄清楚几何推理结构内在的关系层次,为此,本研究将验证推理并入结构关联推理(见4.3.2),并对问卷中反映两种推理方式的 10 个题目合并为 5 个题目,将《7—9 年级几何推理水平问卷》的题目修订为 20 个题目。按直观推理、描述推理、结构关联推理、形式逻辑推理四种推理方式进行统计,结果如下:

表 5.1-4　7—9 年级学生几何推理能力的描述性统计数据

	直观		描述		结构关联		形式逻辑	
	平均分	标准差	平均分	标准差	平均分	标准差	平均分	标准差
7 年级	4.33	0.78	2.49	1.08	2.07	1.01	1.19	0.95
8 年级	4.56	0.61	3.39	1.31	2.19	1.03	1.68	1.21
9 年级	4.37	0.67	4.12	0.97	2.70	1.12	2.10	1.24
总体	4.42	0.69	3.38	1.31	2.33	1.09	1.68	1.20
信度系数(Alpha)	0.64	0.58	0.71	0.62				

注:表 5.1-4 表明信度系数偏低。从严格的教育测量学的角度看,信度有点偏低。造成这种情况的原因可能有两个:试题各个维度的难度值较分散,通过率在 0.21-0.95,而且维度间有层次递进关系。但是由于本测验的目的是要测试学生在各个层次上的实际掌握情况,因此就不能满足试题的整体难度接近 0.5 的测量学要求,从而导致信度系数偏低。所以此信度系数低是可以理解和接受的。

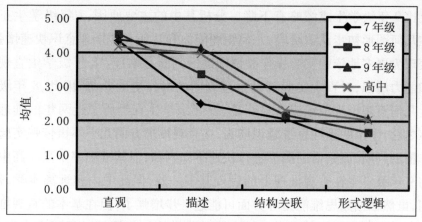

图 5.1-2　不同年级学生的几何推理成绩比较

（2）不同年级学生的直观推理成绩比较

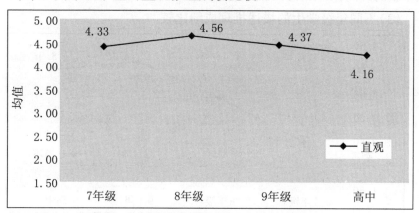

图5.1-3 不同年级学生的直观推理成绩比较

表5.1-5　直观推理年级间平均成绩差异比较

差异来源	平方和(SS)	自由度(do)	均方(MS)	F 值	Sig.
组间差异	4.217	2	2.109	4.479	.012
组内差异	196.344	417	.471		

注:5.1-5 表明三个年级的学生在直观推理这个层次上的得分有显著差异。事后比较发现(LSD 法比较),7 年级显著低于 8 年级,而与 9 年级没有显著差异,9 年级略低于 8 年级。

9 年级学生在几何直观推理上没有表现出优势。从统计结果来看,在直观推理上,7 年级经历了快速提升时期,8 年级达到最高成绩,但 9 年级学生成绩没有提高反而比 8 年级成绩略有下降,高中生成绩亦未提升,反比9年级学生成绩略有下降。分析其中的主要原因:7年级学生正处在几何图形初步认识阶段,几何识图能力和几何直观推理意识快速增强,表现为更多地依赖实验操作验证辅助的判断和推理。8年级学生直观感知能力增强,对直观实验辅助推理判断的操作更为熟练,因此,8年级学生几何直观推理成绩提升最明显。9年级学生在经历了近两年的推理训练之后,学生的理性思维意识增强,在直观推理方面几乎不再依赖实验操作辅助判断,而是借助图形进行快速感知判断,但其准确率不高。高中生与9年级学生在直观推理上的表现基本一致,但高中内容远离本学段几何,虽然在抽象思维能力等方面可能进一步增强了,但在基本的直观推理方面甚至不如9年级学生。但在后面的学生几何推理过程研究中发现,随年级的升高,学生的直观感知能力增强。

(3)不同年级学生的描述推理成绩比较

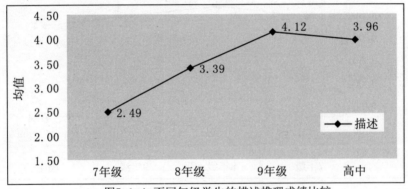

图5.1-4 不同年级学生的描述推理成绩比较

表5.1-6 描述推理年级间平均成绩差异比较

差异来源	平方和(SS)	自由度(do)	均方(MS)	F值	Sig.
组间差异	180.126	2	90.063	70.273	.000
组内差异	534.436	417	1.282		

注:表5.1-6表明三个年级的学生在描述推理这个层次上的成绩有显著差异。事后比较发现(LSD法比较),7年级显著低于8年级和9年级;8年级也显著低于9年级;高中与9年级相当,略低于9年级。

7—9年级学生几何描述推理能力不断提高。从统计结果来看,几何描述推理经历了7年级概念表达、语言转换和初步的描述推理阶段后,又经历了8年级形式逻辑推理规则的表达训练,以及9年级综合推理能力强化阶段,几何描述推理能力不断发展,并趋向成熟。从统计结构来看,7—9年级几何推理能力经历了7年级、8年级两个快速发展时期。高中生几何描述推理成绩略低于9年级,原因可能是所学课程内容上的远离以及表达方式上的差异等造成的。

（4）不同年级学生的结构关联推理成绩比较

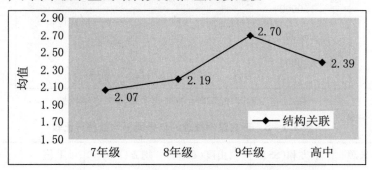

图5.1-5 不同年级学生的结构关联推理成绩比较

表5.1-7 结构关联推理的年级间平均数差异比较

差异来源	平方和（SS）	自由度（do）	均方（MS）	F值	Sig.
组间差异	30.886	2	15.443	13.688	.000
组内差异	470.447	417	1.128		

注:表5.1-7表明三个年级的学生在结构关联这个层次上的得分有显著差异。事后比较发现（LSD法比较）,7年级和8年级显著低于9年级;7年级略低于8年级;高中显著低于9年级。

9年级学生的几何结构关联推理能力最强。从统计结果来看,7—9年级几何结构关联能力经历了7年级稳步发展和8年级快速发展两个阶段,9年级时达到最高点。在8年级开始增加形式逻辑推理训练,学生围绕如何获得最终证明为目的进行推理,在已知和求证之间"搭桥"的验证性推理意识增强,结构关联推理由发散性思维趋向收敛性思维,能够更合理、快捷地建构起结构关联网络,并从中分离出本质关系。按照顺向思维发展规律,高中生的结构关联推理能力应当进一步提高,但从统计结果来看,高中学生的验证推理成绩却低于9年级学生,原因可能是学习内容的远离或思维方式的转变。

（5）不同年级学生的形式逻辑推理成绩比较

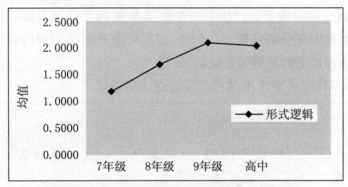

图5.1-6 不同年级学生的形式逻辑推理成绩比较

表5.1-8 形式逻辑推理的年级间平均数差异比较

差异来源	平方和（SS）	自由度（do）	均方（MS）	F 值	Sig.
组间差异	55.024	2	27.512	20.850	.000
组内差异	550.224	417	1.319		

注：表5.1-8表明三个年级的学生在形式逻辑这个层次上的得分有显著差异。事后比较发现（LSD法比较），7年级和8年级显著低于9年级；7年级显著低于8年级；高中与9年级相当并略有下降。

9年级学生几何形式逻辑推理能力最强。从统计结果来看，7—9年级学生几何形式逻辑推理能力不断提高，高中学生的形式逻辑推理能力略低于9年级学生。在经历了几何直观推理、描述推理、结构关联推理等方式的反复训练之后，又经历了8年级形式逻辑推理入门及之后的不断强化，9年级学生的几何形式逻辑推理能力达到最高。

另一个值得关注的问题是：尽管高中学生的几何形式逻辑推理也低于9年级，但差异较小，但从整体上来看，高中学生在形式逻辑推理能力上的表现较为突出，与9年级学生成绩相当。这可以解释为：形式逻辑推理能力的发展可能受具体教学内容的影响较小。几何形式逻辑推理能力的发展可能更大程度上取决于学生的年龄增长和心理的成熟度。另外，被测试的高中生在初中学段并未经历现在7年级几何增加的立体图形、三视图、变换图形等内容的学习过程，这也许是导致高中生几何直观推理成绩不高的原因。如果可以做这样的解释，那么，高中生形式逻辑推理能力成绩较高的现实也可以解释为与7年级是否具有较强的直观推理基础没有太大关系,换句话来看,7 年级可以考虑去掉现行教材在图形认识初步中的学生感到困难的题目(见本节小结)。

此外,高中在所有推理方式上的成绩均低于 9 年级,除了解释为学习内容的远离和推理思维方式上的差异外,亦可以解释为 7—9 年级学生的测试成绩在一定程度上仍受内容或记忆的影响,教师对学生在 7—9 年级几何推理能力水平的估计亦有一定差异,估计偏高,这也表现为学生在解决不熟悉几何问题上的成绩偏低的原因,而高中生所反映出来的成绩可能更为稳定和真实。显然,这并不影响本研究对 7—9 年级几何推理能力水平的比较和发展性研究。

从总体上来看,7—9 年级学生在直观推理、描述推理、结构关联推理、形式演绎推理四种推理方式上呈现层级递进的发展趋势。具体来说,同一年级学生在不同推理方式上以及不同年级在同一推理方式上均呈现层级发展趋势。

5.1.2.2 7—9 年级学生推理过程的差异

对 7—9 年级学生几何推理过程问卷的得分,按照直观推理、描述推理、结构关联推理和形式逻辑推理四种方式进行统计结果如下:

表5.1-9 不同年级学生的推理过程平均得分

年龄段	参数	直观	描述	结构关联	形式逻辑
7 年级	M	5.61	4.56	3.56	1.26
	SD	0.73	1.13	1.15	0.86
8 年级	M	5.95	5.12	4.69	3.95
	SD	0.65	1.34	1.53	1.56
9 年级	M	6.92	5.53	5.18	4.31
	SD	0.61	1.02	1.76	1.20
高中	M	6.27	5.37	5.11	4.33
	SD	0.67	1.27	1.01	1.31

注:各维度问卷总分10分

从对 7—9 年级学生几何推理过程问卷和问卷前后与任课教师访谈的结果分析来看,学生成绩偏低,普遍低于任课教师的期望。7—9 年级学生在几何推理过程的表现可归纳为如下几个方面:

（1）难以超越具体运算进行推理

7年级学生在几何推理过程问卷的第一题,求相邻两角平分线间的夹角问题的表现,有86%的学生通过带入数据进行计算求角的度数为90°,只有38%的学生同时采用第二种方法,即平分后两个角的一半的和为两平分线间的夹角,即等于原角(平角)的一半,无须带入数据便可以推得结论。76.4%的7年级学生认为第一种方法比第二种方法更为满意。说明学生更倾向于通过计算获得结论。事后访谈时发现:学生对第二种通过推理获得的结论的可靠性持怀疑态度,认为第一种方法才是"真正算出来的结论"。反映了7年级学生的思维水平还处在难以超越通过具体运算去理解推理的状态。任课教师认为,这与小学阶段多采用计算求值有一定关系。也反映了在7年级就提出形式逻辑推理要求还为时过早。这与前面有关的研究是一致的。诚然,这并不排除有些学生具备一定的形式推理能力(见4.4.3),通过访谈了解到这部分学生是数学成绩较好的学生,其形式思维能力发展也相对较早。

（2）直观感知能力增强

三个年级共用题目的第二题是由一个多面体的展开图测试多面体的各个面所处的位置。从测试结果来看,题目难度不大,7年级初学者普遍认为喜欢做此类题目。7、8、9及高中四个层次学生的平均分分别为:4.03、4.41、4.48、4.56。在测试现场发现:7年级学生读完题目就急于折纸验证,8年级学生在后面相对复杂问题上近$\frac{1}{3}$的学生找到纸条"比画"一下,9年级和高中生几乎全部用直观感知进行判断。统计显示:7年级约有53%的学生需要撕纸折叠辅助推理,8年级只有23%的学生需要撕纸折叠辅助推理,得分明显高于7年级。9年级则全部凭借直观感知想象完成,但平均得分与8年级相当。高中学生比9年级学生直观感知速度更快,但准确率与9年级学生相当。7—9三个年级中87.6%的学生表示喜欢做此类题目,认为能够培养空间想象能力。

（3）普遍喜欢使用抽象策略

在7年级,学生的表现为追求准确的计算结果。这可能与他们小学阶段长期进行算术或代数运算表征有关,计算出准确的结果成为学生的目标追求。8、9年级学生解决几何问题通常采用形式逻辑推理方式,追求过程表达的形式化、规范化。有关的研究也表明，"中国学生对抽象策略的偏爱，有助于他们在那些适宜用具体策略解决的问题上超过美国的学生"（范良火等，2003）。调研显示，这与教师所持有的几何教学观念有关，一部分教师在7年级几何入门阶段，认为只是直观观察、实验等，没有"实质性"（访谈时了解到，"实质性"指具体计算或证明题）内容，因而不予重视，比较重视计算结果，对计算过程是否合理甚至不予关注（见4.3.2）。在8、9年级教学中，重视学生采用形式逻辑推理方式解决几何证明题，很少关注学生直观感知、实验验证等活动（见5.1）。

（4）实践操作能力水平较低

7—9年级学生实践操作能力水平较低。7年级学生在将长方形剪拼成等腰三角形的题目中，80.6%的学生只能给出第一个问题中的一种拼法，12.1%的学生能同时给出第一个问题中的两种拼法，只有8.3%的学生能给出第二个问题中的一种拼法。8、9年级学生在第六题的第一个问题：通过矩形 *ABCD* 画一条直线，将其分成面积相等的两部分，你有几种做法？两个年级学生的表现基本相当，约有60%的学生画出了过矩形对称中心的水平、垂直和对角线所在的直线，能够画出过对称中心的任意一条直线的不足5%，只有9年级个别学生画出了第二个问题满足要求的直线。在另外的测试包括剪、拼、折、补、动态运动等题目中，8、9年级学生未能表现出优势。

（5）对复杂图形的识别有畏惧感

比如7年级上册"图形认识初步"中的题目（人教版）：如图，右面哪一个图形是左面正方体的展开图？

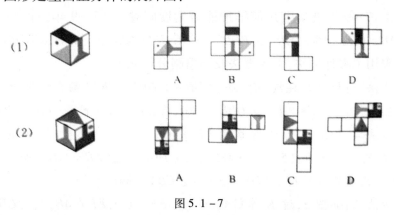

图 5.1 - 7

任课教师普遍认为太难,虽然有利于培养空间想象能力,但推理难度大。被访学生普遍反映出对此类题目有畏惧感。以下是教师对此类问题的看法:

教师03103:"图形认识初步"应降低难度,去掉复杂图形的展开与组合题目。放进教材里,大部分教师在课堂上无法处理,复杂的推理只能造成学生认知障碍,在保障学生8、9年级基本的直观实验基础的前提下,可以适当地延伸一些,但过于复杂的题目弊大于利。类似复杂的题目可推迟到高中阶段学习立体几何前学习。长方体是高中立体几何学习的基本内容。

教师02102:我谈以下几个方面的认识:第一,不通过实验做不出来。这样的题目在课上是无法解决的,我把它放到周末家庭作业里,学生通过作图、折叠(多数学生由家长协助完成)能够做出来。这类题目出现在初一教科书里,弊大于利,学生不仅收获不大,反而对几何产生惧怕心理。

教师06107:对这样难的题,我通常不做要求。农村和城市的学生差别太大,应让我们农村的学生把精力放到基本知识的学习上。

教研员:对待此类题目,我们对不同学校的要求是不一样的。城市学校要求让学生亲手实践一下,农村学校不做要求。

此题在高中生中测试,回答正确率高达四分之三以上。为此,我们认为,应充分考虑学生的可接受能力。随着年龄的增长,学生空间想象能力不断增强,此类问题会迎刃而解。况且,从几何内容发展情况来看,删去此类问题并不影响后继课程的学习。

(6)随着年级升高使用的方法更加灵活多样

由《7—9年级学生几何推理能力发展问卷》中7—9年级的公共题目:$AB /\!/ CD$,考察$\angle ABE$、$\angle BED$、$\angle EDC$三个角的和。从测试情况来看,学生采用了多种方法,主要方法及其思路分析如下:

方法一:如图1,连接DB,由$\angle CDB + \angle DBA = 180°$(两直线平行,同旁内角互补),$\angle BDE + \angle E + \angle DBE = 180°$,得$\angle CDE + \angle E + \angle EBA = 360°$

方法二:如图2,作任意直线EF交CD于E,交AB于F,则五边形$DEBFG$的内角和为$(5-2) \cdot 180°$,又$\angle DGF + \angle GFB = 180°$(两直线平行,同旁内角互补),得$\angle CDE + \angle E + \angle EBA = 360°$

方法三:如图3,过E作射线EF,使$EF /\!/ CD$,$EF /\!/ AB$,则$\angle CDE +$

$\angle DEF = 180°, \angle EBA + \angle BEF = 180°$, 得 $\angle CDE + \angle E + \angle EBA = 360°$

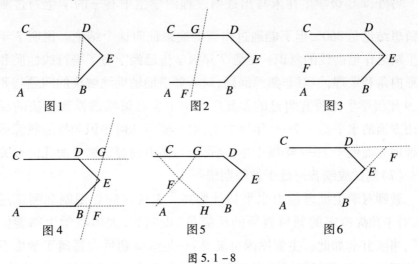

图 5.1 – 8

方法四:如图 4,过 E 作直线 GF,交 AB 于 F,交 CD 于 G,则 $\angle CDE = \angle DGE + \angle GED, \angle ABE = \angle BFE + \angle BEF$,则 $\angle CDE + \angle DEB + \angle EBA = \angle DGE + \angle GED + \angle DEB + \angle BFE + \angle BEF = (\angle DGE + \angle BEF) + (\angle GED + \angle DEB + \angle BEF) = 180° + 180° = 360°$

方法五:如图 5,作 $GF // EB, HF // GF$,则 $\angle DGF = \angle HBE, \angle F = \angle E$,$\angle FHB = \angle EDG$(对应角的两边分别平行),又六边形 $BEDGFH$ 的内角和为 $(6-2) \cdot 180°$,则 $\angle CDE + \angle E + \angle EBA = (6-2) \cdot 180° \div 2 = 360°$

方法六:如图 6,延长 BE 交 CD 延长线 F,则 $\angle BED = \angle F + \angle FDE$,又 $\angle F + \angle EBA = 180°$,则 $\angle CDE + \angle DEB + \angle EBA = \angle CDE + \angle F + \angle FDE + \angle EBA = (\angle CDE + \angle FDE) + (\angle F + \angle EBA) = 180° + 180° = 360°$

表 5.1 – 10   三个年级使用不同方式求解的人数

年级(人数)	方法 1	方法 2	方法 3	方法 4	方法 5	方法 6	一点不会	人均方法数
7 年级(101)	17	13	15	1	0	0	57	0.46
8 年级(102)	21	15	69	4	3	5	11	1.16
9 年级(81)	32	19	53	9	2	6	6	1.51
总体(284)	70	47	137	14	5	11	72	1.25

注:有些学生的解法与上述学生的解法有些差异,在统计时按其相近程度分别并入相应的解法。

另外,7 年级学生在未写出证明过程的学生中有 $\frac{1}{3}$ 的学生通过测量或猜想结论是 360°,但不能通过作辅助线来证明这个结论。说明 7 年级学生缺乏作辅助线的意识。尽管 7 年级学生已经学习了平行线性质和三角形内角和定理,但对非熟悉问题,对需要借助辅助线解决的问题与 8 年级、9 年级学生比较有明显的差异。高中学生在策略选择和方法的灵活运用方面的水平高于 7—9 年级学生,但在使用几何知识和技能熟练运用于推理方面低于 7—9 年级学生,这可能与高中内容远离平面几何有关。

(7)测试成绩普遍低于教师期望

教师对学生推理能力水平估计偏高。表现在问卷编制和测试过程中,对于预先拟定的题目教师的反应是"没问题,大多数学生都能做出来",事实并非如此。主要原因可能是:一是测试题目大都属于学生不熟悉的问题,有些题目超越了当前学生对具体内容、方法和记忆的依赖,这也是试卷编制时的基本要求,教师的判断依据通常是学生解常规问题时的表现。二是教师的教学方式存在一定的问题。教师通常重视常规问题,学生在模仿、训练中熟练操作技术,但并没有真正把握推理的实质。学生在课堂上回答问题时,往往也是揣透了教师的意图,给出了让教师满意的回答。调研中发现,学生在几何推理过程中,常常拘泥于具体关系的处理,缺乏对原理和本质的理解和把握,难以把思路集聚到打通证明的宏观思路上,因此而偏离推理的主方向,难以实现推理的最终目标。

5.1.3 小结 7—9 年级学生几何推理能力发展的特征描述及教学反思

从本节研究结果来看,统计结果和过程分析都显示了不同年级学生的几何推理能力发展水平具有明显的差异性。结合前期调研研究中对学生在不同推理方式上的技能特征描述,对不同年级学生几何推理能力发展的特征进行归纳,以进一步明晰学生在几何推理能力发展过程中所表现出来的年级间的差异性和规律性,在此基础上,对几何教学过程中存在的问题进行系统反思,为提出几何层级发展模型和教学设计思路奠定基础。

（1）7—9年级学生几何推理能力发展的差异性

从总体上来看，7—9年级学生随年级升高（年龄增长）几何推理能力不断增强。在直观推理、描述推理、结构关联推理、形式演绎推理四种推理方式上呈现层级递进的发展趋势。同一年级学生在不同推理方式上以及不同年级学生在同一推理方式上均呈现层级递进的发展趋势。我们将以此为根据，按学生几何推理能力发展的认知顺序，构建几何推理层级发展的理论模型，提出几何层级教学设计思路。

（2）7—9年级学生几何推理能力发展的特征描述

通过对7—9年级学生几何推理能力发展过程的观察、问卷、访谈和统计分析等活动，对7—9年级学生随年级的升高，几何推理能力发展的差异性及其特征有了进一步的了解，结合自己多年来对几何教学和实验研究的体验，从不同年级学生在几何推理活动中的技能特点、思维表现和认知障碍等维度，分析和归纳不同年级学生在几何推理中的表现特征如下：

表5.1－11　不同年级学生的几何推理特征

特征 年级	特　征
7年级	7年级（12、13岁）学生几何推理水平较低。往往是借助实物表象识别对象的基本属性，通过实验操作和具体运算进行判断和推理；能够进行图形、文字、符号间的语言转换，用语言描述概念和推理的能力还比较弱；往往从命题的某个条件出发，根据个人经验进行推理，思维活动是直接同物体、个体经验和具体实践相关联的单线索思维。所犯的错误通常是把个人经验当作推理依据，把某种可能性当作事实，不能从建立命题条件到结论间的关系出发进行推理，验证推理的意识较差，并缺乏脱离具体实物的抽象思维能力，尚不具备形式逻辑推理能力。
8年级	8年级（13、14岁）学生几何推理能力得到进一步的发展。能够脱离实验操作验证，通过直观感知进行模式识别；能够从命题的已知信息出发进行结构关联推理；思维表现由单线索向多线索过渡，能够建立起多向度的联系，并能够从多种关联关系中，分离和表达本质关系，具有一定的验证性收敛思维能力；具有遵守推理规则、运用通则通法的模式化思维能力；思维表现仍较大程度上受具体条件或经验的制约，表现出不依据命题条件进行推理和不能找到更多隐含条件进行推理，导致推理无法进行或推理错误。逻辑推理规则的运用和推理的严密性还有待于进一步发展。

续表

特征\年级	特 征
9 年级	9 年级(14、15 岁)学生几何推理能力有了进一步的发展。形象识别和直观感知能力增强,能够在更抽象水平上归纳结构关联网络,能够从事物的整体联系中把握事物的本质和规律,验证意识和能力进一步增强,能够更迅速发掘本质关系,熟练地运用逻辑规则进行形式逻辑推理;具备多线索思维、收敛思维和形式逻辑思维能力,并由模式、封闭的思维逐步向开放、系统的思维过渡;推理的严密性增强,出错率降低。

7—9 年级学生在不同推理方式上表现出不同的特征,归纳如下:

在直观推理活动中,7 年级学生通常借助实物模型在思维中的表象或实验验证进行识别或判断;8 年级学生则具有一定的直观感知能力,但有时会借助实验来辅助直观判断或推理,8 年级学生的直观识别能力增强;9 年级学生通常脱离实物模型和实验验证操作,凭借对几何图形的感知直接做出判断,但其判断准确率并不高,9 年级学生的直观识别和感知能力较强,从复杂图形中分离出基本图形的能力进一步增强。7—9 年级学生在几何直观推理中的思维表现属单维型思维。7—9 年级几何直观推理教学除了重视直观识别和实验验证能力培养外,应重视学生直观感知能力的培养。在教学内容的编排和教学设计上,应系统考虑 7—9 年级学生几何直观推理能力的发展,重视发展每一个年级学生的直观感知能力,适当控制 7 年级立体图形识别的难度,在 8、9 年级应增加训练学生动手能力、作图能力以及建立在动、静结合图形变化基础上的推理能力培养。直观推理能力强的学生可以跳过直观识别和实验验证直接到达直观感知。直观推理贯穿于几何推理发展的全过程,通常借助直观推理来发现一般规律、探寻证明思路、理解抽象内容。

在描述推理活动中,7—9 年级学生经历了 7 年级几何入门阶段和 8 年级形式逻辑推理语言规则训练阶段的两个快速发展时期。7 年级学生能够进行图形、文字、符号间的语言转换,用语言描述概念和推理的能力还比较弱;8 年级学生能够按照规则要求进行语言转换和描述推理,但语言描述推理的自觉意识还比较弱;9 年级学生用语言描述推理的自觉意识增强,逐渐过渡到自动化状态。7—9 年级学生在描述推理中的思维表现为模式化抽象思维。7—9 年级几何描述推理教学除了重视学生的语言转换能力培养外,应重视学生用语言表达概念的理解能力和语言描述推理能力的培养。在教材内容编排和教学设计上,应进一步重视学生描述推理能力的培养,要在重视语言转换基础上,增强学生语言描述推理的意识,重视问题解决的多种语言表征方式的训练,为学生提供更多的语言描述推理的机会,增强语言描述推理能力。描述推理能力强的学生,在推理表达中表现为思路清晰,语言转换意识强。学生的描述推理能力伴随几何推理能力的发展而发展,贯穿于几何推理发展的全过程,成为提高学生几何推理水平的前提和基本保障。

在结构关联推理活动中,7—9 年级学生结构关联推理能力的发展是一个渐进的,不断趋向"简约"的过程。7 年级学生能够将直观对象与其性质联系起来思考问题,习惯将几何对象间的关系与小学学过的算术、代数中的关系类比,进行结构关联推理,但寻求隐含关系和间接关系的能力还比较弱;8 年级学生能够从复合图形中辨认基本图形,找出隐含关系并进行有效的转化,能够在直观对象与其性质间建立起多向度的联结,建立结构关联网络,验证推理意识增强;9 年级学生能从更为复杂的图形中分离出基本图形,能够从事物的整体联系中去把握事物的本质和规律。7—9 年级学生在结构关联推理中的思维表现为多线索的发散思维向收敛思维过渡。几何结构关联推理教学要重视教师和学生的结构关联意识的培养,充分认识到学生学几何难的问题,不仅仅在于形式逻辑推理抽象、难学,除了直观推理和语言描述推理的障碍外,很大程度取决于学生结构关联推理能力,学生时常因找不到必要的关系而感到推理无从下手。7 年级可以适当将学生在小学学过的算术、代数关联关系置于几何对象或元素间的关联,以增加学生体验结构关联关系的机会和复杂程度,但过于复杂的关系会让学生产生畏难情绪。8、9 年级逐渐增加结构关联关系问题的难度和复杂程度,有意识发展学生在众多关联关系中分离出验证关系的能力,逐渐实现"简约"推理过程。结构关联推理能力强的学生在结构关联推理中的指向性明确,能够直接地、快速地从结构关联网络中分离出本质关系,常常表现出直觉思维特征,甚至能够找到快捷、优美的方法。结构关联推理能力弱的学生,往往陷于繁杂的结构关联转换中,无法走出困境。结构关联推理能力较强的学生,能够记得题目中的各种关系和解法的本质,而结构关联推理能力较低的学生只能回忆起题目的一些特殊细节。

在形式逻辑推理活动中,7 年级是形式逻辑推理发展的预备时期,但尚不能按照逻辑推理规则进行推理;8 年级学生是形式逻辑推理能力发展的重要时期,表现为在验证推理的基础上进行模型化提炼和表达,能准确地表达概念、定义、定理,能完整地给出命题的证明过程;9 年级学生形式逻辑推理方式表达的意识增强,能够在更抽象水平上归纳结构关联网络,迅速发掘本质关系,形式逻辑推理表达的自觉意识增强。形式逻辑推理能力强的学生,表现为推理路径明确、逻辑线索清晰、语言表达简洁且符合规范。随着学习内容的展开和学生年龄的增长,学生运用形式逻辑推理和表达的自觉意识不断增强,能够跳过逻辑推理的中间步骤,迅速找到本质关系,达到"自动"表达状态。

(2)对7—9 年级几何推理教学现状的反思

①应进一步确立直观推理的教学价值,系统地考虑其发展过程

几何图形既是几何学研究的对象,又是重要的数学语言,是传递和表达思维信息的一种载体。远古时期人们对几何图形的认识就始于观察、测量、比较等直观实验手段。本学段涉及的几何图形也几乎都能够找到它在现实中的模型,因此,加强几何与生活的联系是可行的,也是符合认知发展规律的。几何图形使抽象的几何问题变得形象和生动起来,使繁杂的几何关系变得更为显现,也将枯燥抽象的形式逻辑证明变得富有色彩和吸引力。有人称"几何是可视逻辑",也就是说几何的很多逻辑关系在图形中已直观表现出来了。在教学中,通过展示各种图形,培养学生对图形的直观推理能力,让学生在复杂图形中识别基本图形,直观地提取图形中所反映的信息,认识、理解、感悟图形的性质,在更大程度上通过图形直观揭示几何公理、定理、公式的本质。

"唯用是尚,则难见精深,所及不远"。从几何学的发展历史来看,古希腊和中国古代尽管都有一些关于定量几何的内容,如矩形、三角形的面积公式,勾股定理(毕达哥拉斯定理),相似三角形的比例式等。但古希腊几何学和中国古代几何是有较大区别的。古希腊几何学家更注重逻辑思维,也因此而产生了欧几里得《原本》这样的具有里程碑意义的重要著作,也就有了无理数的发现以及逼近原理和方法论这种分析学原型的产

生;中国古代的几何学家研究几何是为了实用,是唯用是上的,但因为没有逻辑推理,对图形的认识就难以深入,因此在对于空间本质的理解上,相比古希腊几何学要落后得多。如"三角形的两边中点连线平行于第三边"这个看似简单的规律是不能通过直观实验证明的,因为两直线无限长,怎么能实际考察它们是否永不相交呢?如果不认识几何学内在的逻辑性,那么只能有限地认识一些关于图形的零散表象,而不能认识在图形背后蕴涵的许多实质性内容。(田载今,2003)

直观推理可以起到探寻推理结点、延伸推理链条的作用。几乎所有的几何问题都是建立在直观推理基础上去进一步地思考、探究、论证,直观推理应贯穿于几何学习的全过程。7年级是学生几何直观推理能力快速发展阶段,但它不应该是学生直观推理能力发展的终点,各年级都应该有意识地安排直观推理学习内容,应改变随年级升高而一味追求抽象策略的现象。几何学研究空间形式及其位置关系,图形识别是几何学习的基础。学生常常因无法找到图形间的关系而无法继续推理,从而失去解决问题的信心。因此,直观推理应贯穿于几何学习的全过程。应增加图形间隔、交错、复合后的识别,静态图形和动态图形的识别,重视现有静态图形的动态形成过程的改造,增加直观补形等,为学生提供学习机会。

从调研中发现,8、9年级学生的直观推理能力,尤其是实验操作能力,包括剪、拼、折、补等实验和动手操作等能力未得到应有的发展,必须引起高度重视。8、9年级都应当在发展学生逻辑推理能力的同时,安排适当的多种类型题目,加强与现实生活和学习者经验的联系,增强综合实践能力和推理能力培养。应系统地思考学生几何直观推理能力发展问题,提出有效的教学策略。但同时也应当清醒地认识到,直观推理通常只能获得猜想,不能像物理、化学、生物等学科那样通过实验来确定结论,还必须通过形式逻辑推理去证明猜想。由此可见,学生直观推理能力的发展是一个系统的、不断深入的过程,也是学生进一步发展综合推理能力和形式逻辑推理能力的基础,需要系统地思考和建构这个发展过程。

②恰当地选择几何"形式化"要求的时机

7年级学生形式逻辑推理能力较差,有些教师认为,"与其到8年级才讲严格证明,不如在7年级开始训练"。较早地要求固然可以早打基础,但潜在负面影响的危害不可低估。如果学生难以理解严格证明的意义,无法把握证明及其表达方式,可能会因此而搞成"夹生饭",不利于学生深入地理解和掌握几何证明。更令人担忧的是,如果学生因为无力接受而感到太困难,从而失去学习信心,导致厌学或放弃几何学习,岂不是出现了教学"事故"?

在调研中发现,在7年级就要求学生形式逻辑推理,效果并不理想(见4.4.3)。一方面,7年级学生仍受"具体运算"发展水平的制约,另一方面过早地要求学生进行"形式化"推理,使几何课程因过于思辨和理性而变得"冰冷",限制了学生自由的思维。

从思维发展的角度来看,学生的思维发展是由低级到高级的过程,不同的年龄阶段,思维发展的水平是不同的,大体上经历动作思维—形象思维—抽象思维—逻辑思维的发展过程,不能期望学生跳过一系列的思维发展阶段直接到达形式逻辑思维。诚然,思维发展有明显的个性特点,学生的形式逻辑思维能力的发展会有早有迟,但无论是课堂观察、学生作业,还是统计结果,都表明了7年级学生的形式逻辑推理能力较弱。

几何推理能力的形成需要一个循序渐进的发展过程,需要让学生经历直观推理、语言描述和结构关联推理等发展过程,让学生反复体验"现实"与"抽象"之间的关系,增加推理的体验和经验,使学生逐步过渡到形式逻辑推理。

但几何教学不能停留在说理上,有的新课程教材将"证明"推迟到9年级下学期,学生学习了两年几何,却不知何谓"证明",教师们反映这样做就太迟了(见4.4.3)。在与9年级教师访谈时,这种忧虑表现得很明显:新教材的简单推理成分增加了。从7年级几何教材开始就大大增加了简单推理的成分,突出了推理过程的观察、实验的猜想和探究等合情推理过程,重视说清道,不要求严格证明,几何证明的要求推迟到9年级,这种做法对发展学生的一般推理能力是有益的,但从这次区统考结果来看,大部分学生在几何部分丢分严重,我们很担心中考会很糟糕。现在看来按照新教材的要求,大部分学生的证明能力都跟不上来,我们有些心慌了,必须加强严格证明训练,尽快提高学生的论证推理和表达能力。现在进行证明训练,许多内容要重复过去说理的过程,应至少在8年级就提出"形式化"证明的要求。从调研中发现,在7年级上册说理的基础上逐步增加定义、性质的应用格式,逐步发展学生的形式逻辑推理能力是可行的,而且是必要的。

③有效地控制几何"分化"现象

人们通常认为,几何学是一把"双刃剑"。因为几何既能激发学生对数学的浓厚兴趣,发展逻辑思维能力,又能使一些学生由畏难发展到厌学,由厌学几何发展到厌学数学,成为导致数学学习产生"分化"现象的重要原因。由此出现"两个极端"现象:一是认为几何是形式演绎逻辑学科,是训练学生逻辑思维能力的体操,应该让学生理解几何的公理体系,发展几何形式逻辑证明能力;另一个是主张取消几何形式证明,发展学生的说理和推理能力。我们认为,有效地控制"分化"现象,并不应以牺牲逻辑思维能力培养为代价,需要探寻有针对性的积极的消解办法。

我国传统的几何课程与教学存在着片面重视逻辑推理的现象,忽视了逻辑推理的局限性,掩盖了课程教育价值的多样化和丰富性,导致几何课程功能弱化,这也正是人们对于设置几何课程而持有异议的重要原因。人们通常认为,几何的"形式化"证明,让学生感到抽象和难以接受,主要原因是学生对几何证明缺乏理解,通常是被动地机械模仿和反复进行技能性操练。弗莱登塔尔说:"我反对这样的公理系统,并不是因为它的复杂性,而是因为向学生提出的方式。他们必须运用它来进行机械的演绎——我认为这是一种毫无价值而应加以排斥的活动"。

从前面的研究可以看出,导致几何学习"分化"的现象不仅仅在于几何证明,原因是多方面的。除了形式逻辑推理可能导致学习困难外,在直观推理、描述推理、结构关联推理上,都可能形成学生学习障碍。在直观推理上,几何推理的灵感往往来自几何直观,但因为一些内容远离生活和学习者经验,像"天外来客"般让人感到无法琢磨,学生读不懂文字,不会画图、看图、用图,在形象识别、动手实验和直观感知等方面的表现存在不同程度的障碍;几何语言的"循规蹈矩",让许多学生感到难以接受,停留在语言转换层面的技能训练,难以让学生体验到语言描述推理的意义,让学生感到像做"无聊的游戏"(见4.3.3);除此之外,学生的几何推理障碍,很大程度取决于学生结构关联推理能力的强弱,学生时常因找不到必要的关系而感到推理无从下手。学生无法在"证明的整体结构中抓住要害和控制细枝末节"(见2.3),往往陷于繁杂的具体关联关系转换中,无法走出困境。几何推理能力发展是一个循序渐进的过程,学生往往不能够跳过直观及中间的推理发展过程直接进入形式推理发展阶段。

发展学生说理或推理能力,适当推迟"形式化"要求的时间,适当降低证明要求是可行的。但推理并非就容易学习,必须重视由推理到证明发展过程中的每一个阶段的学习。正像有些教师们所言:初一是基础,初二是关键,初三就兑现。明确学生在几何学习的每一个阶段的目标和提出与之相应的教学策略,以有效地消解"分化"现象,是我们面临的重要课题。

④重视学生的心理发展规律

数学教材的逻辑体系的安排以及学生的抽象思维能力的培养应遵循学生认知水平的发展规律,这样才能有效地发展学生的思维能力。

皮亚杰认为,儿童在与外部环境相互作用时所表现出来的思维模式反映了不同的认知发展水平。根据大量的第一手实验材料,皮亚杰指出:儿童的智力发展不是一个简单的数量增加的过程,而是经历了一些共同的、按不变顺序相继出现的、有着质的差异的几个时期,每个发展时期都有独特的思维模式。根据思维模式的不同形式,皮亚杰将儿童的认知发展分为四个阶段(见2.3)。

根据皮亚杰的研究,7—9年级学生(12—15岁)正处在具体运算向形式运算过渡时期。在这个时期,学生可以逐渐地离开具体事物进行一定程度的抽象思维。不仅能够从概念的各种具体变化中抓住本质的东西,掌握变化的规律,进行合乎逻辑的推理运算,而且能够理解因果关系,能够在更大范围内进行逻辑运算,处理复杂的言语问题、假设问题,由依赖具体事物的支持逐渐过渡到进行不依赖于内容的纯形式逻辑推理。

在几何推理表现上,由于7年级学生已经在小学学习了长方体、圆锥等,对基于这类图形出发的简单推理不需要具体实物形象支持。但是,在他们开始学习三视图、图形的展开与组合等更为复杂和抽象的逻辑推理时,若没有具体实物形象的支持,仍会感到很大的困难,甚至束手无措。也就是说,7—9年级学生抽象推理能力逐渐发展,但还没有形成明确的抽象推理规则,要凭借于直观和主体的经验开展推理活动。伴随着学生的几何推理能力的发展,7—9年级学生思维过程经由单维型思维到多维型思维,由模式、封闭的思维到开放、系统的思维,由静态思维到动态思维的发展过程。

⑤高年级应重视教学内容的多样化

在调研中发现,随着年级的升高,学生在直观观察、实验验证等方面没有表现出优势,甚至在有关的问卷中的表现低于低年级。无论是课堂上、作业中,还是考试或教辅书中,高年级几何内容所涉及的题目,除了有些教师或资料将低年级中有关直观推理的内容移至高年级练习中来外,很少看到有关画图以及割、剪、拼、补等问题,学生在这类作业中的表现水平较低。

P1:如图 5.1 – 9,已知∠AOB,点 M,点 N. 求:作点 P,使点 P 在∠AOB 的平分线上,且 PM = PN。

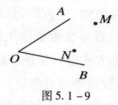

图 5.1 – 9

P2:请将四个全等的直角三角形拼成一个平行四边形,并画出两种不同的示意图。

P3:怎样把一个长方形剪成两块,拼成一个等腰三角形?又怎样把一个长方形剪成三块,拼成一个等腰三角形?(材料不能有剩余)

P4:如图 5.1 – 10(1),在矩形 ABCD 中画一条直线,将其分成面积相等的两部分,你有几种做法?如图 5.1 – 10(2),若在矩形 ABCD 中截去一个矩形 DGEF,在凹多边形 ABCGEF 中作一条直线,将其分成面积相等的两部分,你又有几种做法?

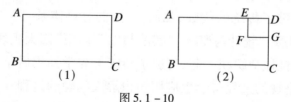

图 5.1 – 10

上述四个题目中,P1 正确率较高,达 70.2%。P2 看似简单,但 9 年级学生的得分率很低,两种都画对了的学生只占 17.1%,画对一种的占 22.6%,画错了或没画的占 60.3%(包含没有理解题意或没按题意要求,其中,将两个直角梯形相拼构成平行四边形的占 22.6%)。测试后发现,学生宁愿把更多精力和时间用于复杂几何证明的探究(指分值不高,有较高难度的证明题),却在有较高分值的直观推理题目(如 P2)上表现潦草、匆忙、不求甚解。

后两个题目中,多数学生只能画出第一问中的特殊情况,如 P3 画出了第一问中的一种解法,P4 中画出了过对称中心的垂直、水平和对角线位置上的直线的占 60.2%。能够画出满足要求的直线的不足 5%。

调查显示,多数教师认为,9 年级学生的任务是发展学生的形式逻辑推理能力。因此,没有考虑如何系统地加强和巩固 7、8 年级已有的成果,出现重视抽象策略,忽视直观推理的顾此失彼现象。事实上,几何教学实践中仍存在着相互矛盾的两个方面,一方面,强调探究性学习,重视说理和非形式逻辑推理;另一方面,教师在衡量学生推理能力水平的测试中,又要求学生采用形式逻辑推理方式进行推理和证明,否则,被认为推理不正确或不完整。事实上,在多数教师的观念里,形式逻辑推理才是解决几何问题的"最佳策略"。这种现象成为几何教学中的"悖论"。正如有关研究显示:"对那些运用具体的图形策略的回答,中国教师的打分要明显低于美国教师。中国教师希望学生学会一般性的问题解决方法,并且这种方法要能迁移到其他的问题情境中去。美国教师的目标是希望学生能解出问题,而不管他们使用了什么样的策略"(范良火等,2003)。改变这一现象成为几何教学真正走出传统几何教育观念的根本性变革,这将有赖于课程标准和教材的规定性引导,有赖于几何考试方式的转变,也有赖于数学教师所持有信念的转变。

⑥重视几何课程的系统性

新课标打破了传统的代数、几何、三角的分科体系,代之以"数与代数""空间与图形""统计与概率""实践与综合运用"四大板块,将实践与综合应用阶段性地交织在一起,打破了传统上先学知识后学应用的呈现方式,使知识呈现的过程与学生应用知识解决问题的过程在更大程度上保持一致,让学生在学习知识的过程中体验知识的形成和应用过程,理解几何与现实问题是如何建立起联系的,又是如何用来解决具体问题的,这对促进学生对几何的理解和应用无疑是有意义的。但在调研中了解到,教师们普遍反映教材不系统,学生学不到"东西"。我们认为有两方面的原因:一是教师们缺乏对课程理念和教材编写意图的深入理解,一味强调探究,忽视了探究后的反思、归纳和提升,结果使学生学到的是一些零散的东西;另一方面,教材的编排方式的确在一定程度上造成了系统内部结构松散、跳跃,再加上例题、习题和相关的教学资源不配套,给教和学都带来了困难。

我国正处在课程改革快速发展时期,"应该怎样学习几何",值得我们深思。对教师们普遍反映的教几何推理比教几何证明更难以把握,不知道推理究竟要求到什么程度,学生的发散思维调动起来了,但考试成绩降下来了,缺乏行之有效的教学措施等,很值得我们深思。

事实上,有目的地引导探究,重视学科内部结构关联关系和探究后的反思、归纳和提升,有利于发展学生的创新意识和实践能力,巩固基本知识和技能,发展更具迁移力的高层次思维能力。在教学中,"一方面激活个体经验中更多相关联的知识,另一方面通过不断地进行超越具体问题的概括和提升,打通知识间的内在联系,建立起知识的网络结构。把学生置于各种彼此相互联系的问题解决中,从多种角度反复经历概念并应用思维技能,从而促进深刻学习"(刘德儒,2002)。

如何建构几何课程,以使其更有效地促进学生的几何学习?本研究以发展学生几何推理能力为主线,在提出几何推理层级结构模型基础上,提出几何层级发展教学设计的总体框架和几何推理层级教学设计思路。

5.2　7—9 年级几何推理层级结构模型

贾德(Charles H. Judd)认为潜意识是通过一般化而实现的。"一切教育的目标都是在发展系统的思想,这种思想能从它被获得的情景中迁移到别的情景中去。一般化的体系把人类的经验提到抽象、一般化、概念性理解的高度去加以阐明和澄清(载:D. A. 格劳斯,1999)。"常识要成为数学,它必须经过提炼和组织,而凝聚成一定的法则。这些法则在高一层次里又成为常识,再一次被提炼、组织,而凝聚成新的法则,新的法则又成为新的尝试,如此不断地螺旋上升,以至无穷。这样,数学的发展就显示出层次性。一个人在数学上能达到怎样的层次,则因人而异,决定于他的先天和后天的条件。但是,一个为多数人都能达到的层次必须存在。数学教育家的任务就在于帮助多数人去达到这个层次,并不断努力提高这个层次,提出达到这个层次的途径"(Freudenthal,1995)。促进学生的几何推理能力不断地从一个层次跃上一个新的层次,首先需要确认这样的层次划分是可行的和具有可操作的。我们将依据7—9年级学生几何推理能力层级发展的事实提出几何推理层级结构模型。这将涉及课程理念、课程内容的组织、教学设计、学习方式和评价等一系列问题,是一个复杂的系统工程。

5.2.1 几何推理层级发展观

前面的研究综述中概述了几何推理能力结构及其相关的教学策略研究成果,对系统地建构几何推理层级结构模型及其教学系统奠定了理论基础。瑞士心理学家皮亚杰提出了认知发展的阶段性模型,研究了不同年龄阶段儿童的认知发展水平,我们从中得到的启示是:教学设计必须考虑学生的年龄特征,要与学生的认知发展水平相匹配。皮亚杰同时还揭示了儿童的心理发展、思维发展与数学结构之间关系的一致性。在他的"数学结构和思维运算结构"一文,论及数学结构和思维结构之间的关系及其对应关系时说:"假如我们去追溯一个儿童意识中的算术、几何运算的发展或逻辑运算的特征时,我们就会发现与数学结构完全一致的所有类型"(D. A. 格劳斯,1999)。这对我们基于学生几何推理能力发展的认知顺序构建几何推理层级结构模型及其教学系统是一个有力的支持。荷兰数学教育学家范·希尔夫妇提出了几何思维水平五个层次的划分。他们认为,不论是教师的教学方式或是学生的学习方法都会影响几何思维层次的提升,学生学习几何发生困难,往往是因为学校的教材内容不符合学生的思维层次,造成学生靠记忆或背诵的方法来学习,学习效果当然不佳(Van Hiele,1986),为此,他们在提出几何思维水平五个层次的同时,提出了几何五阶段学习模式(见2.3),将目标层次和具体教学设计结合在一起,明确了在某个层次上的教学设计要求。

从7—9年级学生几何推理能力形成和发展的过程及其统计结果来看,学生的几何推理能力是逐步改进和完善的层级递进的发展过程。这将为我们构建几何推理层级结构模型,提出系统地促进学生几何推理能力发展的几何教学设计思路提供依据。我们以学生几何推理能力层级发展的规律,构建几何推理层级发展模型,并通过几何推理层级教学设计,把层级发展目标与教学设计紧密结合起来,在促进层级发展过程中实现预期目标。

5.2.2 几何推理层级结构模型

本研究将 7—9 年级学生几何推理能力视为一个系统的动态发展过程,伴随学生对推理理解不断深入,推理技能不断提高,推理能力逐步得到改进和完善,并按层级递进的方式发展。前面对学生在不同推理方式上的表现有了较深入的了解,但这些层级之间的内在联系如何? 如何更有效地促进层级提升? 本研究将提出几何推理层级结构模型,为进一步提出几何教学策略提供机制上的支撑。几何推理层级结构模型如图5.2 - 1。

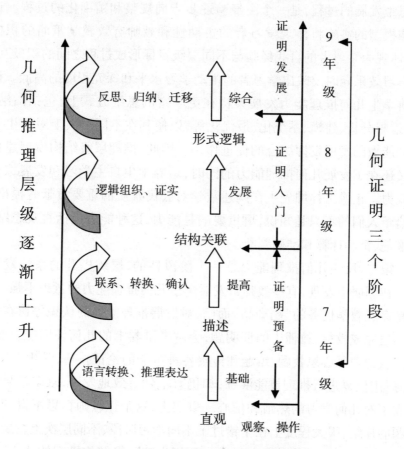

图 5.2 - 1 7—9 年级几何推理层级结构模型

几何推理层级结构模型反映7—9年级学生几何推理能力的层级发展过程。提出这个模型主要基于如下几个方面的考虑：

第一，基于学习者的自身经验建构几何推理层级结构模型。一方面，依循学生几何推理能力发展的认知顺序建构几何推理层级结构模型，符合学生认知发展规律，有利于调动学习者的自身经验，有利于指导教师按照学段和年级计划实施教学设计策略；另一方面，为发展学生几何推理能力提供基于自身经验出发的、系统的层级教学发展规划。改变脱离学习者自身经验的单纯追求形式逻辑推理能力发展的技能操练，关注学习者对推理的理解和学习体验。几何推理层级结构中的形式逻辑推理是建立在直观推理、描述推理、结构关联推理等非形式逻辑推理基础上，从学习者自我经验出发逐步深入、层级提升的动态发展过程，是由感性认识到理性思维发展的过程，是一个由经验逐步走向规整和精细化的过程。这一结构模型的实施将体现学习者的主动性和教师有效教学策略的积极互动，体现为学习者的自我经验与不同层级目标形成过程之间的积极互动，其学习效果同时反映出学习者的主动学习水平和探究程度的高低。该模型将学生几何推理能力发展架构在更丰富的思维方式上，包括归纳、类比、逻辑分析、建模、系统化、最优化等，以使其在不同层次上对学生几何推理能力的发展发挥综合的促进作用。因此，推理层级结构模型建构的意义还在于发展几何推理能力的同时，培养学生自主学习和发展综合思维能力。正像王梓坤先生在阐述数学对公民素质的重要贡献时提出：数学给予人们的不只是知识，更重要的是能力，这种能力包括直观思维、逻辑推理、精确计算和准确判断。

第二，反映几何推理能力是一个阶段性的、层级提升的系统发展过程。在调研中发现，有些教师对发展学生几何推理能力的意识不强，只不过是完成教学任务的"副产品"而已，对发展推理能力的认识停留在学生被动地完成教材、教辅中的证明题，会解考试卷上的几何证明题。然而，即使教师费尽心思找题、编题和传授各种可能的论证技巧，学生在"茫茫题海"中反复进行推理技能演练，却仍看不到有效地发展，众多学生渐渐失去了对几何学习的热情和信心。事实上，这个让教师百思不得其解的问题的症结，很大程度上在于错过了不同学习阶段、不同层次上发展学生几何推理能力的最佳时期和机会。几何推理层级结构模型的建立，引导教师有意识地关注不同学习阶段在不同层级上,从横向或纵向两个向度促进学生几何推理能力的发展,同时通过每一个课题教学促进和强化各层级推理能力的发展。几何课程内容的编排需要充分考虑知识的展开顺序和学习者的认知及心理发展水平相适应,学生的几何推理能力发展也应当是与之相适应的一个循序渐进的过程,不能够跳过直观及中间的推理发展过程直接进入形式推理能力发展阶段。正像范·格拉斯费尔德所述:"我们并不清楚掌握一项知识对于教师来说可能只是一小步,而对学生来说却不那么简单。在认知发展过程中,确实存在那么几个重要的步骤,这几个步骤一旦迈出,就很难为人充分地意识到,更别说要人们像记忆经过刻苦努力的成果那样记住它们"(莱斯利·P·斯特弗等,2002)。弗莱登塔尔是 20 世纪 60 年代初"新数运动"的反对者之一。他说:"如果内容本身像'天外来客'般的让人感到无法琢磨,学生就不知道应该怎样做和怎样思考,就会感到茫然和无能为力。'新数学'之所以给人'学过就忘'的感觉,原因就在这里(H. Freudenthal, 1998)"。学生的几何推理能力的发展应该贴近学习者自身的经验,顺应课程内容的展开和学生思维能力的发展过程,为此,提出了几何课程伴随推理和思维活动发展的模型,如图 5.2 - 2。

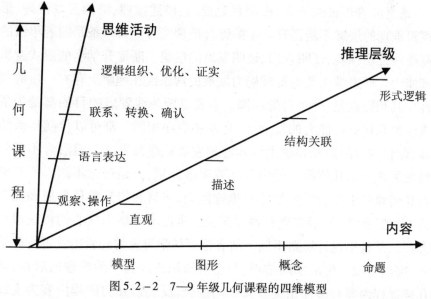

图 5.2 - 2　7—9 年级几何课程的四维模型

第三,反映层级结构模型在教学中的宏观和微观上的系统发展过程。

宏观上统摄 7—9 年级学生几何推理能力发展的全过程,将学生的几何推理能力发展过程按年级分为三个阶段,按不同推理方式分成四个层次;微观上考虑具体课题或问题的教学。宏观上提出几何课程的层级发展教学设计框架和不同阶段、不同推理方式上的层级教学设计;在微观上提出几何课题教学设计和实验分析。

5.2.3　几何推理层级结构模型的特点

我国传统的几何课程与教学存在着片面重视逻辑推理的现象,忽视了逻辑推理的局限性,掩盖了课程教育价值的多样化和丰富性,导致几何课程功能弱化,这也正是人们对于设置几何课程而持有异议的重要原因。证明本身是"真理"概念的衍生物。而除了真理,还有其他价值观念,其中包括"活力"(Activities)、"美"和"理解",这些在中学教学及其后的教学中都是本质的要素。在人们运用推理解决问题的过程中,除了用到形式逻辑思维以外,更多情形中,需要运用从具体到抽象的综合推理能力。

几何推理层级结构模型为几何推理架构了一个系统的、循序渐进的发展系统。其主要特点表现在如下几个方面:

(1)几何推理层级教学结构模型隐含了几何推理能力发展的两条线:一条是随着年级的升高,按照直观推理、描述推理、结构关联推理、形式逻辑推理的层级不断提升学生的综合推理能力。另一条是随着年级的升高按照证明预备、证明入门、证明发展的层级不断提升学生的形式逻辑推理能力。促进学生几何推理能力发展的两条线在理解上存在一定的差异性。其相同点是:一是目的相同。沿着这两条线发展的目的都是为了促进学生几何推理能力的发展;二是发展顺序相同。都可以伴随年级的升高、课程内容的展开和学生认知心理发展顺序而发展。但沿着不同的线路发展学生的几何推理能力存在着明显差别:一是理念不同。前者突出在几何课程中发展学生的综合推理能力,丰富和提升学科发展和社会生活"共通"的素质,后者则强调以逻辑思维能力发展为核心的传统课程理念。二是教学设计思路不同。前者强调从学习者的经验出发进行教学设计,突出与现实生活中的推理、与已有知识或经验中的推理的联系,体现几何课程内容与多种相关联知识的融合,反映以几何课程内容为主线的综合课程理念;后者则强调以形式逻辑推理进行几何证明的演绎逻辑体系为主线构建几何课程,学习者易感抽象、枯燥,几何功能单一。本研究倡导沿着第一条线来设计几何教学过程,但要同时兼容第二条线。在不同年级、不同层级上发展学生推理能力的同时,形式逻辑推理可沿着7年级中渗透、8年级中要求证明规则、9年级学生能力综合发展的思路进行教学设计。重视在几何课程中发展学生综合推理能力的同时,体现几何课程有利于发展学生逻辑思维能力的独特教育功效。几何课程历经改革,从打破欧氏几何公理体系到扩大的公理体系,再到现在的从事实出发,经过一系列推理形成一些新的事实和命题,虽不再追求体系完整,但仍须逻辑线索清晰,直观和逻辑结合特色鲜明,形式逻辑推理证明仍是在几何中发展学生综合推理能力和良好思维品质的特质标志,几何课程"不应将证明能力的发展与一般思维水平完全分隔开来,或是认为在这两者之间存在绝对的先后关系;证明能力应被看成思维发展水平的一个重要方面,或者说,在证明能力与一般思维能力之间存在有相互促进、互相制约的交互作用"(Gila Hanna. G,1989)。尽管几何课程改革在我国课程改革历史上经历了是是非非的曲折经历,但与世界各国比较,我国几何课程地位仍然最为突出,其根本问题就在于几何课程对于发展学生的逻辑思维能力具有独特功效。牛顿的万有引力定律、天体运行规律、爱因斯坦的相对论等许许多多人类历史上重大的发明发现,都被认为与几何学科发展有关。

的确,重视非形式逻辑推理并非走极端。有人担心这些"非学科特殊目标"将会冲淡数学学习,因此,在教学中既要引导学生经历现实生活情境"数学化"的过程,并将现实生活素材转化为数学素材,同时又要重视超越现实,发展高层次的抽象推理能力,以引导学生从"现实生活的数学"逐渐过渡到对"纯数学"的理解和运用。有效地教学设计是在发展学生"非形式逻辑"推理的同时,形式逻辑推理也"拾级而上"。

(2)对每个学生而言,在每一个层级存在达到和推进发展两种可能。前面的研究已经表明,同一年级学生在不同推理方式上表现出层级发展趋势,不同年级学生在同一推理方式上也表现为层级发展趋势,因此,对每个学生而言,在每一个层级存在着达到和推进发展两种可能。在低年级达到了某层级要求,相对高年级而言,将向前推进了一步;对同一年级的学生,有些学生可能达到了某一层级并向新的更高的层级推进,而另一些学生可能尚没有达到某一层级,但在更高的层级上也会有所发展。

(3)层级水平包含推理的思维活动和推理表达两个要素。推理是由一系列思维活动来实现的,层级水平是通过推理的思维活动效果的表达来确认的,二者缺一不可。每一层级推理活动包含了实现该层级所进行的所有推理活动经验,同时为层级的进一步提升提供发展基础。语言描述推理的水平是推理思维活动水平的标志,增进学生描述推理能力与促进学生推理能力发展同等重要。推理活动与其表达相互促进,互为基础,相得益彰。

(4)推理层级是相对的、模糊的和动态发展的。学生的几何推理能力发展的教学过程是一个连续的、动态的、循环渐进的过程。层级是相对的、模糊的,层级的划分应在更大程度上保障推理的连续性。比如,在学习几何前,学生已经具有一定的结构关联推理的经验和方法的积累,之所以将其排在直观、描述层级之上,是考虑了区别于学生已有经验,其研究对象之间的关系是以几何内容为载体的;从几何知识展开和认知顺序上来看,可以视为建立于直观观察和语言表达基础之上,并因此具有更丰富的关联关系。除此之外,在本学段,结构关联推理的难度和复杂程度,要比前两者高。事实上,前面的研究已经表明了几何推理能力的层级划分能够较清楚地反映学生推理能力发展的实际状况。研究表明:同一年级学生在不同层级上的推理能力和不同年级在同一层级上的推理能力是有差异的。随着年龄的增长,学习的不断深入,不同发展阶段形成的推理能力,在新的情境中得到综合应用和进一步发展。与低年级学生比较,高年级学生在同一推理问题上表现出相对高水平的推理能力,推理过程更为合理、简约,能够快速抓住最为本质的关系,超越常规,实现创造性推理。

学生在推理过程中,某一层级上的问题得不到解决时,就会停下来进行系统反思,不仅是本层次上的反思和寻找未能正确而深入理解的问题,还会在前面层次上寻找可能的原因,因此几何推理层级结构模型所建构的几何推理系统是一个迂回的、螺旋式的发展系统。

(5)推理层级结构模型重视学生认知发展规律性和推理能力发展的全面推进。几何推理层级结构模型区别于以往的几何推理结构的其他分类形式,是伴随课程的展开、年级的提高、思维活动的逐渐抽象而建构起来。模型右边标出了按年级划分的几何推理能力发展的三个阶段,标志着推理层级最初发展时所处的年级和所处的阶段,表明了推理层级发展与学生的年龄、知识的展开顺序是相一致的。推理结构模型中标出的推理层级和年级的对应,表明各种推理方式第一次呈现时的先后顺序,在推理发展过程中,每一年级学生在每一种推理方式上,都在横、纵两个方向上推进和提升层级。

6　7—9年级几何层级发展教学设计

教学设计是根据教学对象和教学内容,确定合适的教学起点和终点,将教学诸要素有序、优化地安排,形成教学方案的过程(张大均,1997)。因此,教学设计必须考虑教学目标的合理性、教学内容的组织、教学过程的优化、教师和学生的特点及经验、教学质量评价和调控等。设计的本意旨在通过策略与谋略进行筹划、策划和规划。我们的教学设计应有如下几层含义:一是有明确的教学设计理念,要有科学的、高度细致的思维参与及智慧投入,缺乏理念和个体深层次思考的教学设计会成为僵化的教条;二是有明确的教学目标,在目标驱动下系统地组织被设计的材料,避免盲目性和零散性,有利于提高教学效益;三是设计者必须从学习者经验出发,基于不同的问题情境进行教学设计,把创设问题情景作为教学设计的逻辑起点。传统的教学设计忽视宏观的教学设计,注重微观上的具体课题的教学设计,通常停留在经验或技术上的更新,缺乏深层次的思维方式的变革。本研究以几何推理层级结构模型为基础,在相关理论的支持下,提出几何推理层级发展教学的总体框架,在这个框架下进行几何推理层级发展的教学设计和几何课题教学设计。

6.1　几何层级发展教学设计的总体框架

教学设计的基本理念是:第一,按照直观推理、描述推理、结构关联推理、形式逻辑推理层级递进的发展顺序构建几何课程;第二,强调推理能力发展是一个系统的、连续的发展过程,重视各层级纵向和横向的内在逻辑过程,让学生在几何学习的每一个阶段,了解推理活动的目标、内容,通过循序渐进的推理活动,理解推理的意义和价值,促进推理能力的发展,并建立起几何学习的信心;第三,强调以促进学生主动发展为核心,重视学习者的经验和体验,让学生主动参与,理解和掌握几何推理策略与方法,在发展学生几何推理能力的过程中,培养学生的创造性思维能力。教学设计面临的首要问题是:怎样建构合理的知识结构? 怎样才能使各部分相互协调促进整体发展? 随着教育学、心理学的发展,课程设计越来越"重视哲学原理和学习理论,以确定我们是否把对课程各组成部分安排建立在一个合理的基础之上"(澳恩斯坦等,2002),普斯纳和鲁德尼特斯基(Posner and Rudnitsky)指出,产生课程的任何系统性方法是必须在一个理论框架的范围内进行的(George J. Posner and Alan N. Rudnitsky,1990)。几何推理层级结构模型将作为提出系统的几何层级发展教学框架的基础,以展示几何课程基于推理能力层级发展的思路。系统的教学设计需要着眼于课程的发展目标、内容组织、方法和组织、评价等。在哈里·贾尔斯(Harry Giles)《八年研究》报告中,经典性研究成果是他在使用"组织部分"这个术语时,表明了目标、内容、方法和评估间的关系,如图 6.1-1。

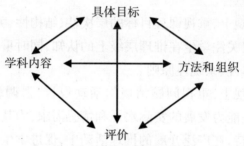

图 6.1-1 设计的组成部分

四个组成部分提出了四个问题:要做什么? 包括哪些内容? 要用哪些策略、资源和活动? 要使用哪些方法和工具去评价结果? 贾尔斯原理的四个组成部分相互起作用,一个组成部分所做出的方法取决于另外三个组成部分所做出的方法。贾尔斯原理体现了各组成部分之间的相互关系,这与泰勒(Tyler)的突出课程重点要素的线索联系模式是十分相似的(Ralph W. Tyler,1986)。借鉴这一框架,提出了几何推理层级教学设计的总体框架,如图 6.1-2。

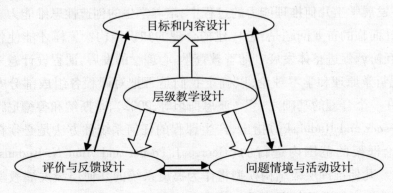

图6.1−2　几何推理层级发展教学的框架设计

　　几何层级发展教学的框架设计体现了教学过程系统的、多向度的联系。一方面使整体的课程在横向和纵向组织上体现为具体的层级支撑；另一方面为各层级推理目标和活动更好地规划发展方向，以避免课程组织可能存在的随意性。

　　在几何课程观上，重视课程目标的层次性、结构性、关联性，体现课程内容的整合，不仅关注学生在推理层级上的认知，同时重视有效地促进层级提升，体现整体性、系统性原则。

　　在几何教学观上，重视问题情境与活动设计，强调教学设计贴近生活，关注学生推理能力发展的实际水平和情感需求，为其提供处于最近发展区上的教学支持，在广泛开展的推理活动中，促进学生主动探究和多边交流互动，发展创新性推理能力。

　　在几何评价观上，通过在多种推理方式上开展的推理活动，避免传统单一的形式逻辑推理造成的学习不能现象，让每个学生都能参与到推理活动中来，充分展示自我，使以知识立意的考试方式向以能力立意的考试方式转变；重视学生推理过程的表现，为每一位学生创造获得成功体验的机会，突出评价的激励、诊断、导向和调控功能，把评价和教学过程紧密结合起来；采取多样化的评价内容和方法，通过各层级上的推理活动，鼓励学生发挥特长，肯定自我，树立学习信心，促进个性化成长。

6.2　几何课程组织

　　课程组织一般包括两个层面，即课程内容的组织和学习经验的组织。就是说,所谓课程组织就是通过适当的配置使教材在内的各种课程资源和学习经验,使其形成彼此间密切关联的系统,以增强课程的累积效果,达成学校教育目的。

6.2.1　课程内容的整合

所谓整合,即运用系统科学的原理和方法将两种或两种以上性质不同但有关联的对象通过动态组合的方式融为一个整体的过程。"课程整合所遇到的挑战可追溯到斯宾塞所提出的基本问题'什么知识最有价值'?"(澳恩斯坦等,2002)。

几何课程按不同知识点"切块"处理,影响了几何对象及其性质间的关联程度,使几何推理只停留在解决某个具体问题上,在一定程度上造成了学科内部结构松散和思想方法间的疏离。应加强课程内在的关联性,建立起知识间更广泛的联系,可以运用超越和联结各部分知识的几何推理去发展课程,使几何推理成为联结课程内容的纽带。新课程中的几何教学内容重视知识产生的背景,基于实际问题组织课程内容,但完全从知识的现实背景和解决实际问题出发组织课程内容通常是不现实的,也容易造成"问题本位",产生新的学科知识结构边缘化,导致学生获得的知识具有随机性和零散性。此外,新课程采用代数、几何交叉编排,增加了空间图形和动态几何,在降低难度、呈现多样性的同时,降低了形式逻辑推理的要求,同时也削弱了几何课程内在知识的关联程度和系统性。调研访谈中,教师的反馈也有力地证明了几何课程缺乏系统性的事实。整合课程使各部分内容更加紧密地联系起来,学生可以从整体上理解知识间的关联关系,形成更加整体性的认知结构,无疑会有利于知识迁移。

怎样进行几何课程的整合?几何层级发展教学的框架设计(如图6.1-2),将目标和内容、层级推理系统、问题情境与活动、评价与反馈有机地联结起来。这是一个复杂的系统工程,需要多层次、多侧面地建立起与相关知识的广泛联系。几何层级教学要求学生在几何推理活动中,一方面要激活更多相关联的知识,另一方面进行广泛的拓展,在更广阔的范围内建立起结构关联网络。显然,几何推理活动,使学生主动探索和发现,建立起自己的认知结构,比传统课程以"客观真理呈现",学生被动接受具有明显的认知结构延展张力和活力。

课程整合的基本思路是：从垂直组织（vertical organization）和水平组织（horizontal organization）两个维度进行课程建构和系统组织课程内容。垂直组织是指将课程要素按纵向的发展序列组织。由于几何课程有其内在逻辑发展顺序，学生身心发展有其心理发展和认知发展顺序，因此，课程就有垂直组织的必要，课程垂直组织通常具有顺序性（sequence）和连续性（continuity）特征。课程在顺序性上体现在学习主题内部逻辑发展顺序的纵向、深入的提升，在连续性上体现在顺序提升过程中阶段性予以重复，垂直组织的两个特征也体现了课程编制中的螺旋上升的原则。水平组织是指将课程要素按横向的发展关系组织。课程原本是一个整体，但在具体实施时根据需要进行了划分，包括课程的逻辑顺序和学习者的经验。划分是为了学生有效的认知和经验的需要，划分后的及时整合是实现有效学习，提高学习效率和效益的重要标志。几何推理发展的过程不仅是一个不断垂直提升的过程，也是一个不断横向整合的过程。课程的垂直组织和水平组织过程，同时应体现课程内容的发展顺序应与学生几何推理能力发展的认知顺序相互适应，建立起课程各部分内容与学习者的经验以及推理活动的和谐、紧密的联系。

诚然，对对于一个经验不够丰富的教师来讲，如果完全打破现有的学科知识的系统性，彻底地进行课程重构，是不现实和难以操作的。需要保持原有学科知识的系统性与对课程重组之间一定的张力和平衡。通过垂直组织和水平组织，是基于整体课程与知识结构的系统性来组织课题学习内容和进行问题设计，要使各课题间所包含的概念、原理等多次地相互链接和交叉重叠。一方面，考虑某一课题学习所容纳的课程目标是有限的或不够突出，必须在另外的课题学习中得到补充和巩固。另一方面，使知识学习体现在知识的应用之中，使知识在整个课程的许多问题中被学生反复经历，便于学生灵活地建构与应用知识（Koschmann, et al, 1996）。把学生置于各种各样的彼此相互联系的推理活动中，从多种角度反复经历知识并应用推理技能，从而促进学生深刻地理解推理过程。

6.2.2 课程的层级组织

按照垂直组织和水平组织两个向度整合课程内容，使几何推理发展过程把贯穿于整个几何课程中的内容和技能联结在一起，形成适合学生推理能力发展的结构体系。在几何推理层级发展教学的框架设计（图6.
1-2)中,每一个层级上的横向发展将融入整体课程的水平组织,建立起
"包含现有知识领域的各种内容主题之间的横向联系",把课程设计成
"用关联性线索和完整的语言联结起来的内容的综合性聚合体"(澳恩斯
坦等,2002);使几何推理层级纵向递进的发展融入整体的垂直组织,重
视学生推理发展过程和情感过程顺序性和一致性,使其与内容的逻辑展
开顺序相一致,使几何推理发展的过程成为适应学生推理能力发展认知
水平的一个横向和垂直不断提升的过程。在横向上,加强系统内部知识
要素间的联系,将一部分内容与那些类似的内容或有逻辑联系的内容综
合起来,在纵向上,以一种螺旋上升的方式来展开,通过连续不断地出现
去训练和发展这些技能,在"无数次的思考和提问中逐渐学会深入地思
考"(H. A. Witkin,1954)。这种设想是现实而又适当的。

从课程目标上来看,层级发展的目标是按顺序递进的,即从具体课题
教学的目标到每个层级上的目标,再到整体的几何课程目标。这与范·
希尔和SOLO理论在目标发展上的特点是一致的,即将目标层次和教学
措施结合在一起,通过有效的教学设计促进学生从一个层次向另一个层
次过渡,最终达成目标。

从几何课程内部发展规律来看,几何课程应该是一个不可分割的有
机整体,课程内部的各部分之间应该是密切联系着的。整合课程内容,强
化了这种内在的联系,有利于让学生形成深刻的、结构化的理解,形成可
迁移的问题解决策略。

从教学实践需要来看,课程内容的组织必须考虑提高学习内容的深
度和广度。在不同的教学阶段,在不同的发展层级上去尝试整合课程内
容,把一些相关或相近的几何问题联系起来,是实现有效教学的重要举
措。当前,我国优秀师资和优质的课程资源相对匮乏,许多教师过分依赖
教材组织教学,通过"撒大网"觅寻题目(见4.3.3),导致学生课业负担
重。课程内容的拓展,目标要求的多样性,使内容主体和领域的范围愈来
愈宽泛,愈加导致了教学资源泛滥,课程内容超载现象。几何层级发展教
学设计期望对教师有效地组织课程内容提供参照。

从心理学角度来看,几何推理层级发展的教学结构,重视了课程内容
的展开顺序和学生几何推理能力的认知顺序的一致性,因此,符合学生认

知心理的发展规律和年龄特征等。

6.3 几何推理层级教学设计思路

通过联系和超越各个阶段学习内容的几何推理去组织课程内部结构,建构一个随年级升高而不断提升的几何推理能力发展系统,使学生在几何学习的每一个阶段,通过推理能力发展的纵向和横向联系,建立起各部分知识的紧密"链接",系统地建构几何课程。

6.3.1 几何直观推理教学设计思路

(1)对几何直观推理教学的认识

庞加莱(Henri Poincare,1899)在《数学教学》(L'Enseignement Mathematique)的创刊号上提出:在数学教学中除注意逻辑外,要更多地注意直观。他写道:"我们是通过逻辑去证明的,但我们是通过直观创造"。"当数学的其他分支经过多次的现代处理而渐渐远离其生活源泉的时候,几何仍保持着与现实空间的直接的丰富的联系"(鲍建生,2000)。几何图形在视觉上最能表现出几何概念及相关性质。事实上,几何中几乎所有的概念都能够在现实世界中找到与之对应的空间模型。"几何推理过程离不开具体客观事物在视觉上的直观形象或影像,在直观基础上体现推理思想,是"寓于形象的思维"(形象思维资料汇编,1980)。因此几何直观的问题应该是几何课程学习的基本问题。

基本问题总是贯穿于整个数学学习的始终。正如人们对数学的认识,在数系发展的整个过程中都离不开对应数域的认识,从自然数、小数、分数、有理数、无理数、复数,在数学发展和数学学习中,始终无法回避"数究竟是什么"的讨论。类似地,几何直观应当贯穿于几何学习的全过程。但在现实教学中却忽视了高年级几何学习中的几何直观问题。高年级学生在几何直观推理上没有表现出应有的优势。

两方面的问题必须引起同样的关注。一方面,几何直观在几何乃至数学中常常发挥着无可替代的重要作用。几何推理的灵感往往来自几何直观,通过直观来识别图形及其性质,感知、洞察对象之间的关联,甚至透过现象看本质,具有发现真理的功能。另一方面,几何直观所导致认知或推理困难的现象也是普遍的。在几何学习中,依赖于直观,可能会导致错误的判断,复杂图形中的直观推理也会造成学生认知困难,需要渐进地增加直观推理的难度,并让学生理解只有通过进一步的推理或证明才能验证直观推理结果的正误。

在几何中,形式逻辑推理不是判断命题真假的唯一手段,实验也是判断命题真假的一种手段,但只是它不能兼备证明真理、确保其可靠性的功能。在几何直观学习过程中,由于几何图形的复杂性给学生视觉判断造成困难,常常需要通过实验操作进行验证,以帮助判断或确认。在这里,实验是为了更好地反映直观,本研究将其归入直观推理范畴考虑。实验的价值同时反映了有利于促进学生更好地理解。辩证唯物主义认识论告诉我们:实践是认识的来源,更是认识的目的和归宿。

(2)几何直观推理教学实践中的问题

从实践研究的角度来看。有关几何直观的教学研究很多,但一般集中在教学经验总结和技术操作层面。几何直观推理教学的目标是什么?怎样进行教学设计? 7 年级"图形初步认识"之后,后继几何课程中还有没有必要进行直观推理教学? 在调研中,我们深切地体会到,必须对发展学生的几何直观推理能力有一个系统的思考。

从7—9 年级几何推理发展系统上来看,7 年级教师有忽视平面几何"图形初步认识"这部分内容教学的现象,认为内容零散,缺乏几何"实质"性内容,从而压缩时间,匆忙而过,不求甚解,影响了直观推理能力的发展。此外,重视让学生通常采用实验验证方式进行判断,忽视了超越直观进行思考的直观感知能力的培养。8 年级学生重视逻辑规则的学习和几何证明过程的模仿,9 年级学生主要精力集中在做结构良好的几何证明题。调研结果显示,8 年级和 9 年级学生的直观推理作业表现为通过直观感知进行判断和推理,其准确率不高。统计显示,高年级学生在基本的几何直观问题上的表现甚至不如 7 年级学生。在类似于"用四个直角梯形拼成平行四边形"的题目中,9 年级学生表现水平较低,在作图、图形变异和移动、操作等作业中没有表现出高年级应有的水平。

（3）几何直观推理的教学设计

着眼于系统地发展学生的几何直观推理能力，促进几何课程内容的整合，强化几何内部知识间的关联性是几何推理教学设计的发展方向。几何直观推理教学设计应符合直观推理的技能特点及其发展规律，可以按照形象识别、实验验证、直观感知的顺序组织教学过程，应重视学生直观感知能力的培养，逐步训练学生脱离具体实物进行抽象思维的能力。在几何直观推理层级上教学设计的基本流程如图6.3-1。

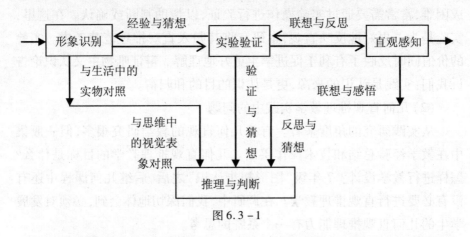

图6.3-1

纵向考虑几何直观推理能力的层级发展问题，形象识别、实验和直观感知贯穿于几何教学的全过程，需要进行系统的教学设计。7年级几何教学应重视与小学学过的实验几何知识的联系，在重视直观观察、实验验证的同时，重视发展学生直观感知能力；8年级学生已具备一定的直观感知能力，在较复杂的直观推理问题上，可借助实验进行辅助性验证，并结合8年级形式逻辑推理入门时期的要求，对有关概念、性质所对应的图形、图形中的基本图形，进行有意识的识别训练；9年级应改变当前内容单一的现象，增加几何直观推理的内容，使之与7、8年级几何直观推理的内容和要求形成层级递进的发展系统。教学设计应关注两方面的问题：一是有意识地系统串联有关几何图形的直观识别的问题，促进学生综合观察、识别和直观感知能力的提高；二是伴随年级的提升，系统地设置几何直观推理问题。在持续安排有关图形识别、实验、画图及其有关实践操作性几何问题的同时，在高年级设置图形间隔、交错、复合图形的识别等，重视静态图形和动态图形的识别相结合，适当考虑有关全等、相似、对称等静态图形的改造,使其具有动态形成特征,增加直观补形等,为学生提供直观推理机会,使几何直观推理贯穿于7—9 年级几何学习的全过程。

① 基于形象识别的直观推理教学设计案例

皮亚杰认为"感觉一个圆或正方形是一回事,而重构一个直观图形使它能在一组模型中被选出或在一次纯粹的触觉探测后画出则是另一回事"。在复杂图形中找出基本图形带有形象识别和感知的思维特征。在几何学习中,让学生在复杂图形中识别基本图形,直观地提取图形中所反映的信息,认识、理解、感悟图形的性质,可以在更大程度上通过图形直观揭示几何公理、定理、公式的本质。人们通常所说的"识图",即指认识图形的本质特征,分清图形之间的联系和区别。

范·希尔夫妇(1986)几何思维的五个发展层次中:第 0 层次,即直观(亦可译为"可视化"),是基础层次。他们认为,"最先是由视觉开始发展学习。几何题是否能够迅速、正确地被证明,绝大部分取决于学习者的观察能力与理解能力,细致的观察图形是解题过程中一项重要的构思活动。如果解题的时候能够对题目图形的特征进行有意义辨识,常常能使得受阻的思路茅塞顿开"。林福来(1997)通过几何动态教学辅助软件,来促进学生几何直观或视觉层次的发展。

事实只有与概念联系,与理论相联系才是重要的(塔巴,1962)。学生在直观推理阶段,不能仅仅依赖或停留在对图形的观察和对事实操作的经验层面,必须超越具体事实,通过直观感知进行概念化归纳与储存。这一过程反应了学生直观推理活动中的心理发展的高级阶段。

直观识别应贯穿于几何教学的全过程,伴随课程内容载体的变化而变化,呈现层级递进方式。在调研中发现,困扰一线教师进行有效地教学设计的主要问题,除了观念和认识上的问题,最大的问题是缺乏具有操作性的案例引导,为此,在前期研究的基础上,综合思考几何直观识别发展过程,通过不同年级和不同几何学习阶段中的教学案例,呈现发展几何直观识别能力的过程。

（一）7年级学生对标准图形和非标准图形的识别、概念与非概念图形的识别

P1：几何非标准图形的识别

图 1　几何的标准和非标准图形

P2：几何非概念图形的识别

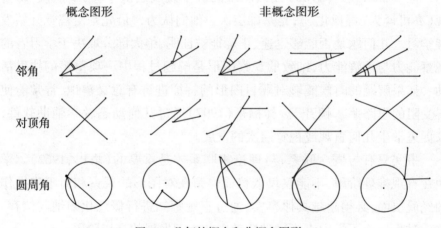

图 2　几何的概念和非概念图形

P3：几何概念反例图形的识别

  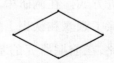

与半径垂直的直线一定是圆的切线吗？　　对角线互相垂直的四边形一定是菱形吗？　　各边都相等的多边形一定是正多边形吗？　　没有公共点的两条直线一定平行吗？

图 3　几何概念反例图形

（二）8 年级学生对图形间隔、交错、复合图形的辨认等

全等三角形在复杂图形中的呈现形式多种多样，以下只选择部分典型案例。

P4：全等三角形概念的识别

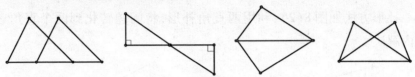

图 4　全等三角形概念的识别

全等三角形在图形间隔、交错、复合图形中的辨认，包含静态图形和动态图形。

P5：静态识别

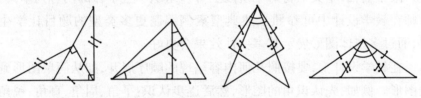

图 5　全等三角形的静态识别

P6：动态变换识别

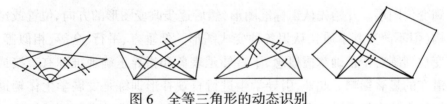

图 6　全等三角形的动态识别

（三）9 年级学生表现为对三角形相似的识别和做辅助线中的图形补形识别等

P7：相似三角形的识别

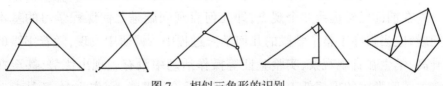

图 7　相似三角形的识别

模式补形直观识别。

利用直角补形。

P8：如图8(1)，在四边形 $ABCD$ 中，$AB = 2$，$CD = 1$，

$\angle A = 60° \angle B = \angle D = 90°$，求四边形 $ABCD$ 的面积。

补形方法如图8(2)，利用两直角补形，将问题转化到两个直角三角形内解决。

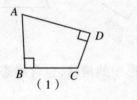 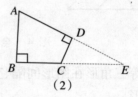

（1）　　　　　　　　　　　（2）

图 8

限于篇幅，本文只将每个阶段上可以组织学生学习的内容列举案例，教师在教学设计中可参照上述典型案例编制更多类型的题目让学生练习，通过多媒体图形展示其多变性效果会更好。

在教学设计上，要按照几何内容呈现的顺序展开，如从简单图形到复杂图形。例如，先认识角的图形，然后逐步认识：平角、周角、直角、锐角和钝角的图形，再进一步认识两个角之间关系的图形直至交错叠合的图形。对于复杂图形，要能够把图形分解成一些简单的图形。又如，从标准图形到变位图形。开始先认识标准图形，然后逐步改变图形的方向、位置或结构（但不改变其本质），认识各种变式图形。像垂直、平行、全等、相似等，变位训练对于正确掌握概念、丰富外延表象和指导正确地推理有直接或潜在的显著影响。此外，引导学生进行直观补形训练是发展学生作辅助线能力的有效手段。重要的是教师要有意识地去发掘有关图形或知识间的关联，进行系统的整合后纳入自己的教学设计内容，组织学生开展有意义的探究性推理活动，让学生获得直观识别的机会，体验直观识别在几何推理中的价值。

② 对高年级几何课程内容单一问题的思考

在前面已经提到一个观点，即几何直观问题是几何课程学习的基本问题，应当贯穿于整个学段的几何学习过程中。调研中发现，随着年级的升高，学生在直观观察、实验验证等操作活动中没有表现出优势，甚至在有关的问卷中的表现低于前面的年级。无论是课堂上、作业中，还是考试

或教辅书中,高年级几何内容所涉及的题目,除了有些教师或资料将前面年级中有关直观推理的内容移至后面年级再次练习外,很少看到有关画图以及割、剪、拼、补等实验操作问题,缺乏系统的递进性内容和练习,学生在这类作业中的表现水平亦较低。9 年级学生在"将四个全等的直角三角形拼成一个平行四边形,并画出两种不同的示意图"的题目中得分率很低,两种都画对了的学生只占 17.1%,画对一种的占 22.6%,画错了或没画的占 60.3%。在调研中发现,高年级学生面对此类问题颇有些愕然:"这不是 7 年级的题目吗?"透视出对教师在高年级安排这样的作业有些不合时宜。因此,宁愿把更多的精力和时间用于复杂几何证明的探究,却在同样分值的直观推理题目上表现潦草、匆忙、不求甚解(见5.1)。

调研显示:学生喜欢来自生活的平面图形,喜欢动手操作,喜欢有色彩的、动态的表现形式。可以通过这样的方式给出的图形信息,组织学生进行观察、操作和联想,发展学生对图形的感知能力,引导学生用语言描述思维过程,理解图形间相互关系和几何推理的过程。诚然,过于复杂的几何体展开、折叠、视图、截面等复杂的判断可能会导致学生认知障碍,不利于发展几何直观推理能力。

高年级还应重视学生画图能力训练。Duval(2002)强调可以透过自行构图和操作图形的过程,对图形及其性质有较整体的了解,并从中获得解题的灵感。学生必须将焦点集中,分辨出图形中哪些是特征结构,哪些不是;如果我们能够为学生提供构图的机会,将几何图形的绘制过程,顺着逻辑推理的顺序逐步呈现,则学习者将能获得更多证明的灵感。在教学实践中,作图可以分为两个阶段来训练:一是利用工具画图。7 年级可使用刻度尺、三角板、量角器和圆规等多种工具进行画图训练,熟悉画图语言,为尺规作图做准备。二是尺规作图。8、9 年级结合全等三角形等学习进行画图训练,有利于学生判断画图的正确性,正确地理解图形的意义。可先让学生模仿基本作图方法,然后要求学生口头叙述作图的过程,正确地书写"已知、求证和做法"。

总之,几何教学设计应重视学生几何直观推理能力在高年级的持续发展问题,按照层级发展提升,在后继直观推理层级上应体现为先行直观推理层级的归纳、概括、检验和提升。

6.3.2 几何描述推理教学设计思路

（1）对几何描述推理教学的认识

几何语言是表达关系和形式的符号系统，是学生进行思维和推理的载体和工具，是学生理解概念，掌握思想方法，进行推理和再学习的基础。在抽象思维活动中，语言充当第一信号系统的情感刺激物，是其他信号无法替代的。

从几何语言应用出发可分为几何文字语言、图形语言、符号语言和推理语言。几何语言的发展是一个逐级抽象的过程，包括自然语言转化为几何文字语言、图形语言、符号语言。事实上，几何语言已经成为人们日常生活交流的语言，几何的推理方式已广泛应用于人类社会生活的各个领域。

平面几何语言的特点是明显的：一是其精练性，几何中一系列的概念、命题等语言表达要求准确、精简；二是其抽象性，语言概括性强，内涵丰富；三是独特的符号系统，用特有的符号语言来推理和表达过程，反映图形性质，大大缩减了推理思维过程。

描述是认知结构中的基本元素，它通常用以替代几何对象，如几何的概念、性质等。通过描述来展示对象的表象与事物的外部表征。Lesh 将表征方法分为五种：书面符号、口头语言、操作性模型、图形和实物（Lesh & landau，1983）。他认为，它们之间不一定存在先后的发展次序，主要应重视它们之间的转换和相互影响，因为这种转换和影响对于学生的概念形成和理解有重要的意义（如图 6.3 - 2）。在教学中，结合具体对象，运用文字语言、图形语言、符号语言的表征方式之间的比较、联系与转换，使学生从不同角度多侧面地理解、熟悉概念。知识的这些外部表征及其转换和联系，将共同参与学生的思考活动，被他们选取、改造和适应，转变为心理上的表征（李士锜，2001）。

语言描述信息通过组织与变换集中压缩到概念或推理表达过程中。概念和推理过程中的信息是集中和浓缩了的信息，因而可以不断地从概念中提取信息和再生新的信息或概念，可以使推理过程更为简约和合乎规则，便于提取、变换和模仿。语言描述精细化的过程是揭示思维本质化的过程，也是逐步抽象化的过程，是增进理解、深化认知的过程。这一过程对于促进学生深刻理解推理过程、解释推理成果具有重要的意义。正如詹姆斯·希伯特(James Hibert)和托马斯·P.卡彭特(Thomas P. Carpenter)所言:"在数学教育理论与实践中被最广泛接受的一个想法就是学生应该要理解数学",去追求理解目标的永恒性,使其在发展延展性上更具有永恒的意义和价值。"理解目标的价值恰恰在于这种永恒的追求为数学教育的发展提高了永恒的动力与活力"。他们认为,"达到理解的目标犹如在寻找圣杯。人们对该目标的价值有着执着的信念,但是要用在教学环境设计的情境成功地推动理解确实困难,需要不断改进与完善"(D. A.格劳斯,1999)。几何教学中,增进学生几何语言表达能力和发展学生几何推理能力是相辅相成的,任何片面强调推理而忽视推理活动过程和成果表达的做法,都将不利于学生的推理能力发展。

(2)几何描述推理教学实践中的问题

观察学生描述能力发展的过程,我们看到,7、8年级学生在几何学习中不同程度地遇到语言障碍。有些学生看懂了图形、明白了推理的过程,甚至给出了结论,但迫于不会书面表达而难以做出完整的解答;有些学生,由于对书面表达有畏惧感,而对推理失去信心。有些教师对学生各种语言的表达能力训练缺乏足够的重视,表现为对学生语言表达缺乏规范而不以为是,满足于"会说理就行",给后继学习造成理解和表达上的障碍;有些教师则要求过于严格,没有给学生渐进理解和发展的过程,致使学生形成心理障碍,害怕几何语言。从调研情况来看,在7年级上学期就要求学生运用形式逻辑推理方式表达推理过程,效果不甚理想(见4.4.3)。在发展学生描述推理能力的教学实践中,多数教师缺乏描述推理发展的目标性意识,停留在语言转换层面,机械地组织学生完成有关的练习,似乎没有意识到几何语言描述在学习中的意义和价值,缺乏对学生用概念表达语言含义的阐释和语言描述推理的有意识训练。调研中也发现另一种现象:少数教师苛刻地要求学生必须严格运用符号表达推理,即使学生选择了最完美的推理路径将结果求出来,但如果没有采用准确的语言描述和逻辑运算表现出来,就会被教师判为推理错误。

在描述推理发展过程中,不可忽视几何图形在其中发挥的重要作用。7、8年级学生存在不同程度上排斥几何证明的现象,习惯于直观地由图形找性质,而不会根据已知的定义、定理进行推理。若图形错误,学生则无法找到性质。若图形正确,采用直观判断结果的题目是有限的,即使能够得到结果,也只获得很低的分数,这样的学生对推理持有排斥心理,对图形也难以产生兴趣。在描述推理发展过程中,几何识图和根据图形判断图形的性质在几何学习中至关重要。在教学中,教师应鼓励学生通过图形直观识别对象间的关系,而不应忽视这样的学生仅有的学习热情,况且,图形在几何学习中又如此的重要。美国数学家斯蒂恩说过:如果一个特定的问题被转化为一个图形,那么就整体地把握了问题,并且能创造性地思索问题的解法。

几何学有其特定的语言符号系统,掌握几何语言是发展学生推理能力的前提。几何图形初步认识和形式逻辑推理入门阶段是发展几何语言描述推理的关键时期,也是学生建立几何学习信念的重要时期,但调研中发现,部分教师对此并没有引起足够的重视。

(3)几何描述推理的教学设计

概念是反映事物本质属性的一种思维形式,是课程建构的逻辑起点。几何概念多,逻辑性强,容易混淆,学生易感枯燥乏味。但几何图形直观形象,易于与现实生活联系,可以从揭示概念形成的背景入手,以归纳推理方式得出事物的本质属性,从感性认识上升到理性认识。从学生学习概念的过程来看,掌握概念需要把握四个方面:会表达、会图示(识图、画图)、会互译(多种语言转换)、会应用。文字语言、符号语言和图形语言三种语言的互译,将文字、图形、符号紧密联系在一起,寻求三者之间的联系和规律性,是正确描述推理过程的前提和关键。以概念和语言转换为基础,有意识地引导学生用语言描述推理是有效地发展学生几何描述推理能力的重要举措。几何描述推理能力的发展应符合描述推理的技能特点及其发展规律,其发展过程大致经历了概念表达—三种语言的转换—描述推理过程。描述推理在层级上的教学设计基本流程如图6.3-3。

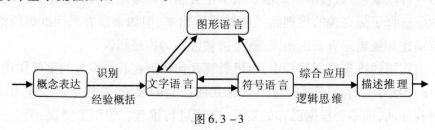

图6.3-3

发展学生几何描述推理能力,可考虑如下几个方面:

① 传统的几何概念教学通常以文字语言表达概念,辅之以图形或符号加以说明,在深化理解的同时,加深了学生对图形和符号的理解。但也存在着语言表达过于抽象复杂,学生读不懂文字含义,认为几何抽象、枯燥,对学习失去信心等现象。国外的研究,从图形入手给概念下定义,令人耳目一新。比如,教师采用图形示例,让学生在是与非的识别和判断中,发现图形的性质,尝试建立定义。为学生提供了发现和多种语言表达的机会。"概念的引入,从直观入手,然后进行分析、归纳"。(迈克尔·塞拉,2001)

P1:给线段中点下定义

比如,011234:线段的中点就是把线段两等分的点。

比如,021238:把线段分成相等两条线段的点叫作这条线段的中点。

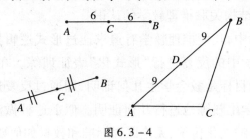

图 6.3 - 4

在教师的引导下,学生不断地对自己的回答进行矫正,直到准确地表达。

Fichbein(1996)提出的典型模型(Paradigmatic model)是描述一个概念形成所使用的范例或范例的集合,在几何学习中通常是指在视觉上最能表现此几何概念相关性质的图形(基本图形)。在图形基础上发展描述推理能力有利于抓住问题的本质,促进学生对推理的理解和准确表达。

②在描述推理中,各种语言并存,互相渗透、转化,体现为综合运用图形、文字、符号三种语言对推理过程进行描述。三种语言是描述推理语言发展的基础。语言转换训练是发展三种语言表达能力的基本措施,在教学中可以采用三种语言的互译训练方式。如结合线段、角等概念教学,训练学生的几何语言,让学生能用几何术语描述图形的形状、性质,理解几何语言表示的图形性质的准确含义。每出现一个新概念或一种图形的每个性质时,都注意交代如何用几何术语或符号来表述。如讲完两条直线

相交,公共点叫交点,并结合图形描述:"直线 a、b 相交于 O"等。

③从纵向上系统思考学生描述推理层级递进的发展过程:7 年级重视几何概念表达、三种语言的转换和初步的语言描述推理能力的发展,可通过文字、图形、符号三者的互译,采用填空形式用几何语言进行简单说理。在 7 年级下学期,让学生初步熟悉符号语言表达推理的过程。在尚未要求用形式逻辑推理方式进行证明之前,应重视学生语言描述推理的表达过程,只有在学生理解了推理过程的前提下,才可能表达清楚,避免教师只强调表达形式,让学生通过模仿或记忆学习;8 年级借助几何证明的逻辑表达规则训练,突出语言描述推理能力的发展;9 年级则是综合描述推理能力的发展时期,语言要求更加规范,推理表达准确、严谨。

6.3.3 几何结构关联推理教学设计思路

(1)对几何结构关联推理教学的认识

在传统教学中,几何推理教学有追求通过形式逻辑推理进行证明的特征,表现在教学中的反复进行"形式化"表征训练。在教师的观念中,几何教学终极的目标是教会学生几何证明,即通过反复进行的形式逻辑推理训练,实现学生熟练地进行几何证明。似乎这种做法已成为中国数学教师几何教育的文化传统,无论课程标准和教材如何要求,教师对训练学生形式逻辑推理的要求已成为一种普遍的自觉行为,并认为导致学习"分化"现象的原因就在于几何形式逻辑推理规范要求高,学生难以掌握。新手教师在耳濡目染的教研活动或日常的教师间的交流过程中,对这种做法会逐渐认同和及时跟进。被认为中国学生习惯于"使用抽象的策略和符号的表征"(蔡金法,2002)。这种现象在新课程几何教学中有所改观,一些专家明确地指出了逻辑推理的局限性,以及单纯强调逻辑推理可能带来的危害。教师"非形式化"推理意识增强,体现在推理的多样性和丰富性特征,并付诸在教学实践中,"能通过观察、实验、归纳、类比等获得数学猜想""有条理地表达自己的思考过程""能运用数学语言合乎逻辑地进行讨论与质疑"[全日制义务教育数学课程标准(实验稿),2001]。

在调研中发现,造成学生学习困难的不仅仅在于形式逻辑推理规范的学习方面,除了低年级明显地存在着直观推理、描述推理等学习障碍问题外,很大程度上有赖于学生结构关联推理能力的发展。学生几何学习困难在很大程度上取决于建立不起来解决问题的结构关联网络,一旦打通了这个"网络",问题便迎刃而解。

在范·希尔夫妇(1986)提出的几何思维发展的五个水平中,第二个水平(描述/分析)是发展证明能力的关键性入门阶段,他们认为,"没有关系网络,推理是不可能的"。波利亚将解题过程分成四个阶段:弄清问题、拟订计划、实现计划、回顾(波利亚,1982)。"在整个解题表中'拟订计划'是关键环节和核心内容,在'过去的经验和已有的知识'基础上,探索解题思路的发现过程",(罗增儒,2004)。波利亚建议,应努力在已知与未知之间找出直接的联系,如果找不出直接的联系,就对原来的问题做出某些必要的变更或修改,引进辅助问题。塔巴(1962)认为,"将新信息与先前获得的相关信息联系起来,理解便在解释信息的过程中达成"。由此可见,结构关联推理是问题解决的关键和几何推理发展的核心内容。

应加强几何内容的整合,强化内部知识间的关联,有效地搭建几何结构关联网络平台,帮助学生有效地理解概念、定义、定理及其相互之间的关系,并将其及时纳入学生的认知结构。正如 James Hiebert 和 Thomas P. Carperter 在"具有理解的教与学"中所指出的那样:一个数学概念方法或事实是理解了,如果它成为内部网络的一部分。更确切地说,理解的强度是由联系的数目和强度来确定的。一个数学、方法或事实是彻底地理解了,是指它和现有的智力网络是有更强的或更多的联系联结着"(D. A. 格劳斯,1999)。

学生在结构关联推理活动中,往往关注具体的、表面的关系,不能灵活地将各种信息综合起来考虑,而专家和教师则从整体上综合考虑和处理多种关系。吴庆麟(2000)先生在他的《认知教学心理学》中分析观念性理解在解题中的作用时指出:专家根据解题的基本原理来分类,新手仅抓住了对象间的表面表征。教师在教学中应重视对学生进行多种关系信息的探究、综合、反思等处理方式的引导。在几何学习中,当学生经历了更多的结构关联关系的探究和推理过程之后,再回过头来反思其推理过程时,推理过程就变得更加清晰和简洁。反思能够促使相关的对象的联系更为紧密和更符合逻辑。

从迁移的角度看,能够促进迁移的表征结构为:知识的可访取性 、可迁移知识的表征能力、问题解决过程的层级化表征。我们认为,有效促进迁移的几何推理教学设计应突出:一是总体目标和层级目标的清晰程度;二是明确的认知结构及其关联关系;三是形成动态的结构模型或类比模型。在教学中,要建立起系统的教学目标,还必须明确各学习阶段层级发展目标;要强化学生基本知识和技能的学习,以增加知识的"可访取性",建立起动态的、有较强迁移力的认知结构和相对固化的结构模型;让学生充分理解在推理过程中,怎样探寻各种关联关系,建立本质关系,合理地表达推理过程,使教学过程与学生解决问题的过程在更多程度上保持一致,使学生有效地模拟结构关联推理的思维过程,提高类比和迁移水平。

(2)几何结构关联推理教学实践中的问题

几何证明是否是必要的?尽管中外数学家、数学教育学家以及广大教师有不同的看法,但仍可以肯定地回答,几何证明对人的思维的训练是无可替代的。从现实情况来看,几何证明也仍然是各类考试的重要内容。几何学习难,并非仅仅体现在"语言"和"证明的逻辑规则难以逾越"方面,寻找对象间的关联关系,搭建"已知和未知"的"桥梁"亦是困扰学生推理的重要方面。

新数学课程不再强调是否向学生提供了系统的数学知识结构,而是更为关注是否向学生提供了具有现实背景的数学,包括现实生活中的数学、学生感兴趣的数学和有利于学生学习与发展的数学。学生学习的成果也不再是会解多少"结构良好"的数学题,而是能否从现实背景中"探究与发现"数学、能否运用数学去思考和解决问题。课堂教学过程由"复习引入—讲授—巩固—作业"转变为"观察—操作—推理—想象"[全日制义务教育数学课程标准(实验稿,2001)]。这种转变,增强了学习活动的探究和推理成分。推理不像结构良好的几何证明问题那样,有明确的推理目标和规范,而是具有更强的选择性。面对新教材,教师普遍反映系统性不够。事实上,强调更富有弹性的推理,在很大程度上就决定了几何课程的形成性而非传统陈述性,再加上相应的练习和课程资源不够完善,出现了几何教学中的目标迷失现象,一些教师认为"教推理比教证明更难以把握"(见4.4.3)。

推理离不开关联关系推理经验和相关知识信息的积累,没有这些积累,就难以找到解决问题的各种关联关系。只有结构关联信息积累到一定阶段,才可能重新组织、变换,通过组织与变换集中压缩到概念中或集中解决某个问题。概念是结构关联信息的集中与压缩,问题解决是结构关联信息的沟通和融合。概念形成的过程、问题解决的过程是这些关联信息提取、变换、再生和组织的过程,也是反映人的判断、推理的思维过程。结构关联推理的过程,是明晰概念内涵和命题本质结构的过程,是剔除无关关系,确定验证关系的思维过程。这一过程为实现准确地刻画和表达,优化问题解决的思路开辟途径,是打开高深莫测的思维科学大门的一把真正的钥匙。

学生几何结构关联推理能力弱的表现主要有:①不善于运用已有的知识和经验,探索对象间的关系,发现其中的规律,不善于发现矛盾、提出猜想;②不善于将具体材料进行概括、抽象思维;③不善于从众多关系中分离本质关系,停留在关系的相互干扰中,推理验证的意识不强;④已有知识和技能缺乏系统性和结构化,数学思想方法领会不深刻,不能触类旁通;⑤由直接推理向间接推理的过渡困难,正向推理和逆向推理不能有机结合;⑥推理过程中的监控意识不强,推理过程混乱,漏洞百出;⑦缺乏对推理成果的反思和认知结构的及时补充完善,没有形成清晰的知识网络,记忆负担重;⑧缺乏学习兴趣和学习信心。

从新课程实施情况来看,教师说理和推理意识增强,重视知识发生发展的过程,强调学生的经验和体验,但往往忽视了学生探究性推理活动的目标。高年级几何推理活动的过程主要体现为探究和发现对象间的关联关系的过程,如果一味强调探究,忽视了知识和技能目标,学生的学科发展能力就可能会打折扣,需要整合课程内容,明确教学目标,让学生有效地进行结构关联推理,寻求众多纷繁关系的连接或整合,揭示质的关联,实现条件和结论的沟通,并及时进行推理后的总结、概括和系统反思。

"有效学习必须做到能真正理解、灵活的运用并促进能力发展"(张庆林,2003)。在调研中发现,结构关联推理能力较强的学生,能够记得题目中的各种关系和解法的本质,而能力较弱的学生甚至只能回忆起题目的一些特殊细节,而非本质的东西。随着年龄的增长和知识的积累这种现象愈加突出。帮助学生有效地进行结构关联推理,必须建立在对知识和技能的深刻理解基础上。

(3)几何结构关联推理的教学设计

正确的推理大体上是随着中间结论的不断替换和一些结论的不断协调进行的。推理过程有漏洞、对组织推理阶段和问题语境的误解,导致推理过程不完整或不适当(Duval,2002)。几何结构关联推理的过程是揭示几何内在多种关联关系,寻求对象间本质关系的过程,应符合结构关联推理的技能特点及其规律。首先要了解问题所提供的有关信息,明确前提和结论,即从初始条件到目标结论的推理,以进入推论阶段;其次是组织推理,进行关系转换或替换;之后是从多种关联关系中分离出验证关系,最后是回顾和整理结构关联网络。在几何结构关联推理层级上教学设计的基本流程如图6.3-5:

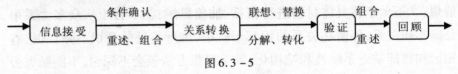

图 6.3-5

有效的教学策略应促进学生对结构关联关系的理解和转化能力的发展,促使对象间的关系更容易沟通和建立起紧密的联系。让学生建立起多种关联关系,并从中剔除无关因素,发掘必要条件,建立起直接和紧密的与其本质属性的联结,逐步发展到建立起蕴含关系,并在条件和结论间实现了验证"搭桥"成功之后,进一步进行回顾和整理结构关联网络,通过对结构关联推理过程的系统反思,更加明晰和优化思维过程,促进学生认知的深化、内化。回顾是必要而不可忽视的,在波利亚解题四阶段中,"回顾"被列为最后一个阶段,罗增儒(2004)先生评价说:"'回顾'是最容易被忽视的阶段,波利亚将其作为解题的必要环节固定下来,是一个有远见的做法"。

调研中发现,教师对有关的关联性很强的问题缺乏整合,让学生孤立地练习,学习效率很低。教师们反映:"一线教师最缺少用于支持实践的优秀案例和素材,在培训教师的过程中概念与理论偏多,缺少对教师教学的有效指导,不同程度上存在着追求形式与热闹、花哨和不讲求实效的现象"。在课程整合理念下,我们结合教学中出现频率较高的结构关联问题进行了有层次的整合。对每一类具有结构关联的问题进行了系统地归纳,提出每一类问题的基本模型案例,即基本问题,在此基础上按难易程度和关联程度进行了延伸和拓展,并对每一类问题解决的基本策略进行了解析。

案例:线段和角的中分问题

(1)基本问题

①如图 1,点 C 在线段 AB 上,D、E 分别为线段 AC、CB 的中点,$AB = 18$cm,求 DE 的长度。

②如图 2,已知点 A,O,B 在一条直线上,OM,ON 分别为 $\angle AOC$,$\angle COB$ 的平分线,求 $\angle MON$ 的度数。

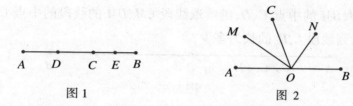

图 1　　　　　　　图 2

解析:在图 1 的问题中,我们利用线段中点的性质,易知:$DE = CD + CE = \frac{1}{2}(AC + CB) = \frac{1}{2}AB = \frac{1}{2} \times 18 = 9$;在图 2 的问题中,我们利用角平分线的性质,易知:$\angle MON = \angle MOC + \angle NOC = \frac{1}{2}(\angle AOC + \angle BOC) = \frac{1}{2}\angle AOB = 90°$。

(2)拓展问题

③如图 3,将书面折过去,使角的顶点 A 落在 A' 处,BC 为折痕,BD 为 $\angle A'BE$ 的平分线,求 $\angle CBD$ 的度数。

④将一矩形纸片按如图方式折叠,BC、BD 为折痕,折叠后 $A'B$ 与 $E'B$ 在同一条直线上,则 $\angle CBD$ 的度数为(　　　)。

A. 大于 90°　　B. 等于 90°　　C. 小于 90°　　D. 不能确定

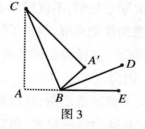
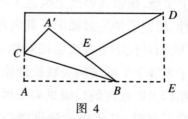

图 3　　　　　　　图 4

解析:上述两道题目充分利用了基本问题②中的模型,巧妙地与实际生活相联系,题目新颖,增加了难度。但如果将其与基本问题联系起来,就轻而易举了。在图3中,由题意可知,BC也为$\angle ABA'$的角平分线,就转化为基本问题②了。同样在图4中,BC、BD分别是$\angle ABA'$、$\angle EBE'$的角平分线,也转化为基本问题②了。

类似地,有:

⑤已知线段$AB=10$cm,射线AB上有一点C,且$BC=4$cm,M是线段AC的中点,求线段AM的长。

⑥如图5,已知线段AB的长为1,M为线段AB上的任意一点,分别取线段AM、BM的中点C、D,继续取线段CM、DM的线段的中点C_1、D_1,如此下去,则线段C_nD_n的长为多少?

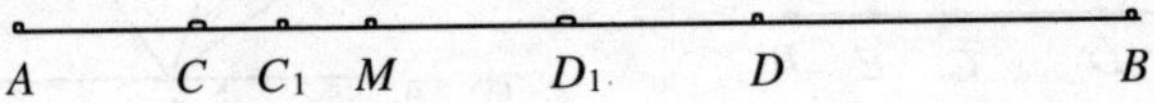

图5

解析:这两道题目利用了基本问题①的模型,同时进行了延伸。如第5题中要注意两种情况,在第6题中,对基本问题①进行了延伸,只要知道模型①的做法,就不难得到此题的正确结论:C_nD_n的长为$\frac{1}{2^{n+1}}$。

从心理学角度看,当有机体对新的刺激情景做出反应时,这种反应往往是与它在以往类似情景中习惯的反应相类似的,这在心理学上称为同化(assimilation)律,或称"类推"(analogy)原则。桑代克由此提出了"相同要素论"(theore of identical elements):"如果两种学习情景基本相同,就会产生类似的反应;迁移是否发生,取决于两种情景之间是否存在共同要素"(施良方,2003)。整合课程内容,增强了相关知识和类似知识的紧密联结,形成系列化递进的学习材料,有利于促进知识的有效迁移。在调研学校,笔者指导教师尝试将与课题教学相关的几何内容进行整合并在课堂上实施,在很大程度上唤起了学生的探究学习热情,不仅增强了目标指向性,增进了学生对知识及其内在关联关系的深刻理解,增强了知识的迁移力,而且让学生有机会面对相对复杂的问题,选择和尝试各种策略,有助于发展学生的结构关联推理能力和创新能力。

结构关联推理的层级纵向发展是一个关系越来越复杂、难度越来越大的发展过程。7年级教学推理受学生几何基础的制约较大,可以与小学学习过的算术和代数结合起来,一方面能加强知识间的内在联系,另一方面有利于训练学生持续思维和推理。随着学生描述推理能力的提高，运用几何语言表达方式进行推理的要求不断提高，随着"垂直""平行""全等""相似"等知识的学习，对几何推理格式、规则的要求提高，几何内在关系的复杂性增强。8 年级增加几何证明，即要求学生必须核实真理，因而突出了结构关联推理中的"验证"关系。9 年级几何的内在关系更为复杂，学生需要在复杂图形中识别基本图形，在复杂关系中分离出本质关系，是几何结构关联推理能力的检验和综合发展阶段。

结构关联推理能力的发展是一个渐进的，不断趋向"简约"的过程。简约推理有赖于题目的结构及其难度，同时也有赖于经验和熟练程度。简约在最初的技能训练阶段表现不明显，在推理发展到一定程度，将会压缩推理过程，枝节的、次要的过程被省略，推理目标更加清晰，推理指向性增强，本质关系的连接更为紧密。

对数学教学的认识已经从传统的单纯对内容的关注，转到了同时关注形成过程，即所谓"做数学"。"'做数学'的方法远非只是计算或演绎，还包括观察模式、验证猜想和估计结果"（D. A. 格劳斯, 1999）。从调研中发现，高年级学生的动态思维能力较差、直观推理能力没有显示出应有的优势，几何教学设计要考虑培养学生综合推理能力的发展，除了静态的关联关系推理外，增加将静态和动态相结合的内容，同时增加直观识别、实验操作、作图等内容，体现推理能力层级发展的系统性，增加不同情景中的结构关联推理，促进综合推理能力发展。

教师有没有结构关联推理教学的意识对发展学生的推理能力至关重要。这种意识体现在教师善于将教学问题从横向或纵向上组织成一系列相互联系的系统，而不是把问题看成一个孤立无关的事实的集合。

诚然，结构关联推理能够促使学生寻求多种关系，探寻和领会蕴含在其中的本质关系，但必须使学生认识到这仍是通过非演绎方式发现对象的性质，几何定理需要通过形式逻辑推理去证明。

6.3.4 几何形式逻辑推理教学设计思路

（1）对形式逻辑推理教学的认识

传统几何由于过分单一地强调形式逻辑推理而遭到普遍的反对，但并非否认形式逻辑推理在促进学生数学能力发展中的作用。"乏味的形式逻辑推理对于我们的思维也是不可缺少的"（道·霍夫斯塔特,1984）。几何教学应促进学生包括形式逻辑推理能力在内的综合推理能力的发展。我们提出几何推理层级发展思路,从每一个层级的横向视角来看,实现推理层级水平是多向度推理能力的综合,这里蕴含推理的全面性。推理通过多向度的横向和纵向相互作用,发展该层次推理能力,并达成目标跃上新的层次。调研中发现,过早要求"形式化"推理是不恰当的(见4.4.3),应重视非形式逻辑推理到形式逻辑推理发展的过程,并适当延长这个过程。"过去我们有一种错误:在学生掌握图形及其性质之前,过早地促使他们正式证明。要求学生同时做两件事——学习几何概念和学习演绎推理。……应把证明推迟到学生已经领悟几何概念全部意义之后"（迈克尔·塞拉,2001）。

通过观察学生作业不难看到,几乎所有学生都倾向采用形式逻辑推理方式进行几何推理,正所谓"中国学生偏爱抽象策略"。原因主要来自"教师的数学信念",归根到底是来自考试得高分的需要。采用形式逻辑推理进行证明的学生很少失分,否则难以得到高分。因此,教师们认定的最佳的教学策略仍是教会学生熟练地运用形式逻辑推理进行几何证明。Healy and Hoyles（2000）将英国学生证明分成形式化的（formal）、说明式的（narrative）、视觉的（visual）、经验式的（empirical）等五种形式,笔者曾采用此分类方式与教师们进行探讨,教师们几乎一致的看法是,采用说明式的、举例的、视觉的、经验的方式获得的结论仍停留在猜想层面,对于理解推理的意义、体验推理过程、了解证明的本质起辅助作用,但并非证明所必需,学生必须学会几何形式化的证明方式。有关研究显示:美国教师的目标是希望学生能解出问题,而不管他们使用了什么样的策略（蔡金法,2002）,测试显示,中国8年级学生中60%以上的学生已经基本理解和掌握了运用形式逻辑推理进行证明的方式（见4.3）,几乎所有学生都倾向采用形式逻辑推理进行几何证明。

在调查中发现,成绩好的学生在一般情况下其推理能力也较高,但在"学习成绩好"和"推理能力强"两者之间是有差异的。有些成绩好的学生往往表现为擅于解决并不复杂的推理或熟悉的题型。但在不熟悉题目上的表现常常束手无策。这一现象与有关的研究是一致的:"得满分的学生并不总是数学上有能力的学生,其中有的学生解一般性的题目轻而易举,但解需要独立思考的题目就陷入了绝境"(克鲁捷茨基,1987)。由此也说明了在现实教学实践中,教师通常对学生的几何推理能力估计偏高的原因。

形式逻辑推理能力强的学生在推理中的表现为形式逻辑推理过程的简化或压缩。反映出推理者丰富的经验、娴熟的技巧和高超的水平,在面临新的问题情境时,思维深刻、敏捷,在推理行为表现上,目标指向明确,过程路径短,论证说理有力。形式逻辑推理能力差的学生表现为对几何证明具有畏惧心理,逻辑表达停留在模仿上,表达混乱,推理路径迂回、冗长。

"学习的任务不是通过模仿别人的语言或结论来被动地接受知识,而是通过积极的思考来内化知识、改造知识、转换知识"(Jacqueline G. Brooks and Martin,载 D. A. 格劳斯,1999)。形式逻辑推理的意义在于,主动建构自己的推理过程。

(2)几何形式逻辑推理教学实践中的问题

两种极端倾向值得注意:"一个极端是企图通过呈现大量的几何定理来学习演绎推理,实践已经证明,这是不可取的,而且非正式的途径与严格的几何表示并不是矛盾的;另一个极端是用实验来取代演绎证明,从本质上看,几何并不是一门实验的科学,几何的真理性具有相对性,几何中的大多数令人惊奇的事实是无法通过实验获得的,即使在计算机上也难以做到。而且"如果学生在初中阶段没有学会几何证明的话,那么,他可能就永远失去了这个机会"(New ICMI Study Series Volume 5,1998)。

几何课程改革的历史经验告诫我们,极端化处理是导致改革失败的主要根源。但在调研中发现,几何教学实践中仍存在着相互矛盾的两个方面:一方面,教师要强调探究性学习,学生在自主探究中,通常采用不同形式的推理方式进行说理和推理,突出了学生的发现和创新能力;另一方面,教师在衡量学生推理能力水平的测试中,又要求学生采用形式逻辑推理方式进行推理和证明,否则,被认为推理不正确或不完整。教师对证明的要求通常是苛刻的(见 4.3.2)。换句话说,形式逻辑推理方式仍是解决几何问题的"最佳策略"。这就形成了几何教学的"悖论"。无论新课程教材如何强调"说理",并没有得到肯定,尽管也有些老师曾在实施新课程初期采纳了教材的处理方式,但事实给予有力的否定,回过头来,形式逻辑推理的要求更进一步加强了（见4.1.1）。教师仍然会认为"最可靠的做法是写出严格的证明过程"（见4.4.3）。基于这样的认识，很难想象教师能够扎扎实实地发展学生的非形式逻辑推理能力。由此也说明除了要尽快改进考试方式外，加强形式逻辑推理之前的直观推理、描述推理和结构关联推理的研究是迫切需要的，广大一线教师迫切需要给予可操作性引领。

对于何时引进形式逻辑推理的问题，一线教师的认识是不统一的。有些教师认为"与其早晚要学，不如提前要求，到时候已经基本掌握了，不愁学生掌握不了证明""几何教学不能停留在说理上，到9年级才要求学生进行严格证明就太迟了""几何学习最终还是要求证明，从7年级下学期逐渐训练效果更好"（见4.4.3）。比较统一的认识是从7年级下学期逐渐增加证明要求。

学生在形式逻辑推理能力发展过程中主要的障碍表现在：①无法逾越几何语言障碍，不能够用语言表达推理过程；②结构关联推理能力差，不能发掘隐含的条件；③形式逻辑推理太抽象，有惧怕心理，感到无法理解或无从下手；④基本知识和技能没有掌握好，对定义、定理等缺乏理解，运用能力差；⑤只能通过模仿解决常规性问题，对作辅助线的问题和二次推理问题等束手无策；⑥只能解决结构良好的证明题，对开放性证明题或实际应用问题不知所措。

在教学中，一些教师过早或过晚地提出形式逻辑推理要求，导致效果不理想（见4.4.3），一些教师在提出形式逻辑推理之前的几何学习中，对推理的要求不够重视，致使学生准备不充分，表现为图形识别和感知能力差，不能准确地描述推理，不能找到各种关系或分离出本质关系等；教材不系统，缺乏相应的练习和教学资源，学生所学知识不能得到及时练习和巩固；教师经验不足，对如何系统地发展学生几何推理能力缺乏认识，被动地照本宣科，错过了学生发展几何推理能力的时机；教师忽视学生对定义、定理和证明等基本知识及原理的理解，只会机械套用，不能理解证明的本质；教学方法单一，学生对学习几何失去兴趣和信心等。

来自学生方面的问题也让教师感到棘手，有些学生认为证明只是一种没有意义的抽象组合几何符号的游戏，规则是确定的，命题是"看出来的"，大家都在做同样的推理活动。从这个角度来说，几何教学设计应帮助学生理解证明的意义,通过具体情景中的问题解决活动,让学生看到证明的价值。

（3）几何形式逻辑推理的教学设计

形式逻辑推理要求学生将已有的信息按规则呈现,进行有效的条件转化,构建结构关联网络和进行形式逻辑推理表达。形式逻辑推理教学应符合形式逻辑推理的技能特点及其规律性,在其层级上教学设计的基本流程如图 6.3 – 6：

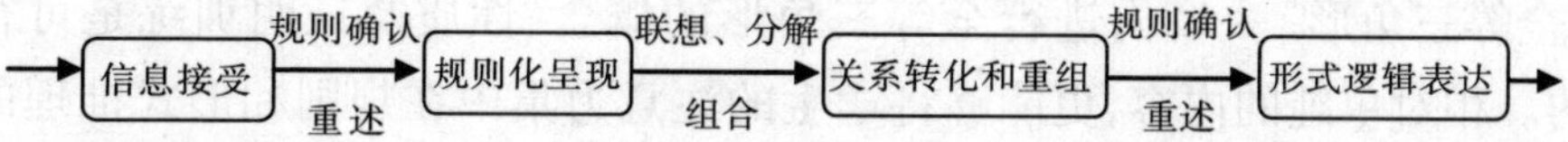

信息接受 →（规则确认／重述）→ 规则化呈现 →（联想、分解／组合）→ 关系转化和重组 →（规则确认／重述）→ 形式逻辑表达 →

图 6.3 – 6

一个学生能够正确地书写几何证明过程之前,应首先经历结构关联推理的过程,并找到了验证关系,确认"搭桥"成功后,通过形式逻辑推理方式整理证明过程。这一过程表明,在形式逻辑推理之前,个体已经历了心理验证的过程。形式逻辑推理同时是训练学生验证推理能力的最佳时机。只有存在一个有待于核实（证明）的命题,才有验证的必要。形式逻辑推理能力的发展经历了模仿、熟悉的过程,在反复进行的训练中促进学生对概念、定义、定理的理解,加深对证明过程的理解和熟悉证明表达方式。

虽然用演绎证明来描述几何性质是最严谨的方式,但许多中学生在数学能力上的发展,还没有达到能理解演绎证明的阶段,勉强教学自然会造成学习上的障碍（林福来,1982）。几何证明的过程是帮助学生理解几何推理的价值,增加学生对几何理解的过程,只有真正弄懂了定理的证明过程,才能真正理解和应用定理。传统上的教学强调"为证明而证明",从而使几何证明变成了僵化的教条,学生难以理解几何证明的价值,反复进行的形式训练和高难度的推理技能,让学生失去了学习兴趣并产生畏惧和厌学现象。Healy and Hoyles（2000）认为,"数学论证的教育并非强调证明的形式,而是在数学活动中呈现证明的意义"。

几何形式逻辑推理能力的发展是一个顺序渐进的过程,由推理到证明是一个缓慢的"阶梯"式提升过程。在调研中发现,到 9 年级才要求几何证明,不仅在很大程度上重复了前期推理练习中的内容和方法,而且从学生接受情况来看,由于过于匆忙和缺少准备,出现证明思路混乱和推理表达障碍,影响了学生推理能力的发展。系统地考查学生几何推理能力发展过程,发展学生的形式逻辑推理能力可考虑在三个年级按三个层级展开:

几何形式逻辑推理教学过程可以是一个循序渐进,层级递进的发展过程。7年级下学期学习可以适当地增加运用符号描述推理的格式要求,如在教学平行线性质时,可增加其应用格式,通过填写推理理由,理解推理过程。8年级开始要求运用形式逻辑推理方式进行证明。集中在"全等三角形"一章内进行全等三角形的概念、性质及证明训练是可行的。相对单纯的内容,更能够将学生的注意力集中在规则和形式推理的学习上,有利于减缓坡度,降低难度。同时,为了加深学生对证明的理解,除了要求学生理解规则外,还要强调"步步有据",调研显示:这样做有利于学生严密的思维(见4.4.3)。

9年级则是形式逻辑推理成熟和综合推理能力快速发展时期。如果说8年级强调理解证明过程、掌握分析方法、用综合法书写证明过程,由熟练地掌握一次全等过程到掌握二次全等问题,9年级则要求在巩固已有的学习成果基础上,学会解决复杂的综合推理问题,会综合运用正向和逆向方法进行推理,掌握通过作辅助线证明等。

值得注意的是,"形式逻辑"和"非形式逻辑"推理是相互促进、共同发展的过程,要求学生学会运用形式逻辑推理方式进行几何证明,并非一味追求形式。陈重穆、宋乃庆先生早在20世纪90年代初就提出了"淡化形式、注重实质"(陈重穆等,1993)的呼吁,至今仍值得我们深思。事实上,几何推理在每一个层级上的发展都离不开直观推理、描述推理和结构关联推理,"逻辑仅在交流我们已有的东西时有用"(笛卡尔)。有效的教学设计是在发展学生"非形式逻辑推理"的同时,形式逻辑推理也"拾级而上""水到渠成"。

Cheng & Holyoak(1985)的研究表明:①人的逻辑推理能力可以不与推理所涉及的内容捆在一起;②可以通过教学使这种能力得以改进。教师在教学中具有选择、重组和个性化教学设计的主动权,优秀教师受制于教材的约束力较小,在理念和目标确认之后,教学设计活动具有广阔的教师自主发展空间。本研究的重要目的在于通过对学生几何推理能力发展的研究,促进教师对几何教与学过程的深刻理解,激发教师自我发展的愿望和能力,通过创造性的几何教学设计,发展学生的几何推理能力。

6.4 几何课题教学实验研究

6.4.1 对几何课题教学的认识

本研究中的"课题",可以是教师教学中的一个知识点、一节课或一个单元的主题,但更侧重教师根据教学要求整合课程内容之后的教学课题。研究课题教学对广大教师具有更直接的指导意义。课题教学应为学生提供选择和运用多种几何推理方式的机会,有利于从横向和纵向上促进几何推理能力的层级发展,使课题教学成为促进几何推理能力层级发展的基石。

认知建构理论强调教学材料的组织建构和学习者主动地建构内部心理表征的过程。几何学习的过程应是认知主体在问题情境中把各种因素与个体原有的认知结构及数学活动经验等建立起密切的联系,从而明确几何的事实、概念、方法、定理间的逻辑关系和层次结构的过程。在这个过程中最具挑战性的是解决结构不良的问题。结构不良问题通常具有一定的特殊性、差异性和复杂性,通过这类问题解决活动,来把握数学内部结构的复杂性,从而获得灵活的数学知识并迁移到更为广泛的领域内去应用。显然,已经建立起来的课程体系、学科结构等不是固定的和不可改变的,而是应根据课程和学生学习的需要从逻辑上进行整理构成新的系统,这个过程是由学生参与的、适合学生认知水平的建构过程。

苏联数学教育家 A. A 斯托利亚尔认为,对数学对象的各种不正确的解释就来源于只限于考察已完成的数学结论,而数学的逻辑结构已脱离了它赖以产生的现实基础,也脱离了实现它的应用。他把数学活动分为三个阶段:第一,借助观察、实验、归纳、类比,概括积累事实的经验材料,实现数学组织化;第二,由积累的经验材料中抽象出原始概念和公理体系并在此基础上进行演绎推理建立理论,实现数学材料的逻辑组织化过程;第三,应用理论。只有通过应用才能真正掌握理论。

几何课题教学设计的过程应是一个系统发展学生各种几何推理能力的过程,也是遵循认知规律,让学生经历和体验从知识产生到理论形成和应用的过程。几何课题教学设计理念概述如下：

以整体的、综合的思维方式进行课程组织，从横向、纵向两个向度，按照数学内在的逻辑线索、学生的认知发展水平和内容的相关性，将课程分成若干课题，也称概念领域（conceptual domain），适当考虑各课题与相关学科的联系，每个课题可以在一节课、几节课或几周内完成。一方面增加课题内在的联系和多重关系，以求整合效应，改变几何课程不系统的现状，使学生在有限的时间里，获得更具迁移力的知识和能力，从根本上提高学生的学业绩效。另一方面使"学生生命活动诸方面的内在联系、相互协调和整体发展"（叶澜，1997）。几何课程整合的目的是为了改变现行几何课程内部结构松散、跳跃，知识零散的现状。只有让学生有机会面对现实的、复杂的、结构不良的问题时，才有机会调动学生的挑战意识和创新意识，让学生有机会选择和运用不同推理方式，发掘个体的优势和潜能，运用不同策略，创造性地解决问题，发展深层次的推理能力。

整合是相对的，课题可大可小。一方面，取决于教师的课程组织能力和学生已有的学习水平；另一方面，取决于课题问题所能统摄的知识点的多少。课题越大，所统摄的知识越丰富，越有利于实现课程整合效益，但对教学设计和实施带来的困难也会随之增大。在教学中，教师可结合实际需要灵活选择。

通过问题情境设计，加强几何课程与生活及学习者经验的密切联系，引导学生将问题情境中的各种信息与个体认知结构及学习经验等建立起密切的联系，理解数学材料组织的思维建构过程；在直观推理、描述推理、结构关联推理、形式逻辑推理等一系列推理活动中，通过独立思考、合作交流、探究学习，理解几何知识及其推理的价值；通过将知识应用到新的情境中，检验学习效果，促进知识的迁移和拓展，通过对课题学习过程的系统反思，理顺认知，巩固活动成果。

改变传统上"先学知识后学应用"的教学设计方式，使知识呈现的过程与学生应用知识解决问题的过程相一致，让学生在学习知识的过程中体验问题的提出，知识的形成、发展和应用过程，理解几何与现实问题是如何建立起联系的，获得良好的学习过程体验，积累学习经验，使在运用知识独立解决问题时，能有效地模拟和创造性地发展这一过程。同时，应防止一味强调探究，忽视了对探究成果的反思、归纳和提升现象，重视学习成果的及时内化和转化。

6.4.2　几何课题教学中存在的问题

　　传统的几何课题教学，只重视培养学生的形式逻辑思维能力，教学设计围绕训练学生的几何证明能力展开，由于缺少必要的知识背景、直观基础，学生无法看到知识的产生、形成、发展和应用过程，不得不依靠大量重复练习，记忆形式逻辑规则和证明技能，知识遗忘率高，学习效率低。随着客观知识存量的积累，学生记忆的负担越来越重，知识提取和迁移困难。长期被动地学习，也造成学生思维的依赖性，迷信课本和教师，抑制了学生创造性思维能力的发展。

　　新课程中的几何内容采用"切块"式与其他课程内容交错编排，在一定程度上造成了几何课程内容的不系统。在当前我国中学教师整体水平还不够高的现实条件下，难以整合课程资源，实现适合不同学生所要求的"生成课程"。许多教师课程实施取向依然是"忠实取向"，教学游离或外在于课程开发，教师的任务是忠实地展现课程内容，学生被动地接受来自课本和教师的大量信息。这在很大程度上阻碍了课程的发展，限制了学生思维的主动性和创造性。随着课程改革的不断深入，教师的观念在一定程度上发生了变化，但对教材的依赖性仍然很大，这不仅对教材改革提出了较高的要求，同时也成为数学教育研究者必须面对的课题，课程改革急需为一线教师提供可借鉴的、具有较强可操作性的教学设计引导。

　　随着基础教育数学课程改革的不断深入，打破传统封闭的几何体系，改变单一的证明技能演练，发展学生的几何推理能力已逐步得到认同，但如何从简单推理开始，逐步发展到间接和复杂推理，最后到包含形式逻辑推理的综合推理，仍是困扰几何教学的主要问题。教师们普遍反映教几何推理比教几何证明更难以把握。在教学实践中，强调了几何推理的探究活动，却出现了追逐课堂形式化的现象，教师甚者满足于"会说理"就行，造成学生无法形成对几何推理活动的理性思维训练和对几何推理本质的理解，教学效率很低，抑制了学生数学学科能力的发展。正如郑毓信先生所说："在现实中，开放性问题在某些场合正在成为不求甚解和不加检验的猜想的同义词，使学生对数学的本质形成错误的认识，因此就不能不说是由于过分强调数学的可接受性所造成的一种消极后果"（郑毓信，

1994）。

6.4.3 几何课题教学设计思路

课程内容的编排,考虑可接受性需要,在一定程度上将课程内容肢解了。在教学设计时教师可以根据实际需要进行整合和重组。从系统上来看,课程内容可以按照"横向组织"和"纵向组织"进行整合,对于经验不够丰富的老师来说,更具可操作性的做法是把教学中相关、相近的内容放到同一个课题内组织教学。从课程的角度来看,有利于增强几何课程内容间的紧密联系,形成良好的知识结构,增强知识的有效迁移力;从教学的角度来看,有利于教师系统地呈现知识的来源、产生和发展过程,有利于拉长推理链,为学生提供更多的推理活动的机会,并在推理活动中理解事实、概念、原理、方法间的逻辑关系和层次结构,了解学习的意义和价值,形成良好的学习信念;从学习的角度来看,能够让不同认知水平的学生都能参与到推理活动中来,面对复杂的课题问题(通常是结构不良问题),灵活选择和运用不同的策略解决问题,是对个体能力和创造性的考验和检验,而这样的知识学习过程与学生运用知识解决问题的过程是一致的,其经验、方法和策略可以迁移到学生独立解决问题的过程中去。教师有意识地帮助学生对探究推理活动成果及时归纳、概括和提升,确保了教学的效益和效率。

几何课程教学设计可经历如下过程:①根据学段和学生学习水平的实际状况,以整体的、综合的思维方式组织课程内容,把学习置于复杂的、有意义的问题情境中;②让学生结合个体经验和认知基础,经过直观推理、描述推理和结构关联推理实现经验材料的数学组织;③对经验材料的数学组织中获得的概念和结论,按照几何规则要求进行表达,对有关结论通过形式逻辑推理进行证明,实现逻辑化;④将逻辑化过程获得的结论应用到新的问题情境中,实现知识迁移、应用和拓展;⑤对课题学习过程进行系统反思,即对知识的产生、形成和发展过程进行系统回顾与反思,理顺认知,实现知识的结构化理解和记忆。几何课题教学设计的基本流程是:

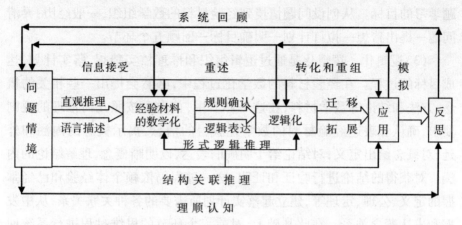

图 6.4－1

几何课程教学设计在各个环节上的教学组织过程可归纳如下：

（1）问题情境。情感作为主要的非认知因素影响认知过程，发展学生良好的情感，可激发想象力，使创造性思维得到充分发挥，反之则会压抑学生学习的主动性。问题解决应成为数学教学设计的逻辑起点。"如何围绕问题设计知识单元，将会为教师和学生提供明确的侧重点与更好的学习方向。明确问题可以使学习活动的组织超越那种时时存在的随意性"（威金斯和麦克蒂赫，2003）。基于问题解决的学习是一种知识技能含量大的学习，也是一种思维积极参与的发现式学习，更是一种选择和调节相关的智慧技能的运用性学习，即"元认知策略"的学习（朱德全，2006）。针对几何课题学习内容，创设良好的问题和情感环境，建立起几何课题学习内容与现实生活中的图形、物体和实际问题的联系，引发学生的问题意识和为达目标而主动探究学习的迫切心理倾向，通过问题解决有效地促进学生几何推理能力的发展。

（2）经验材料的数学化。数学地组织现实世界中的过程就是数学化（Freudenthal，1995）。让学生通过形象识别、实验验证、直观感知等一系列直观推理活动，确认情境中提供的各种信息，提出可能的猜想；通过结构关联推理活动，明确课题所包含的要素及其关系，进而初步建立起课题学习的知识框架结构；通过描述推理对这一思维过程进行描述或表达，进一步明确课题学习目标；通过对本阶段推理活动的系统回顾和反思，总结一系列推理活动的体验和策略，理顺认知，优化思维过程，进一步明确课题学习的目标。从创设问题情境到经验材料的数学组织,一般经历:弄清问题—提出猜想—拟订计划—明确目标—回顾五个环节。

(3)逻辑化。逻辑化是通过逻辑组织和推理核实猜想,落实计划,达成目标的过程。在经验材料的数学化过程中,必然会提出一些相关的概念、方法和结论等数学材料,在这一环节中,首先要按照几何推理的规则要求,确认和表达经验材料的数学化获得的信息,揭示概念的内涵和外延,对概念给出定义,对结论给予明确的表达,以明晰概念,理解结论的内涵。对获得的结论进行验证和证明,这一过程仍依赖个体经验和已经掌握的定义、公理、定理等,建立起落实计划所需要的各种关联关系,从中发掘和表达蕴含关系。在此基础上,对前三个环节的思维过程进行系统回顾,理顺认知,优化思维过程,并进一步明确结论,建立起与个体认知结构的必然联系,促进学习成果的提升和"固化"。这一过程经历:信息确认—逻辑推理—结论—回顾。

(4)应用。将从逻辑化过程获得的结论应用到新的情境中,让学生感知和体验数学知识应用的基本规律和方法,在解决实际问题的过程中,实现对所学到的逻辑知识的深刻理解,增进对数学学习意义的理解,体验数学的价值。包括直接应用、间接应用和综合性应用。一般经历:问题情境—建立模型—解释—拓展四个环节。

(5)反思。对推理活动过程进行系统反思,概括知识结构,升华思想方法;归纳推理活动的范围、策略与方法;同学间交流经验和交互评价,教师激励评价;总结经验教训,写出学习心得体会。几何课题教学要重视训练学生进行自我反思,给学生自我评价的机会,使学生善于表达自己的观点,比较他人的观点,给出他们能够接受这一观点而不是另一观点的理由,以增强学生的自我意识,发展学生的元认知能力,促进学生对自己的推理活动及时进行分析和评价,提高学生学习的自觉性,及时调整和改进学习过程。

几何课题教学的原则主要有:①几何课题教学与推理层级协调发展的原则。以整体的、综合的思维方式进行几何课程整合,在课程总体目标下,合理设置几何推理层级发展的横向、纵向目标,以系统地发展学生几何推理能力为主线,合理组织和划分几何课题。一方面,使课题学习有效地促进各种推理方式在横向、纵向上的层级发展,有效地达成课程目标,

使学生在有限的时间里获得比知识点更具迁移力的推理能力；另一方面
又充分考虑课程的层次性和选择性，适合学生的个性特点及年级差异，使
人人都能参与学习过程，使不同的学生能够解决不同层次上的问题。
②预设性与生成性相结合的原则。各层级预设性目标对课程实施起着定
向、导航作用，但如果预设性太强，将会限制学生的思维活动，甚至会出现
远离目标或无目标的探究活动。合理设置层级和课题学习的生成性目
标，为学生提供可选择的内容以及多层次、多类型的推理活动，展示学生
个性化推理和创造力。③主导性和主体性相结合的原则。在新的课程改
革理念下，教师主导性和学生主体性内涵必将发生根本性变革。教师不
再是控制者，学生主体性也不再仅仅停留在形式上。教师的主导性体现
在对课程资源的有效整合、教学设计与实施等方面。在教学中，教师不把
构成教学目标的有关概念和认知策略直接告诉学生，而是创造一种适宜
的认知合作环境，让学生通过探索发现有利于开展这种探索的学科内容
要素和认知策略（L. W. Anderson，1995）。教师的主导性不仅体现在能够
有效地引导学生开展探究性推理活动，而且还体现在有效教学上。学生
的主体性体现在从开放性问题入手，开展积极的探究性推理活动，学习效
果取决于自主学习和合作学习的成效，而不是教科书或教师的权威指示，
获得的知识是学生意义建构生成的结果。此外，几何课题教学包括：淡化
形式、注重实质的原则；突出实践、强化应用的原则；及时反思、系统推进
的原则等。

6.4.4 几何课题教学实验研究——以"相似三角形"为例

（1）课题选择

本研究所选取的课题是 9 年级几何课程中的"相似三角形"。选择
这一课题主要考虑了以下几个方面：

第一，相似三角形在几何课程中具有重要的地位和作用。相似三角
形是全等三角形的进一步拓展，其学习过程是前面学习成果的进一步深
化和发展。在内容上有很强的类比性并有一定的拓展，难度进一步提升，
有利于组织学生开展探究性推理活动，对于巩固前期学习成果，发展学生
全面的几何推理能力具有重要作用，同时也是为今后进一步学习三角函
数及有关比例问题等奠定基础。

第二,有利于体现课程内容整合的思想。相似三角形涉及概念、性质、判定和应用等几何概念研究的各个环节,有利于体现整合课程内容,拉长推理"链",展示学生持续选择和运用各种推理方式的思维活动。

第三,有利于体现各种推理方式的灵活运用。相似三角形是生活中常见的图形之一,教学设计能够体现与生活及学习者经验的联系,有利于展示形式逻辑推理前后在不同推理方式上开展的活动。

(2)研究假设

几何课题教学设计将通过学生在不同推理方式上开展的推理活动,在提高课题教学效率的同时,在横向、纵向上促进几何推理能力的层级发展,发展教师几何课题组织和教学设计能力,促进学生综合推理能力的发展。包括如下几个方面:第一,整合几何课程内容,通过引导学生开展直观推理、描述推理、结构关联推理和形式逻辑推理活动,发展学生灵活地选择和运用各种几何推理方式的能力,提高几何教学的效率;第二,让学生系统地体验和了解几何问题的产生、形成、发展和应用过程,理解几何推理和几何学习的价值;第三,使知识呈现的过程与学生应用知识解决问题的过程相一致,促进学生有效地模拟课题问题解决的过程,解决新的情景中的问题;第四,有效地调动学生的生活和学习经验,积极主动地参与学习活动,促进知识、能力、情感和态度等多维教学目标的协调发展。

(3)教学设计

课题教学的基本设计理念是:以整体的、综合的思维方式整合课题教学内容,增强课题内部知识的系统性、结构化;为学生提供可选择的和运用多种推理方式进行推理的机会,发展学生的综合推理能力,提高学习效率和效益;促进学生在不同推理层级的横向和纵向能力发展;改变传统的先学后用的教学方式,让课题学习过程成为学生自主探究、合作学习解决问题的过程,让学生在课题学习后的独立解决问题的推理活动过程成为有效模拟课题学习活动的过程。

相似三角形在现实生活中的应用非常广泛. 现行教材隐去了传统教材中定义、判定定理、性质定理等名称,但从课程内容的呈现顺序来看,仍是按照定义—判定—性质—应用展开的,采用分块式,一环一巩固,约8学时学完。这种处理方式,易教易学,但在一定程度上造成了内在知识间的疏离。本研究从整体上、内部结构上系统处理课题内容。首先,通过解决实际问题,为课题学习设置良好的问题情境,唤起学生的学习经验和情感因素,让学生理解学习的价值;然后按照现行教材的知识呈现顺序整合课题学习内容,按"问题情境—经验材料的数学化—逻辑化—应用—反思"五个步骤进行教学设计。约 6 学时完成。现将实验教师的教学设计基本过程概述如下:

①创设问题情境

学习目标:让学生体验将实际问题抽象成几何图形与符号的过程,初步了解课题学习目标。

比如,可以采用课外活动或课堂模拟等形式,通过测量旗杆的高度创设问题情境(过程略)。引导学生进行直观推理活动,抽象出图 6.4 - 2,进而提出学习课题——相似三角形。

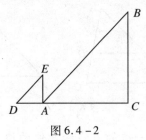

图 6.4 - 2

教师:请同学们观察△*DEA* 与 △*ABC* 的形状、大小 ,你得到了什么样的结论。

学生:形状相同,大小不等。

教师:怎样描述"形状相同,大小不等"?

学生讨论并回答:对应角相等、对应边成比例。

教师:像这样的三角形叫作相似三角形。全等三角形是相似三角形吗 ?(教师根据学生思考情况给予必要的提醒:全等三角形对应边之间有什么关系,相似三角形对应边之间又有什么关系?)

学生:全等三角形是相似三角形。全等三角形对应边相等,相似三角形对应边成比例。

教师:全等三角形研究了哪些内容?

学生:定义、判定、性质、应用。

教师:类似地,我们一起来探讨相似三角形的有关问题。

评析:让学生在"问题情境"中,建立"相似三角形"与现实生活问题的联系,为学生提供形象识别、实验验证、直观感知等直观推理活动和表达机会,引发学生的问题意识和主动探究学习的迫切心理倾向。

②经验材料的数学化

学习目标:了解课题知识结构形成的过程与方法;识别相似三角形、探求其可能的判定和性质,明确学习目标和课题知识结构;为学生创造灵活选择和运用直观推理、描述推理和结构关联推理的机会;体验合作交流和获得成功的快乐。

教师:如何判定两个三角形相似?

学生:用定义判定。

教师:还有其他的判定方法吗?(学生思考,教师必要时引导:将△EAD 移入△ABC 内)

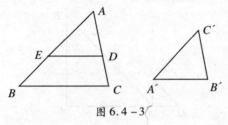

图 6.4-3

学生:平行于三角形一边的直线和其他两边相交,所构成的三角形与原三角形相似。(教师板书判定方法1)

教师:还有其他的判定方法吗?(学生思考、讨论,教师必要时引导:全等三角形有哪些判定方法?学生:ASA、AAS、SAS、SSS、HL)。

教师:现在已有两种判定三角形相似的方法,可以类比全等三角形的判定方法,猜想相似三角形还有哪些可能的判定方法?

教师:由于相似三角形的对应边不一定相等,只用两个对应角相等能否判定两个三角形相似?请同学们在练习本上画出两个角对应相等的两个三角形。

教师:你能说明这两个三角形相似吗?为什么?

学生1:相似,利用定义(教师引导学生说明如何用定义)。

学生2:把小三角形移到大三角形内,用判定方法1。

教师:能将△A'B'C'移到△ABC 内使两角对应相等的条件转化为判定方法1的条件吗?

学生讨论、尝试,说明移动方法。

教师:我们又得到了一种判定两三角形相似的方法,请一位同学描述一下。

学生:两角对应相等的两三角形相似(教师板书判定方法2)。

教师:这是类比哪一种全等三角形的判定方法?

学生:ASA、AAS。

教师:还有其他的判定方法吗?

学生:类比SAS,两边对应成比例且夹角相等的两个三角形相似。

教师:怎样验证这样的两个三角形相似呢?

学生:可以采用测量的办法,应用定义或判定方法1说明。

学生:可以画出满足条件的两个三角形,说明相似。

学生:可以将较小的三角形移入较大的三角形使其相等的角重合来证明。

教师板书判定方法3:两边对应成比例且夹角相等的两个三角形相似。

教师:你还能找到其他的判定方法吗?

学生:类比SSS,三边对应成比例,两三角形相似。

学生:类比HL,斜边和一条直角边对应成比例的两个直角三角形相似。

教师板书判定方法4:三边对应成比例,两三角形相似。

判定方法5:斜边和一条直角边对应成比例的两个直角三角形相似。

教师:请同学们回顾一下两个三角形相似的判定方法有哪些,自己归纳一下。在归纳时要再回顾一下这些判定方法是怎样提出来的,还可以通过怎样的思考方法提出来,各种判定方法之间可以有何特点和规律性。学生讨论,回答问题,教师归纳(或投影)判定方法:定义及方法1~5(略)。

以上是第一节课的学习过程。第二节课,可以运用同样的方法让学生探究相似三角形的有关性质。最后让学生讨论总结上两节课的学习成果,进而归纳课题知识结构(略)。

评析:在"经验材料的数学化"过程中,让学生在直观推理、描述推理、结构关联推理活动中,体验数学知识的产生、形成和发展过程,了解知识之间的内在联系,明确学习目标。教师为学生创造了利用多种推理方式进行探究、归纳、猜想的机会,将判定方法首先建立在感性认识基础上,并整合课程内容,加强了各个判定方法之间的联系,课题知识结构更加紧密和明确,便于学生理解、记忆和迁移。

③逻辑化

学习目标:进一步确认和准确描述由经验材料的数学化过程中获得的概念、判定和性质的表达方式,增进理解;了解逻辑化过程建立的基本程式、方法;探究有关判定和性质的证明方法并给出证明。

教师:前面我们学习了相似三角形的哪些内容?

学生:定义,判定方法和性质猜想。

教师:请用最快的速度把具体内容回顾一遍,可以"出声想"。(2分钟后,教师再次投影课题知识结构,略)

教师:我们已经知道了什么样的两个三角形是相似三角形,请你给相似三角形下一个确切的定义。

学生:对应角相等,对应边成比例的三角形叫作相似三角形(教师板书定义并画图)

教师:$\triangle ABC$ 相似于 $\triangle A'B'C'$,记作 $\triangle ABC \backsim \triangle A'B'C'$,符号"$\backsim$"表示相似,读作"相似于",与全等三角形表示方法类似,对应顶点写在对应位置上。

教师:以上有关相似三角形的判定方法和性质,都是通过观察、实验、类比、猜想得到的,我们要应用它还需要对它的正确性做进一步的推理论证,现在我们来证明判定方法1。请同学们找出判定方法1的题设和结论,画出图形,写出已知、求证。

教师引导学生思考,探究可能的结构关联关系,寻求验证关系,归纳和描述自己的思维过程,书写证明过程。

这一学习过程之后,教师引导学生进行阶段性反思,可包括如下三个方面:

第一,在几何证明中,怎样应用相似三角形判定定理?在学生充分讨论和思考后总结:相似三角形判定定理的选择:(一)有角相等时,可选择判定定理1或判定定理2;(二)有两边对应成比例时,可选择判定定理2与判定定理3;(三)判定直角三角形相似时,可用判定直角三角形相似的方法来判定。

第二,在几何证明中,相似三角形判定定理可以发挥怎样的作用? 在学生充分讨论和思考后最后归纳:(一)可以用来判定两个三角形相似;(二)间接证明角相等、线段成比例;(三)间接地为计算线段的长度及角的大小创造条件。

第三,相似三角形的基本图形有哪些? 在学生充分讨论、画图表示等活动后,教师可归纳为:平行型、相交型、共角型和垂直型等,如图6.4-4。

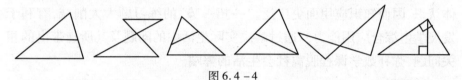

图6.4-4

同样的方法引导学生尝试其判定和性质的证明,教师引导学生对每一个探究性推理过程进行归纳(逻辑化过程约需要3学时)。

评析:这一环节是建立在经验型认知结构基础上的,按逻辑化要求,对相似三角形概念的定义界定,对判定方法和结论进行恰当地表达,并给出证明,从而确定相似三角形的判定定理和性质定理。学生在"逻辑化"过程中,了解课题逻辑系统的建立过程 ,体验数学逻辑化方法的取舍、优化和严谨的表达规范。这一环节在传统数学课堂教学中最能引起教师重视,也通常是考试的主要内容。因此,教师对这个环节的教学有较丰富的操作经验。值得注意的是,在这一环节教学中,教师也要创设问题情境,组织学生选择和运用直观、描述、结构关联、形式逻辑等多种推理方式开展推理活动。

③应用

学习目标:学习和体验相似三角形判定和性质的直接应用、间接应用和综合应用方法。了解实际生活中的运用,体会学习的价值,获得解决问题的经验。尝试综合运用多种推理方式寻求解决问题的方法,总结应用问题的类型、过程和方法。

应用大约需要2学时。第一学时可组织直接应用和变式应用的教学,目的是让学生熟练掌握相似三角形判定定理和性质定理的应用方法。教师在直接应用和变式应用的教学中,通过难度渐增的一组练习,训练学生选择和综合运用多种推理方式进行推理和解决问题的能力,让学生在应用过程中,体验解决问题的多样性,形成解决问题的一些基本策略。第二学时可安排综合应用和实际应用。运用本课题及相关课题所学知识和技能,解决综合性问题,在巩固和深化所学知识的同时,让学生充分感知和体验选择和运用多种推理方法解决问题的策略与方法,发展学生综合推理能力。把课题所学知识与实际生活问题联系在一起,解决现实生活中的实际问题及所连带出的相关问题。使学生学会分析、解决实际问题的策略与方法,拓宽学生的认知领域。由于学生对课题认知结构有了整体认识,因而知识应用面更广泛,"一招一势"的练习题大大削减,有利于发展学生综合应用能力。通过解决实际生活中的问题及其所连带出的相关问题,弥补数学课程脱离社会生活的弊端。

④反思

教师:先请同学们一起回忆一下课题的学习过程,然后找一位代表发言,其他同学补充。

学生:从一个具体问题开始,先将实际生活中的问题转化成数学问题,引出了相似三角形的概念,类比全等三角形研究的基本过程,引出了相似三角形预期学习的目标。通过观察、猜想、实验、类比等方法,归纳出课题学习的具体内容和目标。然后对定义、判定、性质进行严格表达,进一步加深理解。对判定和性质给出证明,归纳证明的思路与方法。最后通过应用强化对所学知识的理解,明确其中的解题思路、数学思想和方法,提高分析问题和解决问题的能力。通过解决实际问题,认识相似三角形学习的价值。

教师:请同学们再回忆一下在这个课题的学习过程中,我们获得了哪些新的方法?

(学生在合作学习小组内展开讨论,每个组都得到了许多新方法。)

教师:请同学们说说你找到的方法,并把原来的方法回顾一下。

学生1:多了一种证明角相等的方法。原来证明角相等的方法是利用全等三角形、等腰三角形、平行线、平行四边形、等腰梯形。

学生2:多了一种证明边相等的方法,利用比例前项相等,后项相同来证明。原来证明边相等的方法是利用全等三角形、等腰三角形、平行四边形、等腰梯形、平行线等分线段定理。

学生3:多了一种证明线段等积式和比例式方法,在这个方法中常常用到相等线段的替换。

学生4：多了一种求线段长的方法。原来的方法是利用等量代换、勾股定理、面积。

学生5：学到了平移的思想方法。可以把已知图形平移，进行重新组合分解，寻找证题方法。

学生6：又一次学到了将实际问题抽象成数学问题的方法。首先分清已知和所求，结合题意，画出图形，标上符号，用数学符号语言表示已知和求证。

教师：到目前为止，我们已经学完了相似三角形的有关知识，课下请同学们从以下几个方面认真总结：课题知识结构、所学到的基本知识技能与数学思想方法、学习过程中的经验、发明发现、学习障碍等，谈谈你对老师教学方法的建议和要求。

评析：反思的过程，实际上是学生思维内化、知识深化和认知结构牢固化的一个心理活动过程。让学生通过对课题学习过程的系统反思，理顺思维、深化认知、训练表达能力，使教师能及时掌握学生的知识缺陷、思维障碍，进行补偿性教学，并有意识地建立起课题学习，在横向、纵向上促进几何推理能力的层级发展，有利于及时了解学生对教师教学方法的满意程度，以及时调整教法。

课题教学的五个环节，把数学知识的逻辑呈现顺序和学生认知发展顺序统一起来，通过选择和运用多种推理方式，主动地进行推理活动，把几何学习的过程变成了学生自己主动建构适合自己学习所需要的课程的过程。从中获得基本的知识和技能，系统地发展学生综合推理能力，学会数学地思维，体验解决问题的策略、方法及其优化过程，学会合作、交流和表达，体验探索与创造的过程，获得成功的快乐，建立起学好几何的信念。发展教师几何课题组织和教学设计能力，促进学生综合推理能力的发展。

（4）课题教学实验的实施

实验对象的基本情况：本研究进行课题实验所选取的研究对象是调研学校中的05,06两所普通初级中学，在两所中学9年级分别抽取两个中等水平的班级，一个作为实验班，另一个作为对比班，实验教师即为两个实验班的任课教师，两位教师年龄、教龄相当，第一学历均为本科，两所学校在区直学校的综合排名均处于中等略偏上水平。从总体上来看，所选择的实验班大致上能够反映这个年龄段学生的综合水平。

（5）课题教学实验反思及效果分析

从课题教学实验反馈情况来看,课题教学的过程是追求知识形成过程的体验和结构化理解的过程,是探寻知识经脉的推理活动,也是改变师生在课堂中的生命状态,促进学生综合推理能力发展的过程。

①课程内容的组织——追求知识形成过程的体验和结构化理解

将课题内容进行整合,让学生在应用情境中,了解相似三角形的基本概念和在生活中的应用价值。通过直观推理等活动进行观察、探究和猜想各种可能的判定方法,使学生理解多种判定方法的获取方式及其各种判定方法间的相互关联关系,有利于不同认知水平的学生更深刻地认识和记忆各种判定方法,形成对判定方法的结构化理解和表达。从实验班课堂上可以看到,几乎所有学生都能够积极参与到探寻和体验各种结论获得的过程中来,即使学习水平较低的学生也表现出异常的学习热情,不同认知水平的学生都有机会获得成功的体验。由于延迟了应用形式逻辑推理方式进行证明的时间,有效地避免了由于形式逻辑证明可能带来的学生排斥整个学习过程的现象。为学生提供了通过多种推理方式探究、猜想的经验材料的数学化活动机会和空间,增强了学习信心,改变了片面追求抽象策略的现象,促进了学生对知识的结构化理解。

课题教学设计受课题内容的制约,尚不能体现系统的几何推理层级教学设计思路,教学内容的组织限制在课题所统摄内容的范围,不能体现几何推理层级教学内容的系统组织过程,因此,课题教学需要在系统的几何层级教学设计框架和内容组织下进行教学设计,课题教学将通过学生在不同推理方式上开展的推理活动,在通过课题发展学生综合推理能力、提高课题教学效率的同时,在几何推理层级横向、纵向上促进几何推理能力的层级发展,使课题教学成为落实几何层级教学设计的基石。

②教学设计——探寻知识经脉的推理过程,为学生提供运用多种推理方式的机会

把课题学习内容分配到五个环节中去让学生在"问题情境中了解知识提出的背景及与现实生活的联系,理解学习的价值,唤起学习者的经验和情感体验;让学生在"经验材料的数学化"过程中,选择和运用直观推理、描述推理、结构关联推理,体验数学知识的形成和发展过程,了解知识之间的内在联系,明确学习目标和课题知识结构;在"逻辑化"过程中,了

解课题逻辑系统的建立过程,体验结构关联推理和形式逻辑化方法的取舍、优化和严谨化过程;在"逻辑知识应用化"过程中,模拟由"情境"到"形式逻辑推理"的过程,体验解决问题的多样性,形成解决问题的基本策略和方法,通过解决实际生活中的问题及其所连带出的相关问题,弥补数学课程脱离社会生活的弊端。在"反思"过程中,让学生通过对课题学习过程的系统反思,理顺思维、深化认知、锻炼表达能力,使教师能及时进行学情诊断,进行补偿性教学。有效的课题教学设计应体现为学生提供更多的选择和运用多种推理方式的机会,在促进学生综合推理能力发展的过程中,让学生充分理解课题内在知识间的密切联系,获得灵活的知识和推理能力,提高教学的效率、效益和效果。

课题学习的四个环节,把数学知识的呈现序、逻辑序和学生认知心理发展序统一起来。把数学学习的过程变成了学生自己主动探寻知识经脉的推理活动,从中获得基本的知识、技能和数学思想方法;学会数学地思维;体验解决问题的策略、方法及其优化过程;学会合作、交流和表达;体验探索与创造的过程,获得成功的快乐,建立起学好数学的自信心。

③效果分析——改变师生在课堂中的生命状态,促进学生综合推理能力发展

改变教师的思维方式。教师从忠实取向的课程实施中走出来,从简单化、模式化的模仿中走出来,从利用教科书呈现现成的客观知识到主动地整合和创新几何课程,在很大程度上改变了教师的思维方式,唤起了主体创造性组织教学过程的自觉行为,主动地追求教学活动的内在质量。

改变了师生在课堂中的生命状态。从问题情境中提出问题,在经验材料的数学化过程中通过直观观察、操作等方式探寻对象间的关联关系,降低了学习的难度,减缓了坡度,使不同认知水平的学生都可以参与到学习过程中来,通过广泛开展的师生、生生之间的多边交流互动,建构学生自己所需要的几何课程,从根本上改变了师生在课堂上的生命状态。

在不确定性中生成确定性。课程整合取决于课程统摄内容的多少,取决于教师经验和对课程的理解水平,取决于学习者的适应能力,是开放的、动态的和不确定的。但却是目标驱动的、内在关联性更为紧密的,有利于知识的结构化理解、记忆和使知识更具迁移力的组织过程。课程实施注入了诸多不确定性因素,但获得的是更深层的、持久的、确定的结构

化理解。

促进了学生综合推理能力的发展。学习过程经历了经验材料的数学化、逻辑化、应用和系统反思深化理解过程，多层次、多侧面推理活动，不断强化和提升对几何知识的理解水平，与此同时进行的运用多种推理方式在不同层次上开展的推理活动，同样会增进学生推理的活动经验和体验，增强推理的灵活性和推理技能，促进学生在横向和纵向几何推理层级上发展综合推理能力。

课题教学实验过程也反映出存在的一些问题。首先，课题教学受课题内容的制约，尚不能体现系统的几何推理层级教学设计思路，教学内容的组织限制在课题所统摄内容的范围，不能体现几何推理层级教学内容的系统组织过程，因此，课题教学需要在系统的几何层级教学设计框架和内容组织下进行教学设计，课题教学将通过学生在不同推理方式上开展的推理活动，在通过课题发展学生综合推理能力、提高课题教学效率的同时，在几何推理层级横向、纵向上促进几何推理能力的层级发展，应使课题教学成为落实几何层级教学设计的基石；其次，课题教学内容的组织对教师提出了更高的要求，实验教师还不能够充分理解和把握内容整合的旨要，在实施过程中还没有实现更为理想的效果。

为了了解学生在实验前后的变化，在实验班和对比班分别开展了几何学习观和几何学习效果的调查，主要包括以下几个方面：

1. 您对几何学习有兴趣吗？

2. 您在几何学习中有机会运用多种推理方式吗？

3. 您认为学习几何推理有助于解决现实问题吗？

4. 您认为学习几何推理有助于发展数学综合素质吗？

5. 您认为学习几何推理有助于发展人的综合思维能力吗？

6. 您有机会在教师和同学面前陈述自己的观点吗？

7. 您在推理活动中有成功的体验吗？

8. 您是否理解了概念、定义、定理的提出过程和他们之间的相互关系？

9. 您是否有信心独立地进行几何推理和证明？

10. 在几何学习中，您是否认为学习后的归纳和总结很重要？

在学习完相似三角形课题之后，为了使调查更有针对性，我们将上述问题中的"几何"改为"相似三角形"。调查结果显示,实验班和对比班相比较,实验班学生对上述问题做出肯定回答的学生数明显增加。实验班在实验前后的调查有明显的区别:实验前学生的几何学习观念比较狭隘,实验后学生对"相似三角形"的教与学过程的认识发生了较大的变化。实验班学生对几何推理意义和价值的理解显著提高,认为自己理解了几何学习内容及其内在关系的学生数显著增加,对教师新的教学方式满意率大大提高,学生有能力主动思考,与同学主动交流和有信心回答问题,获得成功体验的机会增加。尽管受样本量的限制,我们不能够将实验前后具体的变化进行量化分析,但可以肯定地说,实验前后学生的几何学习观念发生了较大的变化,几何学习效率有了显著提高。

诚然,任何一种教学方法,当它还是只存在于我们的观念中,当我们还只是在字面上分析它的优缺点的时候,它还不是真正的方法。正如一套精致的钳工工具,没到匠师的手里,只不过是一堆金属而已,只有到了匠师的手里,才变成了工具,教学方法也是如此。即使是最好的教学方法,只有在教师加入了自己的个性、自己的智慧,倾注了经过深思熟虑之后进行的教学设计才是有效的。

事实上,如果理论完全变成了操作,就失去了其活的灵魂。"要使教师的行为发生变化,必须使他的思想、感受、理解发生变化"(叶澜,2004)。课程改革显然不能停留在教学的技术更新层面,应追求价值观念和行为方式的根本性变革。

7　结论与建议

7.1　7—9 年级几何推理方式及其技能特点

　　7—9 年级学生几何推理能力的表现,可以通过学生在不同推理方式上的表现进行描述。依据 7—9 年级学生几何推理能力发展的认知顺序,几何推理方式可以归纳为:直观推理、描述推理、结构关联推理、形式逻辑推理。

　　7—9 年级几何直观推理可用形象识别、实验验证、直观感知来描述。直观推理技能具有可遵循的特点(见表 4.1 – 1)。

　　7—9 年级几何描述推理可用概念描述、三种语言(图形语言、文字语言、符号语言)转换、语言描述推理来刻画。描述推理具有可遵循的特点(见表 4.2 – 2)。

　　7—9 年级几何结构关联推理可用可接受推理、不完整推理、不适当推理、直观证明来描述。结构关联推理具有可遵循的特点(见表 4.3 – 1)。

　　7—9 年级几何形式逻辑推理可用可接受推理、不完整推理、不适当推理、直观证明来描述。形式逻辑推理具有可遵循的特点(见表 4.4 – 1)。

7.2　7—9 年级学生几何推理能力发展的差异性

7.2.1　7—9 年级学生几何推理能力发展的差异性

　　我们首先采用单因素方差分析法,考察了 7—9 年级学生几何推理能力随年级升高(年龄增长)发展的情况。对《7—9 年级几何推理水平问卷》和《7—9 年级学生几何推理过程问卷》进行统计分析后,在直观、描述、结构关联和形式逻辑推理方式上,不同年级学生几何推理成绩如下:

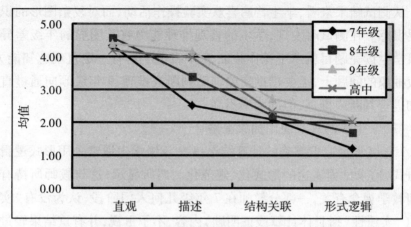

图 7.2 – 1　不同年级学生的几何推理成绩比较

　　统计显示,7—9 年级学生随年级的升高、年龄的增长,几何推理能力不断增强。除直观推理外,7—9 年级学生在描述推理、结构关联推理和形式逻辑推理上的成绩在横向、纵向上均随年级的升高而升高。但在直观推理上,随年级的升高,学生的几何直观感知能力增强,表现为逐渐脱离实验操作验证,通过直观感知进行判断,但判断的准确率并不高,这也与 9 年级几何教学比较重视学生形式逻辑推理能力的培养,忽视学生实验操作能力的发展有关。从学生几何推理过程研究情况来看,随年级的升高,学生的直观感知能力增强,因此,以上统计结果并不影响 7—9 年级学生几何推理能力发展随年级的升高而升高的判断。具体来说,同一年级学生在不同推理方式上以及不同年级学生在同一推理方式上均呈现层级发展趋势。为此,可以将 7—9 年级学生几何推理能力视为一个层级递进的发展过程。我们将以此为根据,按学生几何推理能力发展的认知顺序,提出几何层级教学策略。

　　7—9 年级学生在几何推理过程上的表现可归纳为如下几个方面:

　　(1)7 年级学生难以超越具体运算进行推理

　　7 年级学生更倾向于通过计算获得的结论,对通过抽象推理获得结论的可靠性持怀疑态度。反映了 7 年级学生的思维水平还处在难以超越具体运算去理解推理的状态,对 7 年级学生提出形式逻辑推理要求还为时过早。

（2）学生的直观感知能力随年级的升高而增强

从测试结果来看，学生普遍喜欢实验操作活动，而对复杂图形的识别有畏惧感。在测试时发现，学生的直观推理能力有其明显的年级差异：7年级学生读完题目就急于操作验证；8年级学生具有一定直观感知能力，在较抽象的问题上，需要借助实验辅助判断或推理；9年级倾向通过直观感知进行判断或推理，但准确率不高。

（3）学生普遍喜欢使用抽象策略

7年级学生追求准确的计算结果；8、9年级学生通常采用形式逻辑推理方式，追求过程表达的形式化、规范化。调研显示，这与教师所持有的几何教学观念有关，一部分教师在7年级几何入门阶段，认为没有"实质性"（"实质性"指具体计算或证明题）内容，不予重视，并有重结果轻过程现象（见5.1.2）。随着年级的升高，学生所采用的证明策略更加灵活多样，但在包括剪、拼、折、补等实验或操作等方面高年级学生未表现出优势（见5.1）。

（4）学生的测试成绩偏低，普遍低于任课教师的期望

教师对学生推理能力水平估计偏高。其原因主要在于，教师的估计一般停留在学生解常规问题、能够通过模仿和记忆解决问题时的表现。但学生实际的推理能力与教师的估计有较大的差距，学生在解决不熟悉问题，尤其是对超越当前学习内容、方法和记忆依赖的题目上的表现水平较低。这说明，学生的实际推理能力偏低。这在很大程度上取决于学生并没有真正把握推理的实质，知识的可迁移力较差。教师必须将学生从模仿或拘泥于推理技能的技术性训练中解脱出来，帮助学生真正理解推理的本质，把思路集聚到打通宏观思路上来。

7.2.2　不同年级学生几何推理能力发展的特征归纳

通过对7—9年级学生几何推理能力发展过程的观察、问卷、访谈和统计分析等活动，对7—9年级学生的几何推理能力及其特征有了进一步的了解，结合自己多年来对几何教学和实验研究的体验，运用教育学、心理学的理论分析，可归纳不同年级学生的几何推理特征如下：

表 7.2 – 1　不同年级学生几何推理能力的特征

特征 年级	特　征
7 年级	7 年级(12、13 岁)学生几何推理能力水平较低。借助实物表象识别对象的基本属性,通过实验操作和具体运算进行判断和推理;能够进行图形、文字、符号间的转化,用语言描述概念和推理的能力还比较弱;往往从命题的某个条件出发,根据个人经验进行推理,思维活动是直接同物体、个体经验和具体实践相关系的单线索思维。所犯的错误通常是把个人经验当作推理依据,把某种可能性当作事实,不能从建立命题条件到结论间的关系出发进行推理,验证推理的意识较差,并缺乏脱离具体实物的抽象思维能力,尚不具备形式逻辑推理能力。
8 年级	8 年级(13、14 岁)学生几何推理能力得到进一步的发展。能够脱离实验操作验证,通过直观感知进行模式识别;能够从命题的已知信息出发进行结构关联推理;思维表现由单线索向多线索过渡,能够建立起多向度的联系,并能够从多种关联关系中,分离和表达本质关系,具有一定的验证性收敛思维能力;具有遵守推理规则、运用通则通法的模式化思维能力;思维表现仍较大程度上受具体或经验的制约,表现出不依据命题条件进行推理和不能找到更多隐含条件进行推理,导致推理无法进行或推理错误。逻辑推理规则的运用和推理的严密性还有待于进一步发展。
9 年级	9 年级(14、15 岁)学生几何推理能力有了进一步的发展。形象识别和直观感知能力增强,能够在更抽象水平上归纳结构关联网络,能够从事物的整体联系中把握事物的本质和规律,验证意识和能力进一步增强,能够更迅速发掘本质关系,熟练地运用逻辑规则进行形式逻辑推理;具备多线索思维、收敛思维和形式逻辑思维能力,并由模式、封闭的思维逐步向开放、系统的思维过渡;推理的严密性增强,出错率降低。但在复杂推理中仍拘泥于具体关系,不能从原理上打开思路。

7.3　几何推理层级结构模型

　　本研究将 7—9 年级学生能力发展过程视为一个系统的动态发展过程。伴随学生对推理的理解不断深入,推理技能不断提高,推理能力逐步得到改进和完善,呈现层级递进发展态势。

（1）几何推理层级结构模型

几何推理层级结构模型（图7.3-1），反映了7—9年级学生几何推理的层级发展过程。几何推理层级结构模型是依据课程内容的展开顺序和学生的几何推理能力发展顺序，建构起来的一个阶段性的、层级提升的系统发展过程。

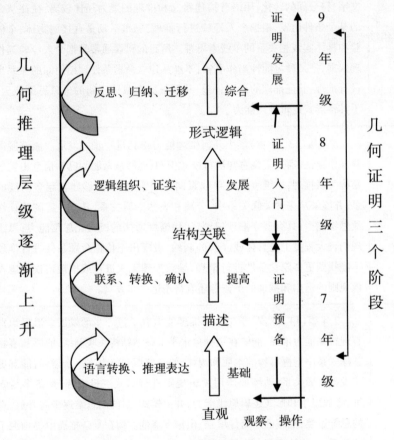

图7.3-1 7—9年级几何推理层级结构模型

（2）几何推理层级结构模型的特点

①几何推理层级教学结构模型隐含了几何推理发展的两条线：一条是按照直观推理、描述推理、结构关联推理、形式逻辑推理的层级不断提升顺序发展学生的几何推理能力。另一条是随着年级的升高发展学生几何证明能力，经历：证明预备、证明入门、证明发展。沿着第一条线来设计几何教学过程，但要同时重视第二条线的发展。在不同年级、不同层级上

发展学生推理能力的同时,形式逻辑推理可沿着 7 年级中渗透、8 年级中要求证明规则、9 年级学生能力综合发展的思路进行教学设计。重视在几何课程中发展学生综合推理能力的同时,体现几何课程有利于发展学生逻辑思维能力的独特教育功能。

②对每个学生而言,在每一个层级存在着达到和推进发展两种可能。纵向上,学生在低年级达到了某层级要求,相对高年级而言,将在同一推理方式上又推进了一步;横向上,对同一年级的学生,有些学生可能达到了某一层级并向新的更高的层级推进,而另一些学生可能尚没有达到某一层级,但在更高的层级上也会有所发展。

③层级水平包含推理的思维活动和推理描述两个要素。推理是由一系列思维活动来实现的,层级水平是通过推理的思维活动效果的描述来确认的,二者缺一不可。语言描述推理的水平是推理思维活动水平的标志,增进学生描述推理能力与促进学生推理能力发展同等重要。

④推理层级是模糊的和动态发展的。几何推理发展的教学过程是一个连续的、动态的、循序渐进的过程。层级是相对的,模糊的,层级的划分应在更大程度上保障推理的连续性。学生在推理过程中,某一层级上的问题得不到解决时,就需要停下来进行系统反思,不仅是本层次上的反思和寻找未能正确而深入理解的问题,还会在前面层次上寻找可能的原因,因此几何推理层级结构模型所建构的几何推理系统是一个迂回的、螺旋式的发展过程。

⑤推理层级结构模型重视学生认知发展规律性和推理能力发展的全面性。模型右边标出了年级以及几何推理发展的三个阶段,标志着推理层级最初发展时所处的年级和所处的阶段,表明了推理层级发展与学生的年龄、课程内容的展开序是相一致的。推理结构模型中标出的推理层级和年级的对应,表明各种推理方式第一次呈现时的先后顺序,在推理发展过程中,每一年级学生在每一种推理方式上,都在横、纵两个方向上推进和提升层级。

7.4 7—9 年级几何层级教学设计

（1）几何层级发展教学设计的总体框架

几何层级结构教学设计的总体框架应体现系统化发展过程。在课程观上，重视课程目标的层次性、结构性、关联性，体现课程内容的整合，不仅关注学生在推理层级上的认知，同时重视有效地促进层级提升，体现整体性、系统性原则；在教学观上，重视问题情境与活动设计，关注学生推理能力发展的实际水平和情感需求，为其提供处于最近发展区上的教学支持，强调教学设计贴近生活，关注学习者的经验和体验，积极促进课堂上的多边交流互动，引导学生主动学习、探究学习，发展创新性思维能力；在评价观上，重视过程性评价和反馈，以知识立意的考试形式逐渐向以能力立意的考试形式转变，多样化的评价内容和方法，给学生充分展示自我的机会，突出了激励、诊断、导向和调控功能，把评价和教学过程紧密结合起来。几何推理层级教学框架如图 7.4－1。

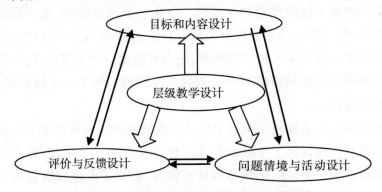

图 7.4－1 几何推理层级发展教学的框架设计

（2）几何课程层级组织的基本思路

几何课程层级组织的基本思路：从"垂直组织"和"水平组织"两个向度进行课程建构和系统组织。垂直组织（vertical organization）是指将课程要素按纵向的层级发展序列组织。水平组织（horizontal organization）是指将课程要素按横向的发展关系组织。学习的过程不仅是一个不断垂直提升的过程，也是一个不断横向整合的过程。

将几何推理层级结构模型嵌入系统建构中，建立起层级与系统间的目标及活动的紧密联系。一方面使整体的课程在横向和纵向组织上体现为具体的层级支撑;另一方面为各层级推理目标和活动更好地规划发展方向,以避免课程组织可能存在的随意性。按照几何推理层级结构发展模型,几何推理每一个层级上的横向发展融入整体课程的"水平组织",在几何推理层级纵向递进的发展融入整体的"垂直组织",使几何推理发展的过程不仅是一个不断垂直提升的过程,也是一个不断横向整合的过程。

（3）几何推理层级教学设计思路

①几何直观推理教学设计

几何直观推理教学设计,应重视学生的形象识别、实验验证和实验前后的直观感知能力培养,逐步训练学生脱离具体实物进行抽象思维的能力。几何直观推理教学设计的基本流程为:形象识别—实验验证—直观感知。

几何直观推理能力的发展在纵向上应贯穿于几何教学的全过程,需要进行系统的教学设计。在 7 年级教学应重视与小学学过的实验几何、算术和代数知识的联系,在学生已有直观经验基础上发展学生直观推理能力,在重视形象识别、实验验证的同时,重视发展学生直观感知能力;8年级学生已具备一定的直观感知能力,在较复杂的直观推理问题上,可借助实验进行辅助性验证,并结合 8 年级形式逻辑推理入门时期的要求,对有关概念、性质所对应的图形、复杂图形中的基本图形等进行有意识的识别训练;9 年级应改变当前内容单一的现象,增加几何直观推理的内容,使之与 7、8 年级几何直观推理的内容和要求形成层级递进的发展系统。总之,7—9 年级几何直观推理的教学设计应强调系统性,随年级的提升,安排有关图形识别、实验、画图及其有关实践操作性等几何问题,也包括静态和动态图形的识别问题、图形间隔、交错、复合后的识别问题等,重视现有静态图形的动态形成过程的改造,增加直观补形等,为学生提供直观推理机会,使几何直观推理贯穿于 7—9 年级几何学习的全过程。

②几何描述推理教学设计

几何描述推理能力发展的过程大致经历了概念—三种语言的转换—描述推理三个过程。要求会表达、会识图、会画图、会互译（多种语言转换）、会应用。寻求文字语言、符号语言和图形语言三种语言的联系和互译的规律性,是正确描述概念和推理过程的前提和关键。几何描述推理教学设计的基本流程为:概念表达—语言转换—描述推理。

在描述推理中,各种语言并存,互相渗透、转化,体现为综合运用图形、文字、符号三种语言对几何概念和推理过程进行描述。应重视学生对概念及其三种语言间转化的理解,同时应注意超越语言转换发展描述推理能力。

纵向上系统思考学生描述推理层级递进的发展过程:7年级重视几何概念表达、三种语言的转换和初步的语言描述推理能力的发展,可通过文字、图形、符号三者的互译,采用填空形式训练学生运用几何语言进行简单说理,逐步熟悉运用符号语言表达推理过程;8年级借助几何证明的逻辑表达规则训练,突出语言描述推理能力的发展;9年级则是综合运用多种语言和逻辑规则描述推理发展的成熟时期,语言要求更加规范,推理表达准确、严谨。

③几何结构关联推理教学设计

几何推理的过程是揭示几何内在多种关联关系,寻求对象间本质关系的过程。首先要了解问题所提供的有关信息,明确前提和结论,以进入有明确指向的关联关系的推论阶段;其次是组织推理,进行关系转换或替换;之后是从多种关联关系中分离出验证关系,形成系统的问题解决结构关联网络,最后是系统反思推理过程,优化推理过程。几何结构关联推理的基本流程是:信息接收—关系转换—验证—回顾。

让学生建立起多种关联关系,并从中剔除无关因素,发掘必要条件,建立起直接和紧密地与其本质属性的联结,逐步发展到建立起蕴含关系。在教学中,要重视结构关联问题的有层次整合,促进学生对知识和技能的深刻理解,以增加知识的"可访取性",建立起学生良好的认知结构。

结构关联推理的纵向发展是一个结构关联关系越来越复杂、难度不断增大的发展过程。7年级教、学推理受几何基础的制约较大,与小学学习过的算术和代数结合,可有效地增加关联关系,延长推理"链";8年级开始要求运用形式逻辑推理进行证明,几何证明就是要求去核实真理,因此是发展学生验证意识和验证推理能力的良好时机;9年级则需要学生学会复杂关联关系的探究,要求学生在复杂图形中识别基本图形,在复杂关系中分离出本质关系,是对几何结构关联推理能力的检验和综合发展阶段,但要防止学生拘泥于具体关系而无法打通思路,要让学生从原理上理解推理的本质。结构关联推理能力的发展是一个渐进的、不断趋向"简约"的过程。

④几何形式逻辑推理教学设计

形式逻辑推理要求学生将已有的信息按规则呈现,进行有效的条件转化,构建结构关联网络和分离出本质关系,进行形式逻辑推理规则表达。几何形式逻辑推理的基本流程:信息接收—规则化呈现—关系转化—形式逻辑表达。

形式逻辑推理能力经历了模仿、熟练和自觉运用的发展过程,在反复进行的练习中促进学生对概念、定义、定理及其证明的理解,熟悉证明的表达方式。结构关联推理是形式逻辑推理的前提,通常在找到了验证关系、确认"搭桥"成功后,通过形式逻辑推理归纳和呈现。形式逻辑推理有利于发展学生验证推理能力。7年级下学期可以适当地增加符号描述推理的格式要求。8年级开始要求运用形式逻辑推理方式进行证明。9年级则是形式逻辑推理成熟和综合推理能力快速发展的成熟时期。8年级要求学生理解证明过程、掌握分析方法、用综合法书写证明过程,由熟练地掌握一次全等过程到掌握二次全等问题。9年级要求学生在巩固已有学习成果的基础上,学会解决复杂的形式逻辑推理的证明问题,会综合运用正向(综合)和逆向(分析)方法进行推理,掌握二次全等证明和辅助线证明方法等。

值得注意的是,"形式逻辑"和"非形式逻辑"推理是相互促进、共同发展的过程。有效的教学设计是在发展学生"非形式逻辑"推理的同时,形式逻辑推理也"拾级而上""水到渠成"。

⑤几何课题教学设计

以整体的、综合的思维方式认识课程,从横向、纵向两个向度,按照数学内在的逻辑线索、学生的认知发展水平、内容的相关性,适当考虑各课题与相关学科的联系,将课程分成若干课题。课题可大可小。一方面,取决于教师的课程组织能力和学生已有的学习水平;另一方面,取决于课题问题所能统摄的知识点的多少。每个课题可以在一节课、几节课甚至几周内完成。几何课题教学设计的基本流程是:问题情境—经验材料的数学化—逻辑化—应用—反思。

　　几何课程教学设计可经历如下过程：①根据学段和学生学习水平的实际状况，以整体的、综合的思维方式组织课程内容，把学习置于复杂的、有意义的问题情境中；②让学生结合个体经验和认知基础，经过直观推理、描述推理和结构关联推理，实现经验材料的数学组织；③从对经验材料的数学化中获得的概念和结论，按照几何规则要求进行表达，对有关结论进行验证推理，并通过形式逻辑推理表达证明过程，实现逻辑化；④将逻辑化过程获得的结论应用到新的问题情境中，实现知识迁移、应用和拓展；⑤系统反思知识的产生、形成和发展过程，理顺认知，实现知识的结构化理解和记忆。

　　几何课题教学的原则包括：几何推理层级发展与课题教学协调发展的原则；预设性与生成性相结合的原则；主导性和主体性相结合的原则；淡化形式、注重实质的原则；注重实践、强化应用的原则；及时反思、系统推进的原则等。

　　几何课题教学有利于发展教师整合课程的意识和教学设计能力，实现有效教学。几何课题教学有利于促进学生对几何课程学习的深刻理解，增强认知结构及其迁移力，提高学生的综合推理能力。

7.5　建议

　　我国正处在深化新一轮基础教育数学课程改革的关键时期，希望本研究能为几何课程标准和教材的进一步修订提供参考，能为一线教师有效地组织几何课程教学提供引领和指导作用，为此提出如下建议：

　　（1）转变几何教育观念，进一步确立几何推理的教育功能

　　随着基础教育数学课程改革的不断深入，打破传统封闭的几何体系，改变单一的证明技能演练，发展学生的综合推理能力已逐渐成为共识。但广大一线教师还没有真正理解由"证明"到"推理"的转变所带来的对学生学科能力发展和未来社会生活的潜在的、持久的影响力，还没有深刻地认识到学生的探究性推理活动对发展学生创新意识，乃至创造性的教育价值。"整个数学就是建立在推理上的"，"一切科学都应用推理"，数学推理能力正日益成为学科发展、科学创新、人类生活"共通"的技能，因此，深化课程改革，必须进一步明确几何课程的改革理念，确立几何推理

的教育功能,强化课程标准的有效引领和指导作用,系统地改进教材及相关配套资源和评价方法,可以通过系统地发展学生的几何推理能力构建几何课程和进行几何教学设计。

（2）重视系统地发展学生的几何推理能力

课程标准的进一步修订需要考虑几何课程的总体目标及各阶段教学目标的明确性、一致性和可操作性。内容标准不仅要关注认知目标,同时应确定能力标准。需要明确几何学科能力标准和评价标准,强化课程标准的"刚性"引领、指导和规定作用。几何教材的进一步修订,不仅要考虑在内容呈现和教学方式上适合主体探究学习,而且还应当考虑课程内容的系统性、各阶段内容目标和要求的明确性和相关教学资源的配套。在调研中发现,广大一线教师,尤其是农村中学教师对教材的依赖性很大,教材指导和规定着教师的教学效果。在教材内容的呈现和教学方式上,改变传统的先学后用的做法,使知识呈现过程与学生应用知识解决问题的过程相一致,让学生在学习知识的过程中体验知识的形成和应用过程,理解几何与现实问题是如何建立起联系的,又是如何用来解决具体问题的,有利于促进学生几何推理能力的发展,但要强调目标的明确性、良好的教学设计和教师的指导作用,强调探究成果的及时概括、归纳、反思和提升,重视学生进一步学习所必须具备的学科能力发展。

本研究显示,几何课程可以考虑沿着促进学生几何推理能力发展的主线展开,按照直观推理、描述推理、结构关联推理和形式逻辑推理层级发展的顺序,从横向和纵向两个向度构建几何课程。一方面,使形式逻辑推理之前的几何教学不再让教师感到难以把握,而是可以在三个层级上发展学生的几何推理能力,并具有明确的操作程序和技能特点;另一方面,沿着几何推理层级发展顺序组织几何课程更有利于指导教师进行有效教学。

（3）重视学生几何推理能力发展与学生认知心理发展的适应性

7—9年级学生正处在由具体形象思维向抽象思维过渡阶段。在这个阶段的学生能够逐渐地脱离具体实物进行抽象思维。能够从概念的各种具体变化中抓住本质的东西,掌握变化的规律,进行合乎逻辑的推理和运算,能够理解因果关系,能够在更大范围内处理复杂的言语问题、假设问题,运用多种策略进行推理和解决问题,由依赖具体实物的支持逐渐过渡到不依赖内容的纯形式运算和推理。伴随着 7—9 年级学生几何推理能力的发展,学生综合思维能力也得到了进一步的发展,经过了由单维型思维到多维型思维,由发散思维到收敛思维,由模式、封闭的思维到开放、系统的思维,由静态思维到动态思维的发展过程。几何推理能力发展是一个系统的发展过程,各种推理方式在不同年级所提出的时机、难度、复杂程度和要求等都需要充分考虑适应学生的认知发展需要。

(4)多视角思考和控制不同推理方式可能造成的学习"分化"现象

导致几何学习"分化"现象,原因是多方面的。人们通常认为,几何形式逻辑证明是造成"分化"的原因。事实上,除了形式逻辑推理外,学生在直观推理、描述推理、结构关联推理活动中,都可能形成学习障碍。在直观推理上,几何推理的灵感往往来自几何直观,但因为一些内容远离生活和学习者经验,学生在形象识别、动手实验和直观感知等方面表现出不同程度的障碍;几何语言的抽象和"循规蹈矩",让许多学生感到难以接受。除此之外,学生的几何推理障碍,很大程度取决于学生结构关联推理能力较弱,学生时常因找不到必要的关系而感到推理无从下手。学生的几何推理能力发展是一个循序渐进的过程,不能够跳过中间的推理发展过程直接进入形式逻辑推理阶段。应明确学生在几何学习的每一个阶段在不同推理方式上的学习目标,并提出与之相应的教学策略,以有效地消解"分化"现象。

(5)系统地发展学生的直观推理能力

几何直观问题是几何课程学习的基本问题,应贯穿于整个几何学习过程。对学生几何直观推理的要求,不能仅停留在形象识别、实验验证层面上,要重视发展学生的直观感知能力。7 年级是几何直观推理快速发展阶段,但它不应该是直观推理发展的终点,各年级都应该有意识地安排直观推理学习内容,应改变随年级升高而一味追求抽象思维策略的现象。从调研中发现,8、9 年级学生的直观推理能力,尤其是实验操作能力,包括剪、拼、折、补等实验和动手操作等能力未得到应有的发展,必须引起高度重视。在教学中,通过展示各种图形,培养学生对图形的直观推理能力,让学生在复杂图形中识别基本图形,直观地提取图形中所反映的信息,认识、理解、感悟图形的性质,在更大程度上通过图形直观揭示几何公理、定理、公式的本质。应增加图形间隔、交错、复合后的识别,静态图形和动态图形的识别,重视现有静态图形的动态形成过程的改造,增加直观补形等,为学生提供学习机会。学生直观推理能力的发展是一个系统的、层级发展的过程,需要系统地思考和建构这个发展过程。

(6)促进几何推理活动和表达的协调发展

推理是由一系列思维活动来实现的,层级水平是通过推理的活动效果的表达来确认的,活动和表达二者缺一不可。语言表达效果是推理活动水平的标志,增进学生描述推理能力与促进学生推理能力发展同等重要。表达使推理过程更为简约和合乎规则,使概念和结果变成浓缩的信息,因而有利于提取和再生新的信息。几何推理发展的过程也是几何语言表达逐步抽象化、精细化的过程。学生在几何学习过程中,不同程度地遇到语言障碍。有些学生看懂了图形、明白了推理的过程,甚至给出了准确结论,但迫于不会书面表达而难以做出完整的解答;有些学生,由于对书面表达有畏惧感,而对推理失去信心。许多教师没有意识到加强发展学生描述推理对增进学生几何理解的重要价值,停留在语言转换层面,机械地组织学生完成有关的练习,缺乏对概念表达、描述推理过程的含义阐释和有意识训练,满足于"会说理就行",给后继学习造成理解和表达上的障碍,错失了发展学生几何语言表达能力的机会。但要求过于严格,不给学生渐进理解和发展的过程,也容易造成学生形成心理障碍,害怕几何语言。

(7)重视发展学生的几何结构关联推理能力

在调研中发现,造成学生学习困难的原因不仅仅在于通过形式逻辑推理进行证明,除了直观推理、描述推理等学习障碍外,学生几何学习困难常常是因为建立不起来解决问题的结构关联网络,一旦打通了这个"网络",问题便迎刃而解。几何证明结构中包括"论证",解决问题通常先提出猜想或假说,论证、猜想、假说都要求必须去核实,因而就有了验证的必要。验证推理表现为能够根据需要剔除无关因素,发掘必要条件,建立起直接和紧密地与其本质属性的联结,直至建立起蕴含关系,确认"搭桥"成功。验证推理在结构关联推理中起关键作用,但如果学生仅仅拘泥于探寻验证关系,会约束思维,教师应帮助学生从原理上打开思路。学生几何结构关联推理能力弱的表现主要有:①不善于运用已有的知识和经验,探索对象间的关系,发现其中的规律,不善于发现矛盾、提出猜想;

②不善于将具体材料进行概括、抽象思维;③拘泥于具体关系的转换,不能从原理上打通思路;④停留在关系的相互关联探究中,不善于从众多关系中分离本质关系;⑤对已有知识和技能缺乏系统性和结构化认知和理解,数学思想方法领会不深刻,不能触类旁通;⑥由直接推理向间接推理的过渡困难,正向推理和逆向推理不能有机结合;⑦推理过程中的监控意识不强,推理过程混乱,漏洞百出;⑧缺乏对推理成果的反思和认知结构的及时补充完善,记忆负担重,知识迁移力差。

教师在教学中应重视为学生提供具有多种关系信息的学习材料和探究、综合、反思等发展机会,增加学生的实践体验和经验,在灵活的应用中发展结构关联推理能力。

(8)恰当地选择几何"形式化"要求的时机

几何教学不能单一地追求发展学生的形式逻辑推理能力,应系统地发展学生的综合推理能力,实现这一改变将成为几何教学真正走出传统几何教育观念的根本性变革。这将有赖于课程标准和教材的规定性引导,有赖于数学教师所持有信念的转变,也有赖于几何考试方式的转变。

不能过早地要求学生进行形式逻辑推理(见4.4.3)。一方面,学生仍受"具体运算"发展水平的制约,另一方面过早地要求会限制学生的思维。但几何教学不能停留在说理上,一味强调推迟"证明"要求,不利于学生形式逻辑推理能力的发展。应适当降低几何形式逻辑推理的要求,进一步明确形式逻辑推理前的非形式逻辑推理的教学要求,增加教学的可操作性。可将非形式逻辑推理大致上分为直观推理、描述推理、结构关联推理三种方式,按照层级发展教学策略进行教学设计,使几何形式逻辑推理能力伴随以上三种推理能力发展而发展,从说理到基本的规则要求,再到形式逻辑推理要求成为一个层级递进、螺旋上升的过程。

(9)重视高年级教学内容的多样化,发展学生的综合推理能力

几何教学实践中存在着相互矛盾的两个侧面,一方面,强调探究性学习,重视说理和非形式化推理;另一方面,在衡量学生推理能力水平的测试中,又要求学生采用形式逻辑推理方式进行证明,否则,被认为推理不正确或不完整(见4.2.2)。事实上,在教师的观念里,形式逻辑推理才是解决几何问题的"最佳策略"。这种现象成为几何教学中"悖论"。在调研中发现,随着年级的升高,学生在直观推理等方面没有表现出优势。无

论是课堂上、作业中,还是考试或教辅书中,高年级几何内容所涉及的有关画图,以及割、剪、拼、动态变位图形等问题很少,学生在这类作业中的表现水平较低。在教师和学生的认识里,9年级学生的任务就是要训练几何证明能力。教学中没有考虑如何系统地加强和巩固7、8年级已有的成果,单纯采用形式逻辑推理的抽象策略进行证明,表现为顾此失彼。高年级几何内容的多样化,有赖于课程标准和教材内容多样化的规定性引导,有赖于几何评价方式的转变,也有赖于数学教师所持有信念的转变。

参考文献

中文文献:

[1]艾伦·C.澳恩斯坦,费朗西斯·P.汉金斯著(2002).柯森主译.课程:基础、原理和问题.杭州:江苏教育出版社,248,255,258,318－319.

[2]鲍建生(2000).几何的教育价值与课程目标体系.教育研究,(4):53－58.

[3]鲍建生(2005).世界回眸:几何课程的兴衰.中学数学月刊,(7):1－3.

[4]波利亚.刘远图,秦璋译(1987).数学的发现.北京:科学出版社,174.

[5]波利亚(1984).数学与猜想(第一卷).北京:科学出版社,5.

[6]波利亚.阎育苏译(1982).怎样解题.北京:科学出版社,3－4.

[7]蔡金法等(2002).中国学习者的数学思维特征——一个跨国比较研究的视角.载:范良火等(2003).华人如何学习数学.南京:江苏教育出版社,62－75.

[8]陈琦,刘儒德(1997).当代教育心理学.北京:北京师范大学出版社,101－105.

[9]陈省身(1994).数学百科全书(第一卷).北京:科学出版社,序,1－5.

[10]陈文林(1992).现代科学思维.南京:南京大学出版社,3－4.

[11]陈重穆,宋乃庆(1998).GX理论与实践.理论与实践.重庆:西南大学出版社,3－12.

[12]陈重穆,宋乃庆(1993).淡化形式,注重实质.数学教育学报,(2):4－9.

[13]D. A. 格劳斯(1999). 数学教与学研究手册. 上海:上海教育出版社,483 - 131.

[14]David J. Martin(1977). 载:艾伦·C. 澳恩斯坦,费朗西斯·P. 汉金斯著(2002). 柯森主译. 课程:基础、原理和问题. 杭州:江苏教育出版社,125

[15]道·霍夫斯塔特,乐秀成译(1984). GEB——一条永恒的金带. 成都:四川人民出版社,6 - 19.

[16]戴维. 拉齐尔. 白云等译(2005). 多元智能与量规评价. 北京:科学教育出版社,21 - 26.

[17]杜威(2003). 论教育与民主主义. 北京:人民教育出版社,8 - 12.

[18]杜玉祥等(1997). 初中数学差生转化理论与方法. 天津:天津科学技术出版社,85 - 89.

[19]弗莱登塔尔(Freudenthal),H. 陈昌平,唐瑞芬等译(1995). 作为教育任务的数学. 上海:上海教育出版社,63 - 78.

[20]弗莱登塔尔(Freudenthal),H. 刘意竹,杨刚等译(1998). 数学教育再探. 上海:上海教育出版社,63 - 79.

[21]范良火等(2003). 华人如何学习数学. 南京:江苏教育出版社,7,48,78,79,181.

[22]范良火等(2003). 教师数学知识发展研究. 上海:华东师范大学出版社,65 - 75.

[23]高隆昌(2004). 数学及其认识. 北京:高等教育出版社,101 - 103.

[24]顾泠沅(1999). 寻找中间地带——从一堂课看数学教育改革行动. 上海:上海教育科研,(10):2 - 10.

[25]顾泠沅(2001). 教育任务的变革. 教育发展研究,(10):5 - 12.

[26]顾泠沅等(2003). 教育改革的行动与诠释. 北京:人民教育出版社,176 - 179.

[27]郭思乐(1997). 数学思维教育论. 上海:上海教育出版社,23 - 30.

[28]H. Lynn Erickson 著. 兰英译(2003). 概念为本的课程与教学. 中

国轻工业出版社,11 – 19.

[29] Hilbert, D(1925). 论无限. 数学哲学. 北京:商务印书馆, 210 – 212.

[30]海弥德,吴福元译(1980). 儿童心理学. 北京:商务印书馆, 98 – 113.

[31]韩家榘(1984). 数学教学中如何培养能力. 北京:科学普及出版社,11.

[32]胡世发,王晓萍(1997). 心里潜能. 北京:中国城市出版社, 191 – 192.

[33]胡中锋(2001). 中小学生数学能力结构研究述评. 课程·教材·教法,(6):45.

[34]华东师大政教系逻辑学教研室. 形式逻辑辅导(1984). 上海:华东师范大学出版社,8 – 9.

[35]John A. Dossey. 数学的性质:其任务及影响. 载:D. A. 格劳斯(1999). 数学教育学研究手册,49.

[36]教育部师范教育司组织编写(2002). 教师专业化的理论与实践. 北京:人民教育出版社,151 – 156.

[37]金岳霖(1979). 形式逻辑. 北京:人民教育出版社,144.

[38]金哲等(1994). 现代能力导向. 重庆:重庆出版社,34.

[39]井中,沛生(1989). 从数学教育到教育数学. 成都:四川教育出版社,12 – 15.

[40]Kieran & Pirie(1991),载:范良火等(2003). 华人如何学习数学. 南京:江苏教育出版社,63.

[41]Kline,F(1989). 高观点下的初等数学(第一册). 武汉:湖北教育出版社,20 – 29.

[42]克鲁捷茨基著(1987). 中小学生数学能力心理学. 上海:上海教育出版社,55,212.

[43]课题组(1993). 21 世纪中国数学教育展望. 北京:北京师范大学出版社,173 – 183.

[44]莱斯利. P. 斯特弗,杰里. 盖尔主编,高文,徐斌艳,程克拉等译(2002). 教育中的建构主义. 上海:华东师范大学出版社,155 – 161.

[45]Leron(1985).载:李士锜(2001).PME:数学教育心理学.上海:华东师范大学出版社,145.

[46]李秉彝,朱雁(2005).中小学几何教学之我见.数学教育学报,(2):1-5.

[47]李海东(2006).人教版数学新教材的特点及使用策略.河南教育,(6):38-39.

[48]李红婷(2005).变革课程理念 创生课程文化.中国教育学刊,(9):32-35.

[49]李红婷(2002).对培养学生创造性思维能力的思考.学科教育,(12):38-42.

[50]李红婷(2004).我国数学课程目标展望.当代教育科学,(18):6-60.

[51]李俊秀(1984).数学中的推理和论证.太原:山西科学技术出版社,11.

[52]李士锜(2001).PME:数学教育心理学.上海:华东师范大学出版社,144,36.

[53]李士锜(2000).熟能生厌吗? 数学教育学报,(2):23-27.

[54]李世繁(1983).形式逻辑新编.北京:北京大学出版社,5.

[55]林崇德(2002).学习与发展.北京:北京师范大学出版社,196-234.

[56]林恩.阿瑟.斯蒂恩,胡作玄译(2000),站在巨人的肩膀上.上海:上海教育出版社,1-3.

[57]刘电芝,张庆林(1988).试论直觉的心理机制.教育研究,(1):17-22.

[58]刘儒德(2002).基于问题学习对教育改革的启示.教育研究,(2):72-77.

[59]吕传汉(2005).数学情境与数学问题.北京:北京师范大学出版社,2-4.

[60]吕林海(2003).数学理解性学习与教学研究:[博士学位论文].上海:华东师范大学,126.

[61]罗增儒(2004).波利亚的怎样解题表(续).中学数学教学参考,

(5):29－31.

[62]罗增儒(2001a).数学解题学引论.西安:陕西师范大学出版社,182－189.

[63]罗增儒(2001b).中学数学课例分析.西安:陕西师范大学出版社,227－237.

[64]Lynda Fielstein & Patricia Phelps(2002).王建平等译.教师新概念——教师教育理论与实践.北京:中国轻工业出版社,189－197.

[65]马复(2003).设计合理的数学教学.北京:高等教育出版社,32－37.

[66]马赫穆托夫(1989).问题教学.华东师范大学学报(教育科学版).2.

[67]马忠林(1999).数学课程论.南宁:广西教育出版社,182－184.

[68]迈克尔.塞拉(2001).发现几何.北京:人民教育出版社,1,75.

[69]马克斯.范梅南.宋光文等译(2003).生活体验研究——人文科学视野中的教育学.北京:科学教育出版社,44－54.

[70]马克斯.范梅南.李树英译(2002).教学机智——教育智慧的意蕴.北京:科学教育出版社,196－210.

[71]孟万金(1999).研究生入学能力倾向测试刍议.江苏高教,(2):98－99.

[72]内尔.诺丁斯.于天龙译(2003).学会关心——教育的另一类模式.北京:科学教育出版社,192－202.

[73]皮连生(2003).学与教的心理学.上海:华东师范大学出版社,136－148.

[74]全日制义务教育数学课程标准(实验稿)(2001),北京:北京师范大学出版社,5.

[75]钱学森(1986).关于思维科学.上海:上海人民出版社,143.

[76]任樟辉(2001).数学思维理论.南宁:广西教育出版社,2,194,19.

[77]施良方(2003).学习论.北京:人民教育出版社,37:441.

[78]史宁中(2006).关于数学的定义的一个注.数学教育学报,(11):37－39.

[79]斯托利亚尔(1984).数学教育学.北京:人民教育出版社, 56－79.

[80]宋乃庆,罗万春(2002).创新教育误区析.人民教育,(1): 32－33.

[81]宋乃庆,朱德全,袁顶国(2003).六连结构——民族地区农村中学教育的有效模式.中国民族教育,(3):33－36.

[82]宋乃庆,朱德全(2000).论述学策略性知识的学习.数学教育学报,(2):33－36.

[83]苏越(1990).科学发现中的逻辑.北京:北京师范大学出版社,243.

[84]孙晓天(2004).数学课程发展的国际视野.北京:高等教育出版社,12－16.

[85]Taba(1962).载:艾伦·C.澳恩斯坦,费朗西斯·P.汉金斯著(2002).柯森主译.课程:基础、原理和问题.南京:江苏教育出版社, 256－259.

[86]田载今,李海东(2005).几何教学中的直观实验与逻辑推理.数学教学,(6):1－3.

[87]涂荣豹(2003).数学教学认识论.南京:南京师范大学出版社, 172－189.

[88]Van de Wall(1997)载:何敏华(2005).创意教学活动"思辨性的猎捕"——包含关系的推理.科学教育月刊(台湾),(9),282期,41－45.

[89]威金斯(Wiggins)和麦克蒂赫(Mactighe),么加利译(2003).理解力培养与课程设计.北京:中国轻工业出版社,4.

[90]威廉 F. 派纳等(2004).理解课程.北京:教育科学出版社, 720－721.

[91]王极盛(1986).科学创造心理学.北京:科学出版社,400－401.

[92]沃建中(2006).不同推理水平儿童在图形推理任务中的眼动研究.心理发展与教育,(3):6－10.

[93]吴俊明,王祖浩(1996).中学学习论.南宁:广西教育出版社, 20－26.

[94]吴庆麟等(2000).认知教学心理学.上海:上海科学技术出版

社,351.

[95]吴文俊(1993).我对改革数学教育的看法.课程教材教法,7.

[96]武锡环,李祥兆(2004).中学生数学归纳推理的发展研究.数学教育学报,(8):88-90.

[97]形象思维资料汇编(1980).北京:人民教育出版社,33-37.

[98]徐斌艳(2000).基于开放式问题的数学教学模式研究.外国教育资料,(6):18-23.

[99]徐利治(2000).谈谈我的一些数学治学经验.数学通报,(5):0-4.

[100]徐利智,王前(1990).数学与文化.长沙:湖南教育出版社,36.

[101]杨小洋,张爱群,申继亮(2003).从观念到行为:对教学中的问题观及问题式教学行为的调查与思考.课程·教材·教法,(10):34-39.

[102]杨燕钧(1995).中学数学教材教法.天津:天津人民出版社,112.

[103]叶澜(2004)."新基础教育"发展性研究报告集.北京:中国轻工业出版社,3-37.

[104]叶澜(1997).让课堂焕发生命的活力.教育研究,(9):3-7.

[105]袁振国(2002).教育新理念.北京:教育科学出版社,1-6.

[106]约翰.D.麦克尼尔,施良方等译(1990).课程导论.沈阳:辽宁教育出版社,37-56.

[107]张奠宙,过伯祥等(1993).数学方法论稿.上海:上海教育出版社,29,35-43.

[108]张奠宙,沈文选(2006).中学几何研究.北京:高等教育出版社,292,114,109.

[109]张奠宙,宋乃庆(2004).数学教育概论.北京:高等教育出版社,165-189.

[110]张奠宙,赵小平(2005).当心"去数学化".数学教学,(6):1.

[111]张奠宙(2005).平面几何教学的回顾与前瞻.数学教学,(5):1-4.

[112]张红霞(2003).科学究竟是什么.北京:科学教育出版社,

28 - 40.

[113]郑毓信,肖伯荣,熊平(2001).数学思维与数学方法论.成都:四川教育出版社,317 - 330.

[114]郑毓信(1995).数学教育哲学.成都:四川教育出版社,72 - 81.

[115]郑毓信(2004).数学文化.成都:四川教育出版社,311.

英文文献:

[1] Anderson, L. W. (1995). National Encyclopedia of Teaching and Teacher Education. Elervier Service Ltd. ,588 - 593.

[2] Andreas, J. , Stylianides, G. J. Stylianides. (2006). Content knowledge for mathematics teaching:the case of reasoning and proving. Proceedings of the 30th Conference of the International Group for the Psychology of Mathematics Education,201 - 209.

[3] Antonini, S. (2003). Non - examples and proof by contradiction. In N. A. Pateman, B. J. Dougherty, &J. Zilliox(Eds.), Proceedings of the 27th PME International Conference, 49 - 56.

[4] Battista&Clements, IN Gila, H. (1989). More than formal proof. For the learning of Mathematics,9(1):20 - 25.

[5] Bell, A. W. (1976). A Study of Pupils' Proof - explanations in Mathematical Situations. Educational Studies in Mathematics,7. 23 - 40.

[6] Bergeton, J. C, Herscovics, N. & Kieten, C. (Eds)(1987). Proceedings of the 11th conference of the International Group for the Psychology of Mathematics Education,Montreal,3. 117 - 123.

[7] Biggs & Collis(1982) . IN Gila Hanna. G. (1989)More than formal proof. For the learning of Mathematics,9(1):20 - 23.

[8] Burger, W. F. ,Shanghnessy, J. M. (1986). Characterising the van Hiele levels of development in geometry. Journal for Research in Mathematics Education, 17. 31 - 48.

[9]Cheng, P. W. ,Holyoak, K. J. (1985). Pragmatic Reasoning Schemas. Cognitive Psychology,17. 391 - 416.

［10］Cockburn & E. Nardi(Eds.) (2002). Proceedings of the 26th Conference of the International Group for the Psychology of Mathematics Education, 113 – 120.

［11］Delice, A. Recognising. (2002). recalling and doing in the 'simplification' of trigonometric expressions. Proc. 26th Conf. of the Int. Group for the Psychology of Mathematics Education, 274.

［12］Ding, L. & Jones, K. (2006). Teaching geometry in lower secondary school in Shanghai, China, Proceedings of the British Society for Research into Learning Mathematics, 26(1) . 41 – 46.

［13］Duval, R. (2002). Proof understanding in MATHEMATICS: What ways for STUDENTS? Proceedings of 2002 International Conference on Mathematics: Understanding Proving and Proving to Understand, 61 – 77.

［14］Elia, I. , & Philippou, G. (2004). The functions of pictures in problem – solving. In Johnsen Høines and Fuglestad (Eds) Proceedings of the 28th Conference of the International Group for the Psychology of Mathematics Education, 2. 327 – 335.

［15］Fuy, D. , Geddes, D. , & Tischler, R. (1989). The Van Hiele model of thinking in geometry among adolescents. Journal for Research in Mathematics Education. RestonVA. : NCTM.

［16］Kay Johnson Gentile(1991). Teaching Higher Levels of Thinking in Elementary Geometry, Irish Educational Studies, 10(1).

［17］Gila, H. (1989). More than formal proof. For the learning of Mathematics, 9(1) . 20 – 25.

［18］Gila, H. (1990). Some Pedagogical Aspects of Proof . Interchange, 21(1). 6 – 13.

［19］Gila, H. , MeCutchen, S. P. , & Zechiel, A. N. (1942). Exploring the Curriculum, New York: Harper, 2.

［20］Gila, H. , Niels, H. J. (2001). Chapter 23: Proof and Proving. In A. J. Bishop, K. Clements, and C. Laborde(eds) International handbook of mathematics education, 877 – 908. Dordrecht: Kluwer.

［21］Grouws, D. (1992). Handbook of Research on Mathematics Teaching and Learning, Macmillan Publishing Company istopher – Gordon Publishers, Inc.

[22]Healy,L. ,& Hoyles, C. (2000). A study of proof conceptions in algebra. Journal for Research in Mathemtics Education. (3):79 – 83

[23]Hoyles,C. (1997). The Curricular Shaping of Students' Approaches to Proof. For the Learming of Mathematics,17.

[24]Jones,R. E. (1997). Teacher participation in decision making – its relationship to staff morale and student achievement. Education,118 (1). 76 – 83.

[25]Kitcher, P. (1984). The nature of mathematical knowledge. New York: Oxford University Press.

[26]Kline, M. (1970). Logic versus pedagogy. American Mathematics Monthly,77.

[27]Knuth,E. J. (2002). Secondary school mathematics teachers' conceptions of proof. Journal for Research in Mathematics Education,33 (5). 379 – 405.

[28] Koschmann, T. D. , Myers, A. C. , Feltovich, D. J. , et al. (1996). Sing technology to assist in realizing effective learning and instruction: A principle led approach to the use of computers in collaborative learning. Journal of the Learning Science, (3):225 – 262.

[29]Lesh, R. , Landau, M. (1983) . Acquisition of Mathematics Concepts and Processes, Academic Press.

[30]Lin,F. L. (2004). Features and Relationship of Reasoning, Proving and Understanding Proof in Number Patterns. International Journal of Science and Mathematics Education,2(2):227 –256.

[31]Lin, F. L. (2003) . Modeling Students' Learning on Mathematical Proof and Refutation, PME. 1 – 3.

[32]Mason,M. M. (1997). The van Hiele Model of Geometric Understanding and Mathematically Talented Students. Journal for the Education of the Gifted,21. 38 – 53.

[33]Mayberry, J. (1983). The van Hiele levels of geometric thought in

undergraduate preservice teachers. Journal for Research in Mathematics Education,14. 58 – 69.

[34] National Research Council. National Science Education Standards. (1996). Washington, DC: National Academy Press,23.

[35] NCTM(National Council of Teachers of Mathematics) (1989). Curriculum and evaluation standards for school mathematics. Reston, VA, Available at the Web site: http://www. enc. org/online/NCTM/280dtoc1. html.

[36] Porter, A. (1989). A curriculum out of balance: The of elementary school mathematics. Educational Researcher,18. 9 – 15.

[37] Ralph W. Tyler(1986). Conversation with ong of the authors, April 16,49:479 – 502.

[38] Raman, M. (2003) . Key ideas: What are they and how can they help us understand how people view proof? Educational Studies in Mathematics, 52(3) :319 – 325.

[39] Rodríguez, F. , Gutiérrez, A. Analysis of Proofs Produced by University Mathematics Students, And the Influence of Using Cabri Software. (2006). Proceedings of the 30th Conference of the International Group for the Psychology of Mathematics Education,433 – 437.

[40] Schoenfeld, A. H. (1986). On having and using geometric knowledge. In J. Hiebert (ed.) In conceptual and procedural knowledge: the case of mathematics, Hillsdale, NJ: LEA, 225 – 237.

[41] Senk,S. L. (1989). van Hiele Levels and Achievement in Writing Geometry Proofs. Journal for Research in Mathematics Education, 20. 309 – 321.

[42] Tyber. R. W. (1949.) Basic principles of curriculum and instruction. Chicago: University of Chicago Press,60 – 61.

[43] Tymoczko,T. (1986). Making room for mathematicians in the philosophy of mathematics. The Mathematical Intelligencer, 8(3) :44 – 50.

[44] Usiskin,Z. (1982). Van Hiele Levels and Achievement in Secondary School in Secondary School Geometry Project. Chicago: University of Chicago. (ERIC Document Reproduction Service No. ED 220 – 228).

［45］Usiskin,Z. ,& Senk,S. (1990). Evaluating a test of van Hiele levels:A response to Crowley and Wilson. Journal for Research in Mathematics Education,21(3):242 – 245.

［46］van Hiele – Geldof, D. (1957). De didaktick van de Meetkunde in deerste klass van het V. H. M mmary of unpublished doctoral dissertation with English summary, University of Utrecht, Netherlands.

［47］van Hiele, Pierre M. (1999). Developing Geometric Thinking through Activities that Begin with Play. Teaching Children Mathematics, 310 – 316.

［48］Van Hiele,P. M. (1986). Structure and Insight: A theory of mathematics education. Orlando, FL: Academic Press.

［49］Weber, K. (2004). A framework for describing the processes that undergraduates use to construct proofs. In M. J. Høines & A. B. Fuglestad (Eds.), Proceedings of the 28th PME International Conference,425 – 432.

［50］Wu, C. J. et al. (2006). generating and evaluating geometry conjectures with self – directed experiments. Proceedings of the 30th Conference of the International Group for the Psychology of Mathematics Education,401.

［51］Wu, H. (1996). The mathematician and the Mathematics Education Reform. Notices of the American Mathematical Society, 43(12):1531 – 1537.

［52］Wu, H. (1996) The role of Euclidean geometry in high school. Journal of mathematical behavior, 15(3):221 – 237.

［53］Yang, K. L. (2005). Conceptualizing reading comprehension of geometry proof. Proceedings of 2005 International Conference on Reading and Writing in Science and Mathematics, 61.

附　录

附录1:几何推理水平问卷

学校_____;年级_____;班级_____;学号_____;姓名_____

1.下面的角中,最接近30°是_____.

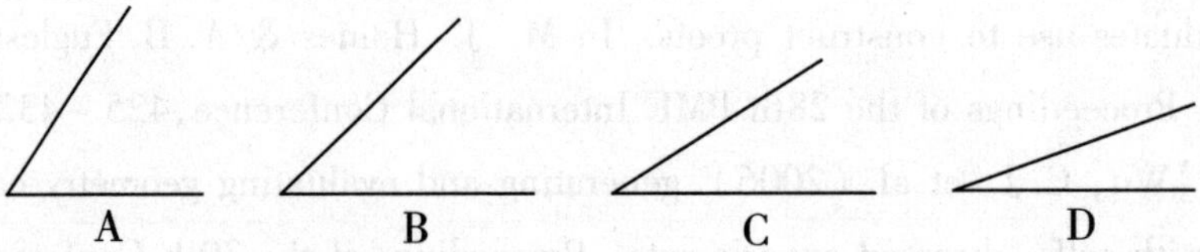

A　　　　　B　　　　　C　　　　　D

E. 以上答案都不对

2.如下图,a、b分别是下面图形中两条线段的长度,下列答案正确的是_____

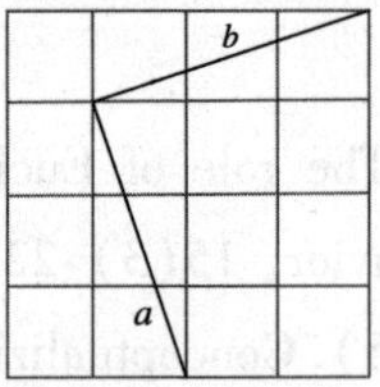

A.a比b长　　　　B.a比b短　　　　C.a和b同样长

D.a不比b长　　　　E. 以上答案都不对

3.下图中共有三角形的个数是_____

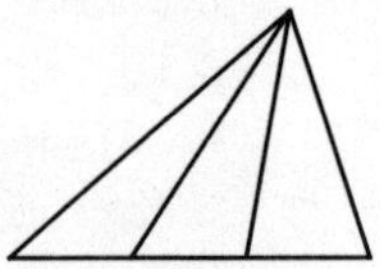

A.3 个三角形　　　　B.4 个三角形　　　　C.5 个三角形

D.6 三角形　　　　E.7 个三角形

4. 下列的平面图形中, 是正方体的平面展开图的是_____

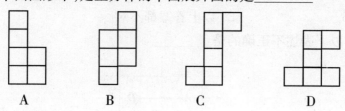

A   B   C   D

    E. 以上答案都不对

5. 如下图所示, 一张正方形的纸如图(1), 沿虚线对折一次得图(2), 再对折一次得图(3), 然后用剪刀沿图(3)中的虚线剪去一个角, 再打开后的形状应是_____

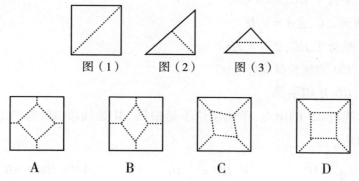

图(1)   图(2)   图(3)

A   B   C   D

6. 下列说法正确的是_____

    A. 面积相等的两个长方形全等

    B. 周长相等的两个长方形全等

    C. 形状相同的两个长方形全等

    D. 能够完全重合的两个长方形全等

    E. 以上说法都不对

7. 下列关于直线说法正确的是_____

    A. 两点之间, 直线最短

    B. 直线 MN 和直线 NM 是两条不同的直线

    C. 两点确定一条直线

    D. 将一条线向两方无限延伸

    E. 延长直线 AB

8. 长方形对角线的交点离开短边的距离比离开长边的距离长 1cm, 长方形的周长为 12cm, 则长方形的长和宽分别为_____

A. 2,4   B. 3,5   C. 1,3

D. 4,6   E. 以上答案都不对

9. 如图:以下表述不正确的是_____

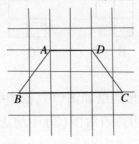

A. AD 平行于 BC, $AB = CD$

B. $\angle B = \angle C$, $\angle A = \angle D$

C. AD 平行于 BC, $\angle B = \angle C$

D. BA、CD 的延长线交于一点

E. AC、BD 互相平分

10. M 是线段 AB 的中点,下面结论不是根据"M 是线段 AB 的中点"推出来的是_____

A. $AM = \dfrac{1}{2}AB$ B. $BM = \dfrac{1}{2}AB$ C. $AM + BM = AB$

D. $AB = 2BM$ E. $AM = BM$

11. 如图,两个圆的圆心 P、Q 及这两个圆的两个交点 R、S 构成一个四边形 $PRQS$。下面哪个结论不正确_____

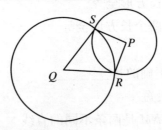

A. 四边形 $PRQS$ 有两条边长相等

B. 四边形 $PRQS$ 至少有两个角相等

C. 直线 PQ 与 RS 互相垂直

D. 角 P 与角 Q 相等

E. 以上都对

12. 下列推理正确的是_____

    A. 若 ∠B 和 ∠C 相等,则 △ABC 的三边相等

    B. 若 △ABC 的三边相等,则 ∠B 和 ∠C 相等

    C. △ABC 的三边相等、∠B 和 ∠C 相等,这两者不能同时正确

    D. 若 ∠B 和 ∠C 相等,则 △ABC 的三边相等

    E. 以上说法都不对

13. 下列说法正确的是_____

    A. 等腰三角形顶角的外角平分线与底边平行

    B. 等腰三角形的一边不可以是另一边的 2 倍

    C. 等腰三角形的底角可以是钝角

    D. 等腰三角形的高、中线、角的平分线相互重合

    E. 等腰三角形两腰上的高线不相等

14. 如图,∠A + ∠B + ∠C + ∠D + ∠E + ∠F = _____

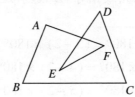

    A. 360°   B. 480°   C. 540°

    D. 720°   E. 以上答案都不对

15. 如图,A 是圆的圆心,AB 是圆的半径,C 是 AB 垂直平分线上的一点,
    以下证明 △ABC 是等边三角形的最佳思路是_____。

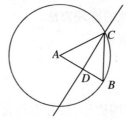

    a. 由题目中的已知推出 AC = BC,AD = BD 后,进一步证明 △ABC 是等
       边三角形

    b. 由题目中的已知推出 AC = BC,∠A = ∠ABC 后,进一步证明 △ABC
       是等边三角形

    c. 由题目中的已知推出 AB = AC,AC = BC 后,进一步证明 △ABC 是等

边三角形

    d. 由题目中的已知推出 $AC = BC$，$\triangle ACD \cong \triangle BCD$ 后，进一步证明 $\triangle ABC$ 是等边三角形

    e. 由题目中的已知推出 $AC = BC$，$\angle ACD = \angle BCD$ 后，进一步证明 $\triangle ABC$ 是等边三角形

    A. 2 个   B. 4 个   C. 5 个

    D. 6 个   E. 8 个

16. 以下说法中不正确的是_____

    A. 有一个角是直角的平行四边形是长方形

    B. 对角线互相平分且相等的四边形是长方形

    C. 对角线互相平分且有一个角是直角的四边形是长方形

    D. 有三个角是直角的四边形是长方形

    E. 一组对边平行且对角线相等的四边形是长方形

17. 下列说法正确的是_____

    ∵ 三角形的内角和为 $180° = (3-2) \times 180°$，

    四边形的内角和为 $2 \times 180° = (4-2) \times 180°$，

    五边形的内角和为 $3 \times 180° = (5-2) \times 180°$

    ……

    ∴ n 边形的内角和 $= (n-2) \times 180°$.

    A. 通过以上推理判断结论正确是合适的

    B. 通过以上推理得到的结论是不正确的

    C. 结论不正确，有其他的推理方法

    D. 结论正确，但需要证明

    E. 以上结论都不对

18. 以下推理正确的是_____

    A. 因为正方形是平行四边形、长方形包含正方形，所以长方形是平行四边形

    B. 因为长方形是平行四边形、正方形是长方形，所以正方形是平行四边形

    C. 因为长方形是平行四边形、正方形是平行四边形，所以正方形也是长方形

D. 因为长方形和菱形都是平行四边形、长方形是平行四边形,所以菱形是平行四边形

E. 长方形和菱形都是平行四边形、正方形是长方形,所以正方形也是菱形

19. 在四边形 $ABCD$ 中,①AC 平分 $\angle BAD$;②$AB = AD$;③$BC = DC$;④$\angle B = \angle D$,则以下推理不正确的是_____

A. 由①②可以推出③④

B. 由③④可以推出①②

C. 由①④可以推出②③

D. 由②④不能推出①③

E. 由①③不能推出②④

20. 以下说法不正确的是_____

A. 如果两个等边三角形面积相等,那么它们互相重合

B. 如果两个等腰直角三角形面积相等,那么它们互相重合

C. 如果两个钝角三角形面积相等,那么它们互相重合

D. 如果顶角相等的两个等腰三角形面积相等,那么它们互相重合

E. 如果三边对应相等的两个三角形面积相等,那么它们互相重合

附录2:几何推理过程问卷

附录2-1:7年级学生几何推理过程问卷

学校_____;年级_____;班级_____;学号_____;姓名_____

同学们,为了了解初中生在几何推理能力方面的情况,我们制作了这份问卷,请你按照自己的实际情况来回答,每一个问题都要回答,回答得越详细越好。

1. 观察图形。按前面图形的规律推测第四个图形。

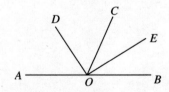

(1)结合题意观察图形后你想到了什么,描述一下你的主要想法。

(2)要画出第四个图形,你想到了几种可能的形状?

(3)画出你想到的第四个图形的各种可能的形状。计算出第四个图形的点数。

(4)描述一下第100个图形可能的形状。

(5)计算出第100个图形的点数。

(6)描述一下第 n 个图形可能是什么形状,能计算出第 n 个图形的点数吗? 说明理由。

2. 如图,O 是直线 AB 上一点,OD、OE 分别是 $\angle AOC$、$\angle COB$ 的平分线,设 $\angle AOC = 110°36'$,求 $\angle DOE$ 的度数。

```
       D          C
        \        /
         \      /        E
          \    /      /
           \  /    /
            \/  /
A───────────O───────────B
```

(1)结合题意找出图中与求角 $\angle DOE$ 的度数有关的角与角之间的关系,并写出你找到的这些关系。

(2) 你能猜想一下 ∠DOE 是多少度吗？请说出你猜想的依据。

(3) 求 ∠DOE 的度数，你找到了几种办法？

(4) 写出你想到的各种求法，求出 ∠DOE 的度数，并说明理由。

(5) 你对哪种做法最为满意？你是最初想到的这种做法，还是受到某种做法的启发，后来想到的？

3. 右图是一个多面体的展开图，请根据要求回答问题：

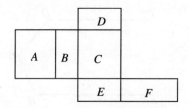

① 如果 D 面是多面体的右面，那么 E 面在什么位置？

② B 面和哪一面相对？

③ 如果 C 面是前面，D 面是上面，那么左面是什么？

④ 如果 B 面是后面，D 面是左面，那么前面是什么？

⑤ 如果 A 面是右面，F 面是下面，那么 B 面在哪里？

(1) 读完题目后你想到了什么？描述一下你的想法。

(2) 请回答每一个问题，并简单地说明理由。

(3) 在这些问题中，有哪几个问题无须过多地思考就能回答？哪几个问题较难，但认真思考后能回答？哪几个问题必须亲手实验一下才能回答？你是通过何种方式进行实验的？

(4) 你能肯定你回答的哪几问是一定正确的，哪几问还不能完全确定？

(5) 与几何证明题比较，你是否更喜欢做这类题目？你认为做这类题目有何意义？你有何建议？

4. 如图，平行四边形 ABCD 的面积为 28cm³，EC = 3cm，AE = 4cm。求 ΔABE 的面积。

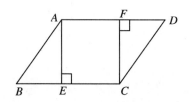

(1)找出与求 $\triangle ABE$ 的面积有关的关系,并写出你找到的这些关系。

(2)要求 $\triangle ABE$ 的面积,你想到了哪几种做法?

(3)写出你想到的各种求法,求出 $\triangle ABE$ 的面积,并说明理由。

(4)你对哪种做法最为满意? 你是最初想到的这种做法,还是受到某种做法的启发,后来想到的?

5. 如图:$AB /\!/ CD$,考察 $\angle ABE$、$\angle BED$、$\angle EDC$ 三个角的和。

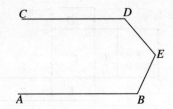

(1)结合题意观察图形后你想到了什么? 描述一下你的主要想法。

(2)你想到了哪些数学知识? 你打算用哪些方法求出这三个角的和?

(3)写出各种可能的求法,并说明你的理由。

(4)你对哪种做法最为满意? 你是最初想到的这种做法,还是受到某种做法的启发,后来想到的?

6. 怎样把一个长方形剪成两块,拼成一个等腰三角形? 又怎样把一个长方形剪成三块,拼成一个等腰三角形? (材料不能有剩余)

(1)读完问题后你想到了什么,描述一下你的主要想法。

(2)将长方形剪成怎样的两块可能拼成等腰三角形?

(3)所剪开长方形的两部分和要拼成的等腰三角形间有哪些关系?

(4)你想到了几种剪法? 画出你拼成的等腰三角形(保留长方形痕迹,剪下的部分涂上阴影)。说明你这样拼的理由。

(5)根据第二问的要求,画出你拼成的等腰三角形。

附录 2−2:8 年级学生几何推理过程问卷

学校_____;年级_____;班级_____;学号_____;姓名_____

同学们,为了了解初中生在几何推理能力方面的情况,我们制作了这份问卷,请你按照自己的实际情况来回答,每一个问题都要回答,回答越详细越好。

1. 观察图形。按前面图形的规律推测第四个图形。

(1)结合题意观察图形后你想到了什么,描述一下你的主要想法

(2)要画出第四个图形,你想到了几种可能的形状?

(3)画出你想到的第四个图形的各种可能的形状。计算出第四个图形的点数。

(4)描述一下第 100 个图形可能的形状。

(5)计算出第 100 个图形的点数。

(6)描述一下第 n 个图形可能是什么形状,能计算出第 n 个图形的点数吗? 说明理由。

2. 下图是一个多面体的展开图,请根据要求回答问题:

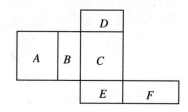

①如果 D 面是多面体的右面,那么 E 面在什么位置?

②B 面和哪一面相对?

③如果 C 面是前面,D 面是上面,那么左面是什么?

④如果 B 面是后面,D 面是左面,那么前面是什么?

⑤如果 A 面是右面,F 面是下面,那么 B 面在哪里?

(1)读完题目后你想到了什么? 描述一下你的想法。

(2)请回答每一个问题,并简单地说明理由。

(3)在这些问题中,有哪几个问题无须过多地思考就能回答? 哪几个问题较难,但认真思考后能回答? 哪几个问题必须亲手实验一下才能回答? 你是通过何种方式进行实验的?

(4)你能肯定你回答的哪几问是一定正确的,哪几问还不能完全确定?

(5)与几何证明题比较,你是否更喜欢做这类题目? 你认为做这类题目有何意义? 你有何建议?

3. 如图,A 是圆的圆心,AB 是圆的半径,C 是 AB 垂直平分线上的一点,试证明△ABC 是等边三角形。

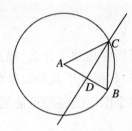

(1)读完题目后你想到了哪些关系? 写出这些关系。

(2)要证明△ABC 是等边三角形,你想到了哪些可能的证明方法?

(3)写出你的证明方法。

(4)这个题目涉及到了哪些知识? 叙述一下你所运用的那些知识。

4. 如图:$AB /\!/ CD$,考察 $\angle ABE$、$\angle BED$、$\angle EDC$ 三个角的和。

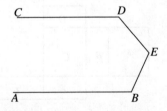

(1)结合题意观察图形后你想到了什么? 描述一下你的主要想法。

(2)你想到了哪些数学知识? 你打算用哪些方法求出这三个角的和?

(3)写出各种可能的求法,并说明你的理由。

(4)你对哪种做法最为满意? 你是最初想到的这种做法,还是受到某种做法的启发,后来想到的?

5. "如图,点 D、E 在△ABC 的边 BC 上,$AB = AC$,……求证:$BD = CE$"

请你为本题再设置一个条件,将它补充成一道完整的证明题;并证明它。

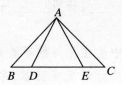

(1)读完题目后,你想到了哪些知识?

(2)题目要求再为本题设置一个条件,请写出至少三种设置方法?写出你找到的这些条件,并说明理由。

(3)为了增加题目证明的难度,你可以不在 △ABD 和 △ACE 中设置相等的条件,写出你所设置的条件(写得越多越好),并说明理由。

(4)请你总结一下为本题设置条件的关键和提高题目难度的做法。

6. 如图(1),在矩形 ABCD 中画一条直线,将其分成面积相等的两部分,你有几种做法? 如图(2),若在矩形 ABCD 中截去一个矩形 DGEF,在凹多边形 ABCGEF 中作一条直线,将其分成面积相等的两部分,你又有几种做法?

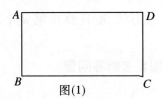
图(1)

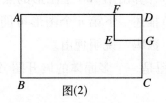
图(2)

①你想到了多少种做法? 画出第一个问题中各种可能的做法,并说明理由。

②所做出的直线的共同特点都是经过矩形的哪一个点?

③描述一下什么样的直线能将矩形分成面积相等的两部分?

④画出第二个问题中各种可能的做法,并说明理由。

附录 2-3:9 年级学生几何推理过程问卷

学校_____;年级_____;班级_____;学号_____;姓名_____

同学们,为了了解初中生在几何推理能力方面的情况,我们制作了这份问卷,请你按照自己的实际情况来回答,每一个问题都要回答,回答得越详细越好。

1. 观察图形。按前面图形的规律推测第四个图形。

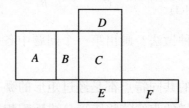

(1)结合题意观察图形后你想到了什么,描述一下你的主要想法

(2)要画出第四个图形,你想到了几种可能的形状?

(3)画出你想到的第四个图形的各种可能的形状。计算出第四个图形的点数。

(4)描述一下第 100 个图形可能的形状。

(5)计算出第 100 个图形的点数。

(6)描述一下第 n 个图形可能是什么形状,能计算出第 n 个图形的点数吗? 说明理由。

2. 下图是一个多面体的展开图,请根据要求回答问题:

```
              ┌───┐
              │ D │
      ┌───┬───┼───┤
      │ A │ B │ C │
      └───┴───┼───┼───┬───┐
              │ E │   │ F │
              └───┴───┴───┘
```

①如果 D 面是多面体的右面,那么 E 面在什么位置?

②B 面和哪一面相对?

③如果 C 面是前面,D 面是上面,那么左面是什么?

④如果 B 面是后面,D 面是左面,那么前面是什么?

⑤如果 A 面是右面,F 面是下面,那么 B 面在哪里?

(1)读完题目后你想到了什么? 描述一下你的想法。

(2)请回答每一个问题,并简单地说明理由。

(3)在这些问题中,有哪几个问题无须过多地思考就能回答?哪几个问题较难,但认真思考后能回答?哪几个问题必须亲手实验一下才能回答?你是通过何种方式进行实验的?

(4)你能肯定你回答的哪几问是一定正确的,哪几问还不能完全确定?

(5)与几何证明题比较,你是否更喜欢做这类题目?你认为做这类题目有何意义?你有何建议?

3. 如图:$AB /\!/ CD$,考察$\angle ABE$、$\angle BED$、$\angle EDC$ 三个角的和。

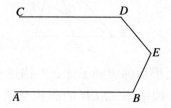

(1)结合题意观察图形后你想到了什么?描述一下你的主要想法。

(2)你想到了哪些数学知识?你打算用哪些方法求出这三个角的和?

(3)写出各种可能的求法,并说明你的理由。

(4)你对哪种做法最为满意?你是最初想到的这种做法,还是受到某种做法的启发,后来想到的?

4. D 是$\triangle ABC$ 边 AB 边上一点,过 D 做直线 DE 交 AC 于 E,使 $\triangle ADE$ 与 $\triangle ABC$ 相似,问满足这样条件的三角形有几个?如果 D 在$\triangle ABC$ 内,其他条件不变,这样的三角形又有几个?

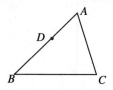

(1)①结合第一个问题观察图形你想到了什么?描述一下你的想法,你认为最重要的想法是什么?

②第一个问题中,你找到了几个满足条件的三角形?用符号表示,并在图形中画出来。

③画出你找到的图形,证明你得到的结论。

(2)①结合第二个问题观察图形你想到了什么？描述一下你的想法。

②在第二个问题中,你能找出几个满足条件的三角形?

③画出你找到的图形,写出每一种做法的理由。

④完整地解答这个问题的关键是什么？发现这一关键点是在读完
题时,还是最后总结出来的?

5. 如图:已知△ABC 的两条中线 AD、BE 相交于点 G,考察 $S_{\triangle ABG}$ 和 S_{CEGD}
是否相等。

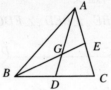

(1)结合题意观察图形后你想到了什么? 描述一下你的主要想法。

(2)要考察 △ABG 和四边形 CEGD 的面积是否相等,你想到了哪些方
式能够建立起它们之间的联系?

(3)你能找到几种? 写出你找到的各种求法,并说明理由。

(4)你对哪种做法最为满意? 你是最初想到的这种做法,还是受到某
种做法的启发,后来想到的?

6. 如图(1),通过矩形 ABCD 画一条直线,将其分成面积相等的两部分,
你有几种做法? 如图(2),若在矩形 ABCD 中截去一个矩形 DGEF,在
凹多边形 ABCGEF 中作一条直线,将其分成面积相等的两部分,你又
有几种做法?

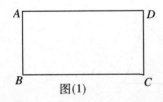
图(1)

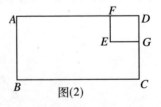
图(2)

(1)你想到了多少种做法? 画出第一个问题中各种可能的做法,并说
明理由。

(2)所做出的直线的共同特点都是经过矩形的哪一个点?

(3)描述一下什么样的直线能将矩形分成面积相等的两部分?

(4)画出第二个问题中的各种做法,并说明理由。